ein Ullstein Buch

Geschichte der Philosophie

Band I

Ideen, Lehren

Herausgegeben von
François Châtelet

Unter Mitarbeit von:

Anouar Abdel-Malek
Jacqueline Adamov-Autrusseau
André Akoun
Ferdinand Alquié
Pierre Aubenque
Abdurraman Badawi
Wanda Bannour
Michel Bernard
Jean Bernhardt
Jean-Marie Beyssade
Jacques Bouveresse
Gilles Deleuze
Jean-Toussaint Desanti
Christian Descamps
Roland Desné
François Duchesneau
Michel Fichant
Gérard Granel
Benedykt Grynpas
Louis Guillermit
Patrick Hochart
Jean Ibanès
Pierre Kaufmann
Yves Lacoste
Danièle Manesse
Jean Pépin
Alexis Philonenko
Evelyne Pisier-Kouchner
Rafaël Pividal
Nicos Poulantzas
Jean-Michel Rey
Claire Salomon-Bayet
Marianne Schaub
René Schérer
Louis-Vincent Thomas
Hélène Védrine
René Verdenal

Pierre Aubenque
Jean Bernhardt
François Châtelet

Die heidnische Philosophie

(6. Jh. v. Chr. – 3. Jh. n. Chr.)

ein Ullstein Buch

Ullstein Buch Nr. 2991
im Verlag Ullstein GmbH,
Frankfurt/M – Berlin – Wien
Titel der Originalausgabe:
La philosophie païenne
Übersetzt von
Eva Brückner-Pfaffenberger
und Donald Watts Tuckwiller

Deutsche Erstausgabe

Umschlagentwurf:
Kurt Weidemann

Printed in Germany 1973
Gesamtherstellung:
Ebner, Ulm
ISBN 3 548 02991 4

Inhalt

Einleitung

Der Titel dieses Kollektivwerkes lautet *Geschichte der Philosophie, Ideen, Lehren.* Man muß ihn im strengen Sinne des Wortlautes begreifen. Es handelt sich natürlich um eine Geschichte: deren übliche Ordnung ist chronologisch, soweit die Chronologie mehr vermag als zum Beispiel die alphabetische Einteilung und es häufig ermöglicht, dort wo es sich fügt, Verbindungen aufzudecken.

Acht Bände sind vorgesehen: dieser, der erste, ist der *heidnischen Philosophie* (von Thales von Milet bis Plotin) gewidmet; der zweite erstreckt sich über die Periode des sogenannten Mittelalters (von den Kirchenvätern bis Thomas von Aquin und Wilhelm von Ockham); der dritte analysiert *die Philosophie der Neuen Welt* (von Thomas Münzer und Giordano Bruno bis Leibniz); der vierte untersucht *die Aufklärung* (von Berkeley bis J.-J. Rousseau); der fünfte trägt den Titel *Philosophie und Geschichte* (von Kant bis Marx-Engels); der sechste beschäftigt sich mit der Philosophie angesichts der Entwicklung von Wissenschaft und Industrie (von Nietzsche zum logischen Positivismus); der siebte bildet den Bezugspunkt zwischen den philosophischen Ideen und den Sozialwissenschaften (Psychologie, Soziologie, Geschichte, Linguistik, Ethnologie); der letzte befaßt sich mit den großen Ideenbewegungen unseres Jahrhunderts.

Dennoch läßt diese Darstellung, die die Idee der Sukzession als selbstverständlich akzeptiert, deswegen nicht zwei Vorurteile zu, die implizite damit verbunden sind. Zum einen setzt sich diese Philosophiegeschichte keineswegs eine integrale Wiederherstellung der Vergangenheit des philosophischen Denkens als Ideal, in welcher *alle* Autoren und ihr Einfluß wie ihre Verbindungen verzeichnet wären. Es wurde eine Auswahl getroffen, die zugleich der Anforderung an die Intelligibilität und an die Originalität der Mitarbeiter (die gemeinsam ihre Themen und ihren Interessenschwerpunkt bestimmt haben) Rechnung trägt. Diese Freiheit zusammen mit einer Tradition erschien als das wirksamste Mittel, das Werden dieses spezifischen Kulturmodus, welcher der philosophische Diskurs gewesen ist, sprechen zu lassen; und beständig die ungewisse Mischung von Reinheit und Unreinheit, die ihn charakterisiert, zu unterstreichen.

Zum anderen hat man darauf verzichtet, eine wie auch immer

geartete Lektion zu erteilen und unter anderem vernehmen zu lassen, daß sich hinter der Fülle der Lehren in irgendeiner Weise eine signifikante Evolution abzeichne, ein Fortschritt, eine Wiederholung oder eine Regression. Es ist, mit oder ohne Hilfe der Gelehrsamkeit, immer möglich, eine genealogische Mythologie zu konstruieren, die die eroberungslustige Ordnung des Denkens rekonstruiert, indem sie jeder Lehre ihren Platz zuweist. Von den gesetzten Ursprüngen geht man ruhig oder dramatisch, positiv oder dialektisch bis zu jenem Heute, das die retrospektive und definitive Lehre erteilt. Stellt sich ein theoretischer Text unter dem Vorwand der Geschichte diese Aufgabe, nun wohl: es ist eine Art, eine These darzulegen, die nicht schlechter ist als eine andere. Die Perspektive dieses Werkes ist anders: sein Ziel ist zu *informieren,* die grundlegenden *Ideen,* welche die Hauptlehren hervorgebracht haben, aufzuarbeiten; diese Ideen bilden nun das philosophische Erbe – ein Erbe, das es zu inventarisieren gilt, will man es möglichst gut verstehen oder möglichst gut bekämpfen.

Informieren heißt *Differenzen* bestimmen. Die Historiker und Philosophen, die sich an dieser Arbeit beteiligten, haben sich bemüht – wobei jeder seine eigene Anschauung wahrte und wahrscheinlich mit den anderen Co-Autoren nichts gemeinsam hatte, als die Forderung nach einer gewissenhaft rationalistischen Kritik – Unterscheidungen hervortreten zu lassen; sie haben sich bemüht, den Begriff oder das Begriffssystem zu würdigen, das dem einzelnen Denker seinen Platz innerhalb der Tradition, genannt *Philosophie,* anwies. An die Stelle der Evolution, sei sie nun positiv oder dialektisch, setzt sich also eine differentielle Darlegung. Diese gewährt dem Leser eine andere Freiheit: es geht nicht mehr darum, sich wohl oder übel der Willkür des Werdens zu überlassen, sondern Lehren und Ideen zu würdigen; es kommt nicht darauf an, einer Linie zu folgen, sei sie auch noch so verzweigt, sondern sich in einem artikulierten Raum zurechtzufinden. Kurz, diese Philosophiegeschichte ist in keiner Weise eine Philosophie der Philosophiegeschichte.

Es ist leicht einzusehen, daß aus dieser Sicht die biographischen Elemente – mit Ausnahmen – sehr reduziert wurden. Sicherlich hätte man einen hübschen Text komponieren können, der – ein wenig nach der Art von Plutarch – dem Leben der berühmten Philosophen gewidmet wäre. Er würde Überraschungen bereithalten. Es ist jedoch nicht diese Art von Neuheit, nach der im vorliegenden Text gefahndet wird. Wenn es darin Originalität gibt, so wird sie aus der Tatsache resultieren, daß einige vierzig Theoretiker versucht haben, eine Übersicht über die Elemente des philosophischen Denkens aufzustellen, daß sie es im selben Geiste, doch ohne Vorurteil getan haben; daß sie ihr Unternehmen nicht als eine Beweisführung, sondern als eine Darstellung begriffen haben; nicht als ein Gebäude sondern als ein Konstrukt. Die Bibliographien haben, den Autoren zufolge, nicht dieselbe Bedeutung. Auch dort wurde jedem der Mitarbeiter die Freiheit gelassen, seine Mitteilung durch die Verweise zu unterstreichen, die er für angemessen hielt. Historische Orientierungen wollen hin und wieder daran erinnern, daß die Philosophie keine »abgetrennte« Angelegenheit ist, und daß sie meistens einen direkten, indirekten oder kontradiktorischen Bezug zu den gesellschaftlichen Praktiken und anderen kulturellen Tätigkeiten hat.

Eine andere Philosophiegeschichte ist es, die sich hier ankündigt. Weder progressistisch, noch neutral, sondern kritisch; die weder *alles* sagen will, noch das *Ganze* sagen will; die sich vornimmt, die offene Ordnung der verschiedenen Lehren und Ideen zu bestätigen. Das Ernstzunehmende an diesem Werk laviert auf halbem Wege zwischen Gelehrsamkeit und Vulgarisierung. Denn es gibt keinen »Platon« oder »Descartes«, den man in seiner Wahrheit restaurieren kann; es gibt Denker, welche eine strenge und durchdiskutierte Analyse heutzutage lesbar macht.

Am Ende eines jeden Bandes aus diesem Werk wird der Leser zum einen ein alphabetisches Verzeichnis der untersuchten Autoren finden, samt ihrer Biographie und ihrer Hauptwerke, und zum anderen eine synoptische Übersicht, welche die Geschichte der Philosophie zur kulturellen, sozialen und politischen Geschichte in Beziehung setzt.

Vorwort

Dieser erste Band erstreckt sich über eine historische Periode von etwa zehn Jahrhunderten; von Thales von Milet, der in der Mitte des VI. Jahrhunderts v. Chr. starb, bis zu Porphyrios, dem Herausgeber von Plotin, dessen Texte dem III. Jahrhundert n. Chr. angehören. Er trägt den Titel *Die Heidnische Philosophie.* Dieser Titel, zu Ehren Alexandre Kojève's[1],zielt darauf ab, die Besonderheit jener Periode evident zu machen. Zweifellos bildet genau dort die Philosophie als autonome kulturelle Gattung (oder als Forderung nach ihrer Autonomie) ihren eigenen Stil heraus, definiert ihre Prinzipien und Kategorien und präsentiert ihre Gegenstände. Jedoch entwickelt sich dieses Unternehmen unter derartigen Bedingungen, daß in der Tat das als mittelalterlich bezeichnete Denken und jenes, das man später das »moderne« nennt, diese Thematik völlig neu definieren, transponieren und umbiegen mußte. Das erste Kapitel dieses Bandes, »Vom Mythos zum rationalen Denken«, versucht den Bruch evident zu machen, den der philosophische Diskurs selbst in seinen naturalistischsten Formen gebietet: das invokatorische oder sogar einfach feststellende *Sagen* der Dichtung und der Religion wird durch den philosophischen Versuch der *Beweisführung* immer lebhafter in Frage gestellt. Es bleibt immerhin deren Weltauffassung; der implizite übernommene Referent, oder wenn man vorzieht der »Code«, bleibt zutiefst abhängig von einer Tradition, welche sich grundlegend von jener unterscheidet, mit der die »mittelalterlichen« und »modernen« Philosophien zu tun haben werden, da sie an die christliche Offenbarung und an ökonomische, politische und soziale Organisationstypen einer völlig anderen Ordnung gebunden sind. So hebt J. Bernhardt hervor, daß die *Natur,* mit der sich die »physikoi« und die »physiologoi« beschäftigten, nichts zu tun hat mit dem allegorischen Komplex von Symbolen, deren Entschlüsselung sich das Mittelalter zur Aufgabe machte, noch mit dem System von Gleichungen und Maschinen, dem sich später das moderne Denken widmet. Ich habe meinerseits in der Untersuchung des platonischen Werkes zu zeigen versucht, daß die Zeitauffassung selbst bei einem so ursprünglichen Autor wie Platon so beschaffen ist, daß sie die beständig sich aufdrängende Vorstellung von Geschichte und Hi-

1 Histoire de la philosophie pačenne, Band I, Paris 1968

storizität, wie wir sie verstehen, ohne Unterlaß zerstört, exartikuliert und schließlich negiert. Pierre Aubenque, schließlich, weist nach, daß man zu Unrecht die plotinische Lehre als Echo auf das Christentum oder als Vorbereitung des zukünftigen theologischen Gebäudes verstünde ... Es ist legitim, in jenem strengen Sinne von einem heidnischen Denken zu sprechen, in dem es ein besonders gefaßtes Verhältnis des Individuums zu all jenen, mit denen es in Gemeinschaft lebt, ausdrückt: sein Erdachtes und seine Götter, seine Mitbürger und seine Vertrauten, die Dinge, die es leiden machen und jene, an denen es seine Freude hat, sein eigenes Denken und die Ziele, die es ihm zuweist.

Ist es vielleicht das, was man infolgedessen als einheitliche, in sich abgeschlossene Welt bezeichnen könnte? ... Die Idee ist verlockend; und das um so mehr, als sie leicht in das Konzept der »rationalistischen« Philosophiegeschichten eingeht – jedenfalls, in die besseren – an die wir uns gewöhnt haben. Der Gedanke ist befriedigend, daß es im Werden der Kultur in einem Moment der Zeit eine ganz neugruppierte Gesamtheit gibt, die bereit ist, ihre Prinzipien einzugestehen. Die einen werden es für die »Anfangsperiode« halten, die in die Ordnung des Geistes ihr unauslöschliches Zeichen einschreibt; die anderen, auf ihre Weise Progressisten, werden darin einen ersten, grundlegenden Abschnitt in der Herausarbeitung des Wissens erblicken; andere schließlich, »Regressisten« ihrerseits, werden es als Zeichen einer Vergangenheit verstehen, die von Natur aus auf unbegrenzte Zeit verloren sein muß.

Dieser Titel: *Heidnische Philosophie,* darf in keiner Weise die Vorstellung einflößen, die den diversen Geschichtsphilosophien – und ihren abstrakten Negationen – teuer ist, daß auf einem Sockel gemeinsamer Referenzen Texte entstehen, deren Differenzen durch kunstvolle Identifikationsverfahren reduzierbar seien. Das heidnische Denken ist von schwerwiegenden Widersprüchen durchzogen; seine Geschichte ist nicht homogen; die historischen Abenteuer von den Milesiern bis zu den Neoplatonikern waren erstaunlich; den politischen Problemen entsprechend hatten die philosophischen Schriften verschiedene Funktionen; es wäre naiv zu glauben, daß durch so viele verschiedene politische Organisationen hindurch der ideologische Horizont derselbe geblieben wäre, sei es weil die Religion in Umrissen dieselbe bleibt, sei es, weil sich die auf Sklavenarbeit basierende Produktionsweise erhält. Die folgenden Artikel zeigen zum einen, daß in einem vorgegebenen Moment und in einer vorgegebenen Gesellschaft philosophische Gegensätze wirksam sind, die antagonistische ideologische Stellungnahmen zum Ausdruck bringen; sie enthüllen jene zu oft verschleierte Banalität, daß die philosophischen Diskurse, so rein sie auch immer sein wollen und so gereinigt sie auch seien, nicht allein Begriffe behandeln, sondern durch diese hindurch das Drama der Begriffsbildung sichtbar wird – ein untergeordnetes und entscheidendes Drama.

Kurz, es geht hier ganz um *Informationen.* Sagen wir es noch einmal: sie sind in keiner Weise neutral, sondern kritisch. Sie setzen sich nicht an die Stelle der Originaltexte; sie verweisen auf sie, um sie lesbarer zu machen.

François Châtelet

François Châtelet

Vom Mythos zum rationalen Denken

Die Philosophie spricht griechisch. Man hatte es mit Recht nach Heidegger erneut zum Ausdruck gebracht. Doch geht es noch darum zu wissen, welche griechische Sprache. Wir sind es zu sehr gewohnt, in Abhängigkeit zu syntaktischen und semantischen Normen zu denken, die willkürlich zu einer relativ kurz zurückliegenden Zeit fixiert wurden. Es ist offensichtlich, daß die Sprache Heraklits nicht dieselbe ist, wie die der Denker der alexandrinischen Epoche; daß Ciceros Transskription der Termini und Konstruktionen, derer sich die Akademie und die Stoa bedienten, nicht korrekt ist; daß das Latein der Römer nicht dasselbe ist wie das der Christen; daß der linguistische Code dieser letzteren von der lateinischen Patristik bis zur Habilitationsschrift von Emmanuel Kant, siebzehn Jahrhunderte später, nicht denselben signifikativen Rang bewahrt hat. Es wäre eine einzigartige Blindheit vonnöten, um zu meinen, es gäbe eine Art absolutes Verweisungssystem, von dem aus es möglich wäre, die Texte derer, die als »große Philosophen« designiert sind, in offenkundige oder verborgene Verknüpfungen zu übersetzen, gegeneinander zu stellen, zu organisieren. In dieser Hinsicht sind die Exerzitien der Gelehrten – die ohne Unterlaß neue Verwandtschaftsverhältnisse entdecken – demselben Register zuzuordnen wie die Seiltänzerkunststückchen der Verfechter der Geheimgeschichte, der Philologen und Hermeneuten: jenem der Mythologen, die eine Vergangenheit konstruieren, an welcher jeder heute seinen Gefallen und seine Rechtfertigung findet.

Ebenso könnte man mit einem Beispiel beginnen, das einer Fabel gleicht. Die moderne Geschichte der antiken Philosophie stellt eine Ordnung her, die für jene, welche sie erarbeiteten, befriedigend ist. Am Anfang ist die Religion, der Mythos, die Poesie: von Homer bis Pindar (und auf Umwegen bis zu den klassischen Autoren der Tragödie); dann kommt ein Übergang: die »Vorsokratiker«, in jenem großen »Sack« beherbergt man die »Physiker«, Thales zum Beispiel, die Atomisten, die Ärzte, die Historiker, Heraklit, Parmenides, Anaxagoras, Empedokles, die Sophisten; Sokrates taucht auf: alles ändert sich, aber in einer Weise, die noch nicht radikal ist. Mit Platon, mit der Gründung der Akademie, 387, instituiert sich schließlich die Ordnung der Rationalität; prekär, ungeschickt hat diese Ordnung, die Gegenstand zahlreicher Wandlungen sein wird, ihre Prinzipien schon bestimmt. An die Stelle des Denkens, das der Forderung der Legende gehorcht, setzt sich eine neue Logik, die dank einer strikten Disziplin des Diskurses die rechtmäßige Frage nach der *wahren,* das heißt wirkungsvollen Rede regelt.

Eine solche Lektüre ist »wacker«. Es ist unbestreitbar, daß sich die griechische Auffassung vom Menschen zunehmend »säkularisiert« oder »laizisiert« hat und daß das Universum der Götter allmählich vor den Taten der Menschen verblaßte. Während der Jahrhunderte, die man vereinbarungsgemäß die homerischen nennt, organisiert sich die Erzählung um göttliche Personen, während die menschlichen Personen selbst auf Wesen vom Status einer Quasi-Abhängigkeit reduziert sind; in der klassischen Epoche – im V. Jahrhundert – erscheint der Mensch, als Bürger-Krieger, der redet und kämpft, als einer, der an seinem Schicksal teilhat. Zu jener Epoche wandeln die kulturellen Gattungen Sinn und Stil: die ursprünglich religiöse Tragödie wird staatsbürgerliche Zeremonie; die Komödie geht vom buffonesken Spiel zur politischen Kritik über; andere erstarken, wie die Geschichtsgeographie: die legendären Beschreibungen und mythischen Genealogien weichen präzis analysierten und beschriebenen Landschaften und Sitten, gewissenhaft berichteten Tatsachenabfolgen; andere entstehen neu, wie eine Medizin, die sich seither mehr der Untersuchung der Krankheitsursachen zuwendet, als den zweideutigen Hilfsmitteln der Weissagung; wie die »Physik«, die es allmählich von magischen Spekulationen zur Untersuchung der phänomenalen Verhältnisse bringt; wie die Kunst der Rede, die von da ab nicht länger Erbteil der adeligen Familien ist, sondern die zum Mittel wird, über das, zumindest rechtlich, jeder Bürger verfügt, um seine Ansichten und Interessen zur Geltung zu bringen; wie die »Philosophie«, die aufhört, erhebende und mysteriöse Verkündigung zu sein, um in der meisterlichen Beherrschung des Spiels von Fragen und Antworten Anspruch auf ihr *Recht* zu erheben, die höchste Instanz auf allen Gebieten zu bestimmen.

Kurz, um mit Condorcet zu sprechen, »le progrès va bien«[1]. Langsam läßt sich die »Aufklärung« häuslich nieder. Der Ort, an

---

1 Im Deutschen: der Fortschritt läuft gut, kommt voran – und: dem Fortschritt geht es gut. (A.d.Ü.)

dem sich diese Wandlung vollzieht, ist die Polis. Diese bildet sich in den Kolonialstädten, vor allem in Kleinasien, heraus; sie bemächtigt sich der Metropole, und Athen wird zum Ort einer Entwicklung, die in der Folge als exemplarisch betrachtet wird. Von da ab ist das Entwicklungsschema zufriedenstellend: die politische Eroberung des Bürgerstatus – vom Rang der Staatsbürgerschaft, innerhalb derer das Geschick des einzelnen nicht durch seine Nähe zu den Göttern, nicht durch seine Familienzugehörigkeit, nicht durch seine Untergebenheit unter einen Führer, sondern durch sein Verhältnis zu jenem abstrakten Prinzip bestimmt wird, zum Gesetz – bildet einen ersten Abschnitt. Die Einrichtung der Demokratie, die sich aus historisch feststellbaren Gründen in Athen vollzieht, ist das zweite Moment. Eine Demokratie, das ist nicht nur, wie ihre Ethymologie andeutet, die Macht der »kleinen Leute«, es ist die Staatsform, bei der die Regierung »inmitten des Ganzen« steht, da jeder, der Staatsbürger ist, in rechtlicher und tatsächlicher Beziehung in der Lage ist, daran teilzunehmen. Der Unordnung der fernen Barbaren, der absurden Ordnung der allzu nahen Barbaren – des persischen Kaiserreichs – setzt sich eine vernünftige Ordnung entgegen, die der Stellung des Menschen in der kosmischen Anordnung entspricht. Dem gesellt sich ein neues Denken bei, das das exzessive Interesse an den Göttern in die Ferne des Archaismus verweist und seitdem das ausschließliche Interesse an den Menschen verzeichnet.

Aus dieser Sicht ist die Verordnung der Kontinuität schon Zeichen des Bruches. Aber wo und wie ereignet sich diese Ablösung? Setzt infolgedessen die Diskussion um den *Ursprung* des philosophischen Diskurses ein? Wo liegt der Einschnitt zwischen dem Mythos und dem rationalen Denken? Ist er in jenen Physiker-Denkern präsent, die wie Thales die Naturphänomene als Gegenstand der entscheidenden Befragung wählten? Oder muß man vielmehr auf Heraklit und Parmenides warten, die als erste die Frage nach dem Sein stellten und infolgedessen das metaphysische Problem inaugurieren? Empfiehlt es sich, den Beginn der Philosophie, mit mehr Sicherheit, in die platonische *Schrift* zu verlegen, die im Wesentlichen erhalten ist, und die zum erstenmal explizit das Problem der Vernunft stellt: jenes uneingeschränkt gerechtfertigten Diskurses? Und die Atomisten, woher kommen sie?

Kurz, die Vorstellung von einer ruhigen Genese, die vom Imaginären zum Realen, von der Magie zur Praxis, von der (gesellschaftlichen) Besonderheit zur (menschlichen) Allgemeinheit, von der Begierde zum Diskurs führte, ist aufs Spiel gesetzt, sowie die Frage nach ihrer Artikulation gestellt ist. Wie J. Bernhardt's Analyse darlegt, ist die gebräuchliche Bezeichnung »Vorsokratiker«, die man jenen Autoren beilegt, die leidenschaftlich von der Theorie eingenommen sind und zeitlich vor Sokrates oder zu seiner Zeit lebten, bezeichnend für eine naiv progressistische oder vereinfachende Auffassung vom Werden des Denkens. Die Angelegenheit ist auf jeden Fall komplizierter; und es ist gewiß, daß man sie nicht dadurch abschließt, daß man als Verweis eine lineare Progression wählt, die von der Vor-Vernunft zur realisierten Vernunft, von der potentiellen zur aktuellen Philosophie führt; versetzen wir uns genau in die Mitte dieser sogenannten »verwirklichten« Philosophie: der Platons. Ein neuer Stil des Diskurses setzt sich hier durch; eine Ordnung definiert sich, die bald als *Logik* bezeichnet werden wird; eine originale Politik legt sich fest. Die Neuheit ist evident: nicht mehr die offenkundige Macht der Gebräuche, oder die pseudo-reale Macht der »Knüppelträger« setzt sich durch, sondern die Ordnung der kontrollierten Rede. Dennoch bleibt der Philosoph innerhalb des Bereichs dieser Neuheit, weil diese Neuheit im historischen Netz der Konstitution der Polis verfangen ist, ein *Weiser,* das Äquivalent des *Schamanen* – des Zauberers –, der mit mysteriösen Kräften im Einverständnis steht.

Alles trägt sich zu, als wiederholte die Philosophie zur selben Zeit, in der es ihr gelingt, die Originalität ihres diskursiven Feldes zunehmend besser zu umreißen, die uralten Verhaltensweisen, indem sie sie integrierte. Es empfiehlt sich also, nicht nur das Bild einer linearen Entwicklung zu verwerfen, sondern weiter die Schemata der Kontinuität oder Diskontinuität zu nuancieren. Sicher ermöglicht die Analyse der Texte, »Anfänge« oder »Brüche« aufzudecken. Aber das, was beginnt, bewahrt zum Teil das, gegen was es beginnt; und das, was einen Bruch erzeugt, integriert ebenso Elemente dessen, von dem es sich unterscheiden will. Auch in dieser Hinsicht ist der Fall des Platonismus exemplarisch: die platonische Philosophie verwirft die traditionelle Bildung, die sich im wesentlichen auf die Lehre der Dichter und die verworrene Religiosität gründet, die jene mit sich führt; weil sie eine wissenschaftliche Ausbildung fordert und sich an die Mathematiker und an die Logik wendet, weil sie danach strebt, sich nicht um zweideutige Vorstellungen zu gestalten, sondern um präzise Begriffe, markiert sie einen Einschnitt und definiert eine »moderne« Perspektive. Aber gleichzeitig widersetzt sie sich einer anderen »Modernität«, jener der Sophisten, die ebenfalls die Tradition verwarfen: im Namen anderer, vielleicht viel radikalerer Prinzipien. Mit dem Utilitarismus, dem Konventionalismus, dem grundlegenden Relativismus der Sophisten ist Platon nicht einverstanden. Nicht der Mensch in der Gesellschaft interessiert ihn, sondern das Göttliche im Menschen. In seinen Augen ist die Demokratie in ihren verschiedenen Ausprägungen Dekadenz. Infolgedessen spricht er als »Reaktionär«. Direkt, wenn er die »liberale« Logik der Sophisten verwirft, welcher sich beispielsweise der Historikerdiskurs des Thukydides bedient; indirekt, wenn er inmitten seiner eigenen Beweisführung jene legendären Verfahrensweisen geltend macht, die der Allegorie und des Mythos, und wenn er den Philosophen mit Fähigkeiten ausstattet, welche über die der Allgemeinheit der Sterblichen hinausgehen.

Kurz, die Philosophie ist Griechin; sie ist die Tochter der Polis; der demokratischen Polis. Ist dies einmal sicher, so bleibt noch zu sagen, daß die griechische Sprache kein unwandelbares Wesen ist und daß, um ihren Status zu reflektieren, die Wandlungen ebenso zählen wie die Beständigkeiten. Es bleibt zu sagen, daß die Polis, die in revolutionärer Weise ein »feudales Mittelalter« ablöst, ihre Wurzeln in einer älteren Vergangenheit hat, auf welche die homerischen Königtümer verweisen, und deren Spur unter anderen in den platonischen Texten gegenwärtig ist. Schließlich, daß die athenische Demokratie – der Bezugspunkt Platons und seiner Gegner, der Sophisten – ein *Problem* ist, kein *Wesen*.

Das soll heißen, daß man mit der Philosophiegeschichte so leicht nicht davonkommt. Es gibt unbestreitbar, zumindest von Platon bis Hegel, einen spezifischen Bereich, den man rechtmäßig als *philosophisch* bezeichnen kann; der sein Feld, seine integrierende Macht, seine eigene Ordnung hat. Aber beständig und von Anbeginn muß dieser Stil, der nach der obersten Gerichtsbarkeit strebt, seine Unreinheit eingestehen. Der Gesichtskreis, von dem er sich zu lösen vorgibt, und den zu überschreiten und zu beurteilen er anstrebt, bestimmt ihn durch und durch. So geht das Denken etwa im V. Jahrhundert vor unserer Zeitrechnung von der Regentschaft des Mythos über zur Herrschaft der philosophischen Logik: aber dieser Übergang bezeichnet zum einen genau, daß es schon eine Logik des Mythos gab, zum anderen, daß noch die Macht des

»Legendären« in der philosophischen Realität eingeschlossen ist.

Vom Mythos zum rationalen Denken? Gewiß. Aber jener ist nicht reine, ungeordnete Imagination und dieses tendiert dahin, sich als ein neuer Mythos durchzusetzen.

Jean Bernhardt

Das vorsokratische Denken: von Thales zu den Sophisten

Ohne die außergewöhnliche Bedeutung von Sokrates und Platon in der Bejahung der Forderungen nach Klarheit und freier Kritik, welche in spezifischer Weise das Ideal der Philosophie markieren, zu verleugnen, wollen wir es vermeiden, die ersten Denker Griechenlands als »Vorläufer« zu betrachten (was der Terminus »vorsokratisch« immer mehr oder weniger undeutlich impliziert). Nicht daß ihre Eigentümlichkeit den lebendigsten Problemen unserer Zeit inkommensurabel sei und sich in einer Art von ideologischem Ghetto eingeschlossen finde, auf der einen Seite durch die Mythen, auf der anderen durch den Sokratismus und die Philosophie: ganz im Gegenteil. Sondern die »Vorläufer« sind letzten Endes nur artifizielle Objekte, die durch eine Lektüre gegen den Strich der Geschichte gewonnen wurden. Es ist vollkommen gerechtfertigt und unerläßlich, diese alten Meister in die historische Perspektive zu rücken. Hüten wir uns aber, sie in einer Zukunft aufgehen zu lassen, die sie eröffnet haben.

Es sind – die größten zumindest – *Initiatoren:* im historischen Beginn der freien Reflexion bewahren sie zugleich einen Vorzug, der vielleicht der einer ursprünglichen Frische ist, und man wäre gut beraten, häufig zu ihr zurückzugehen, um den entschlossensten Modernismus zu stärken und zu erneuern. Unglücklicherweise ist es wohl wahr, daß eine solche Rückkehr zu den Quellen aus keiner Perspektive leicht oder vollauf möglich ist: zwei Jahrtausende ist es her, seit die Sätze vergangen sind, und von den Texten sind uns häufig nur sehr kurze Fragmente, Auszüge oder Zitate überkommen, die kaum zu dokumentatorischen Zwecken gebraucht wurden, und die immer der nachlässigen, phantasievollen oder gestörten Weitergabe durch die mehr oder weniger verspäteten Autoren, Philosophen, Kompilatoren, Scholiasten und Apologeten verdächtig sind, von denen man in keiner Weise die Behutsamkeit und die Skrupel philosophischer und philologischer Historiographie erwarten kann. Die Historiographie, die sich im XIX. Jahrhundert durchgesetzt hat, hat all ihre Bemühungen darangesetzt, und tut es auch weiterhin, die Texte in ihren Umrissen und mit ihren genauen Inhalten festzulegen (insbesondere, indem sie Zitate von nicht wörtlichen Zeugnissen unterscheidet), so gut wie möglich ihren Sinn wiederherzustellen und ihre Intentionen zu erraten. Nichtsdestoweniger sind die qualifiziertesten Interpreten häufig geteilter Meinung.

Soll das heißen, daß jede Bemühung um eine Synthese verfrüht und vielleicht ein für allemal töricht ist? Das stünde außer Zweifel, wenn das Projekt einer solchen Synthese einen irgendwie gearteten dogmatischen Ehrgeiz hätte. Denn es geht nicht darum, zu einer definitiven Wahrheit zu gelangen, sondern das, was am wahrscheinlichsten erscheint, in eine Allgemeinauffassung, welche die Texte gestatten und uns nahelegen, einzuschreiben, ohne es allen Geistern aufdrängen zu wollen. Diese Auffassung läuft darauf hinaus, die Periode, um die es hier geht, durch das Auftauchen einer freien Neugier zu charakterisieren, die den geheiligten Bildern des mythischen Anthropomorphismus feind ist und bestrebt, die Solidität der Beobachtungen mit der Klarheit der Theorien zu verbinden, nicht ohne daß – und dies ist ein zweites wichtiges Charakteristikum – die alten religiösen und mythischen Traditionen und Anregungen sich bald mehr, bald weniger in der Form dieser neuen Haltung bewahren oder wiederauftauchen. Damit ist eine komplexe Diskussion (ein Gegenstand von Widersprüchen aber auch verschiedensten Einflüssen und Umwandlungen) eingeleitet, von der absehen zu können, wie uns scheint, und was auch immer man dazu sagen möge, die modernste Philosophie mit ihren grundlegendsten Intentionen weit entfernt ist. Seit ihren Ursprüngen setzt sich die freie Reflexion in Konflikten für die unbegrenzten Entfaltungen ein; darin besteht in unseren Augen das Interesse der »Vorsokratiker«.

Die Milesier

Jenes große intellektuelle Abenteuer beginnt nicht im kontinentalen Griechenland; fast alle berühmten Namen aus der Periode, die wir untersuchen, sind in Ionien (südliche Hälfte der Ostküste Kleinasiens) und in »Großgriechenland« (Süden der italienischen Halbinsel mit Sizilien) zu lokalisieren. Ionien war der erste Bereich der hellenischen Zivilisation (zugleich der erste Bereich der westlichen Welt), der sich weitgehend aus der Unbeweglichkeit und den lastenden Traditionen löste, welche die Struktur der überwiegend bäuerlichen Lebensweise, vom Grundadel beherrscht, bestimmen. Eine gewisse städtische Zivilisation mit einem entwickelten Handwerk und Handelsaustausch auf dem Seeweg über weite Entfernungen hinweg, hatte sich an mehreren Orten (besonders auf Kreta, seit dem Ende des III. Jahrhunderts v. Chr.) schon durchgesetzt.

Aber die Bedingungen für ein freies und individualisiertes Denken scheinen erst sehr viel später zum erstenmal zusammengetroffen zu sein, im industriellen und kommerziellen Überfluß Ioniens im VII. und VI. Jahrhundert v. Chr.; es ist gewiß kein Zufall, daß die blühendste der ionischen Städte, die aktivste im ganzen östlichen Mittelmeerbecken und den angrenzenden Ländern, die farbigste im Schnittpunkt einer Vielzahl reicher kultureller Einflüsse, Milet, eine alte kretische Kolonie, die ihrerseits unzählige Handelsniederlassungen gründete, den ersten drei Denkern, die in dieser Geschichte zählen, das Leben schenkte, Thales, Anaximander und Anaximenes. Keine andere Stadt im Mittelmeerbecken war mit jüngeren Problemen, die innerhalb der Grenzen der erschütterten Traditionen unmöglich gelöst werden konnten, vertraut und hatte zu gleicher Zeit und in demselben Maße die Muße, sie mit einem profanen Optimismus ins Auge zu fassen. Die gemeinsame Haltung der drei großen Milesier, deren Bestimmung wichtiger ist, als die Abgrenzung ihrer jeweiligen Wirkungsfelder, enthüllt, wie wir weiter oben angedeutet haben, eine Reaktion, die den Gewohnheiten des mythischen Denkens rundweg unzuträglich war. Die ursprüngliche Einheit, aus der die Naturwesen in ihrer reichen Vielfalt hervorgehen, war schon in den mythischen Kosmogonien gegenwärtig. Sie behauptet sich nun in einem Monismus, dem sie, eher als einen Ausgangspunkt für eine Genealogie, eine dauerhafte Basis und eine immanente Zeugungskraft zu bieten sucht, um die Ambiguitäten des Mythos zu überwinden, der seinerseits immer schnell dazu bereit war, die Naturwesen und ihren Ursprung selbst, nachdem er sie lange Zeit vermenschlicht hatte, um ebensoviele anthropomorphe Bilder zu vermehren. Die rituelle und anonyme Erzählung, die dunkel die Familien der Götter und der göttlichen Könige besang, welche die Beschlüsse über die Welt faßten, weicht ohne Umschweife einem prosaischen und persönlicheren Erzählungstypus, der noch in weitem Maße von den mythischen Themen beeinflußt ist, aber im wesentlichen von natürlichen und genau bestimmten Eigenschaften oder Kräften gelenkt wird, die von allem Anthropomorphismus gereinigt und ohne Geheimnis im Sinnlichen und Identischen, außerhalb des Zugriffs durch den Menschen, als das auszumachen sind, was sie im Spiel der Techniken darstellen.

Thales, dieses Etikett eines Theorems, war schon dem Ionier Herodot kaum bekannt, und Aristoteles kennt ihn nur vom Hörensagen. Es ist hier nicht der Ort, seine historische Existenz noch seine Zugehörigkeit zum Hellenismus in Zweifel zu ziehen. Aber die größten Ungewißheiten umgeben seine Legendengestalt: er hat möglicherweise keine einzige Schrift verfaßt, und er ist ziemlich schnell zum Symbol der gelehrten Weisheit und der Philosophie selbst geworden, Züge, die im voraus an die, in so vieler Hinsicht von ihm verschiedene, Person des Sokrates denken lassen. Auf jeden Fall ist er zeitlich der erste der *physiologoi,* jener die in Freiheit die Natur der Dinge untersuchen. Er hätte, so sagt man, die totale Sonnenfinsternis vorausgesagt, die sich mitten in der Schlacht zwischen Lydiern und Medern ereignete, was ermöglicht, das Datum 585 v. Chr. als das wahrscheinlichste festzuhalten. Auf eine gewagtere Weise setzt man seine Lebensdaten um die Jahre 625 und 545 v. Chr. fest. Seine astronomischen Kenntnisse sind gewiß überschätzt worden. In der Geometrie werden ihm, mit vollkommener Wahrscheinlichkeit einige elementare Lehrsätze zugesprochen, vor allem in der Form der Verallgemeinerung aus Ägypten (einem Land, das er vielleicht besucht hat) stammender Übernahmen. Dies bedeutet nicht, daß sich seine Interessen praktischer Natur schlecht mit einer spekulativen Neugierde vertragen hätten; wir glauben nicht, daß sich die Anekdoten gegenseitig absolut disqualifizieren, die einmal aus ihm einen spekulativen Geist machen (als er in die Höhe sah, um die Sterne zu beobachten, fiel er, sagt Platon, in einen Brunnen), und ein andermal einen »Spekulanten« (er habe außerhalb der Saison in Voraussicht einer üppigen Olivenernte zu einem niedrigen Preis alle Keltern von Milet und Chios gemietet), denn die Finanzoperation beruhte hier auf einem höheren Wissen, das eine der Konkurrenz unzugängliche Voraussicht ermöglichte. Man stellt ihn weiter als Techniker dar, der die indirekte Messung praktizierte (wenn der Schatten eines Menschen seiner Größe gleicht, dann gleicht der Schatten einer Pyramide ihrer Höhe), als Militäringenieur, der die Umleitung eines Wasserlaufs organisiert, als politischen Berater, der einen Zusammenschluß Ioniens gegen die Bedrohung durch die Perser herbeiwünscht. Aber gerade, wenn er sich so unbekümmert auf die nützlichen Anwendungen zu richten scheint, ist der Geist der freien Beobachtung bei Thales nicht weniger vereinbar mit der Kühnheit einer Gesamtauffassung der Natur. Als erster stellt er sich eine sinnliche Wirklichkeit, das Wasser, als Substrat und zeugende Kraft aller Dinge vor. Er rechtfertigt diese stark synthetische Sicht durch die Beobachtung, wobei er zweifellos auf der Rolle des Wassers im Leben von Pflanzen und Tieren bestand und auf der wesentlichen Bedeutung der Flüsse für die Zivilisationen, die er kannte. Das Wasser ist Leben und Prinzip des Lebens, alle Dinge gehen daraus hervor und kehren dorthin zurück, ebenso wie alles in beständiger Wandlung und Bewegung lebt, wie alles »belebt«[1] und in diesem Sinne mit einer Seele ausgestattet ist. Gewiß greift diese Auffassung ziemlich unmittelbar manche Inhalte der Mythen des Vorderen Orients und Ägyptens wieder auf, aber ihre Intention ist neu: es ist ganz natürlich, so können wir sagen, daß sich Thales die Erde auf einer Wassermasse treibend vorstellte; und er zog daraus eine Erklärung für die Erdbeben, Phänomene, die sonst sehr wohl geeignet sind, die Praktiken und Bilder eines magisch-religiösen Glaubens zu wecken. Wir sind außerdem der Meinung, daß Thales, wenn er sagte, daß alles voller Gottheiten sei, und daß die Welt in ihrer Gesamtheit göttlich sei, viel weniger an einem mythischen und theologischen Thema festgehalten hat, als daß er die Autonomie und Homogenität der Welt, gegen alle Formen der Trennung, welche die Ordnung des Geheiligten impliziert, bekräftigen wollte.

Anaximander, der um etwa fünfzehn Jahre jünger ist und etwa zur selben Zeit starb, hat die naturalistischen Anschauungen des Thales noch vertieft und nuanciert. Die Deutlichkeit ihrer Divergenzen genügt, um zu zeigen, in welchem Geiste individueller Freiheit sich diese neuen Auffassungen gestalten. Anaximander, den wie Thales das Problem des einzigen Ursprungs aller Dinge sehr stark beschäftigt, weigert sich, diesen Ursprung in einem wahrnehmbaren Element zu sehen: gerade aus der Tatsache heraus, daß wir vielfältige *bestimmte* Realitäten beobachten, Wasser, Feuer etc., Gegensatzpaare, die sich gegenseitig verschlingen, und sich nur in ihrem permanenten Konflikt gegenseitig erzeugen, kann keine als

1 Das französische »animé« bedeutet in gleicherweise »beseelt« und »belebt«. (A.d.Ü.)

arche, als dynamischer und substantieller Ursprung privilegiert sein. Das Prinzip muß jenseits aller beobachtbaren und begrenzten Realität liegen: man wird es also das *grenzenlos-Unbestimmbare, to apeiron* nennen. Unendlich in der Dauer, »ohne Tod und ohne Verderben«[1], in fortdauernder Bewegung, ohne wahrscheinlich unendlich schöpferisch zu sein, noch unendlich im Raum (was einen Begriff des Raumes voraussetzt, den es noch zu entwickeln gilt), ist es eine Art enormer Matrixmasse, die in sich die Welt (cosmos) erzeugt und sie »steuert«, sie in göttlicher Weise lenkt. Der Kosmos bildet sich in dieser Masse durch eine gewissermaßen biologische Aktion der Differenzierung: die Gegensätze unterscheiden sich in natura und verteilen sich auf bestimmte Regionen (zunächst das Heiße an der Peripherie und das Kalte im Zentrum), und sie beginnen, aufeinander zu reagieren, woraus die Differenzierung und die Aufstellung der Himmelskreise resultieren, in der Mitte eine Art Zylinder, die Erde (die nicht mehr, wie bei Thales einen Träger benötigt). Das animalische Leben differenziert sich dann aus dem Schlamm durch die verdunstende Einwirkung der Sonne. Anaximander scheint die Vorstellung einer Entwicklung der Arten gehabt zu haben, einer Eroberung der festen Erde durch Lebewesen, die ursprünglich feuchten Orten oder dem Wasser entstammten, und schließlich eines animalischen Ursprungs des Menschen, alles Konzeptionen, die man bewundern kann, ohne sich gehalten zu glauben, sie mit modernen Problematiken zu vergleichen, zu denen sie nur allzu vage Beziehungen haben. Die einmal konstituierte Weltordnung erhält sich durch zyklische Kompensationen der Gegensätze (besonders durch den Rhythmus der Jahreszeiten) bis zum Wiederaufgehen im grenzenlos-Unbestimmbaren. Dann wird die Genese eines Kosmos von neuem beginnen. Es gibt also eine Unzahl sukzessiver Welten, aber wahrscheinlich immer nur eine zur Zeit, die Frage einer Vielzahl gleichzeitiger Welten bleibt stark umstritten. Wie dem auch sei, die Auffassungen Anaximanders erscheinen zum Teil vielleicht, weil wir über ihn weniger dürftig informiert sind als über Thales, als überaus reich und präzise, was hier nur sehr unzureichend wiedergegeben wurde (man müßte ihn als Reisenden zeigen, als Erfinder der geographischen Karte, als Astronom und Meteorologen). Man begeg-

---

1 Anaximander: Fragment 3, aus: H. Diels/W. Kranz: Fragmente der Vorsokratiker. Berlin [8]1956. (A.d.Ü.)

net bei ihm den Qualitäten des Beobachters und der spekulativen Kühnheit des Thales wieder, dem er auch seinen Sinn für die Argumentation entleiht, deren Kraft er verstärkt. Er scheint die logische Rechtfertigung der aufgestellten Thesen sehr weit vorangetrieben und zugleich eine gewisse Rückkehr nicht allein zu den Inhalten sondern auch zum Geist der mythischen Kosmogonien selbst vollzogen zu haben. Das okkulte und halb personifizierte *apeiron* ähnelt stark dem Chaos des Mythos, die Ordnung des Kosmos transponiert die Praktiken der Entsühnung, die von der Justiz der menschlichen Wesen eingesetzt wurden, und deren »Steuerung« evoziert bis hin zu den Termini die traditionelle Rolle der mythischen Gottheiten. Der Gegensatz zwischen dem *apeiron,* dem unsterblichen Organisator, und dem Kosmos, der vergänglichen Schöpfung oder Emanation, stellt, wenn nicht eine Trennung, so doch eine Hierarchie wieder her, die, wie es scheint, auf die Beziehungen zwischen den entgegengesetzten Elementen und allgemeiner, auf den Status der Realitäten innerhalb des Kosmos zurückwirkt. Nichtsdestoweniger bleibt die naturalistische Ausrichtung, denn Anaximander räumt den Gottheiten des Mythos keinen Platz mehr ein und hat nur die Tendenz, sein *apeiron* zu vermenschlichen, um von der Weltordnung Rechenschaft abzulegen. Alles vollzieht sich so, als seien es bei ihm die Bemühung um Klarheit selbst und der Fortschritt der Urteilskraft, die eine gewisse Rückwendung auslösten: häufig ist zu Beginn einzig eine gelockerte Wiederaufnahme der Traditionen in der Lage, und wir werden dazu manch anderes Beispiel in der Geschichte des Denkens finden, eine Antwort auf neue Fragen zu geben.

Jene Bemerkung hilft, die Stellung des dritten der großen Milesier, *Anaximenes* zu verstehen, eines freien Schülers Anaximanders, der etwa ein Vierteljahrhundert jünger war als Anaximander und um 525 v. Chr. starb. Verwirft man jedes vereinfachende Schema, so enthüllt sich uns sein Denken als eine synthetische Vertiefung des Denkens seiner Vorgänger. Er berücksichtigt in der Tat die Gründe, aus denen Anaximander die Lösung des Thales verwirft, und er räumt auch ein, daß der Ursprung aller Dinge unbestimmt sei, aber gleichzeitig lehnt er es ab, daraus eine okkulte Wirklichkeit zu machen und findet zu der Anregung des Thales zurück, indem er jenen in die Erfahrung verlegt. Der positive und naturalistische Geist, der sich bei Anaximander verbog, findet also bei Anaximenes all seine Geradheit wieder (er soll übrigens eine einfache und nüchterne Prosa geschrieben haben, während Anaximander, der schon ein Werk verfaßt hatte, in seiner Prosa den poetischen Stil des Mythos bewahrte). Anaximenes muß also nachweisen, daß als Ursprung von allem eine durch die Erfahrung nachweisbare, wenn auch in einer Hinsicht unbestimmte Realität existiere. Dieses Prinzip ist die Luft, das unsichtbare und unwägbare, fast nicht wahrnehmbare und doch wahrnehmbare Element: die Luft ist das Leben selbst, die Lebenskraft, die Gottheit, die die Welt »beseelt«, wovon die Atmung zeugt (der Atemhauch und das Leben und infolgedessen aller Hauch und alles Leben werden in einer uralten Vorstellung identifiziert). Die Luft ist unbestimmt, nicht in dem dunklen Sinne Anaximanders, sondern als universelles Element, das, obschon es einen eigenen Charakter hat, über alle besondere Begrenzung hinausgeht und durch sich selbst ohne Form und ohne Abgrenzung bleibt.

Anaximenes erklärt alle einzelnen Realitäten des Kosmos, indem er das mysteriöse Auftauchen der sinnlichen Qualitäten aus dem *apeiron* ersetzt durch Prozesse der Verdichtung oder der Verdünnung, des Zusammenziehens oder der Entspannung des Urelementes (die Verdünnung der Luft produziert das Heiße, ihr Zusammenziehen das Kalte; ein zunehmend stärkeres Zusammenziehen erzeugt nacheinander Wind, Wolke, Regen, Erde, Felsen).

Diese Auffassung tendiert zu einer Art reduzierender Klarheit, bei der es (in allzu moderner Sprache) nur Grad- oder Quantitätsunterschiede (des weniger oder des mehr in einem gleichen Volumen) gäbe. Diese Kosmologie scheint weniger reich als die des Anaximander. Der Grund dafür ist gewiß, daß der »positive« Geist die Imagination in den Grenzen der gewohnten Erfahrung hält: die Erde als Produkt eines ursprünglichen Zusammenziehens ist eine Art ziemlich flacher Tisch, der auf Luft ruht und der Rest des Kosmos entzieht sich seiner Substanz durch Verdünnung; der Mond und die Sonne sind »bemalten Bildern« entsprechende Scheiben, die Sterne sind in die himmlische Sphäre (die nicht mehr, wie in den ägyptischen Mythen und bei Anaximander unter der Erde hindurchläuft) eingeschlagene »Nägel«. Aus Luft geboren lebt der Kosmos also im Rhythmus einer gewaltigen Atmung, in der Erwartung, wieder in Luft aufzugehen, ebenso wie uns eine Zeitlang der Hauch, der unsere Seele bildet, »beseelt« (belebt), uns die Bewegung des Lebens verleiht, den ewigen Charakter der

Luft. Im ganzen ist das Bemerkenswerte an Anaximenes, daß es ihm gelungen ist, die Überlegungen des Anaximander mit der sinnlichen Erfahrung zu verbinden, entgegen der im ganzen Verlaufe des frühen Denkens fast unüberwindbaren Versuchung, außerhalb und über der Welt der Erfahrung die Abstraktionen zu verwirklichen, in denen sich das freie Denken, eingeleitet von den Milesiern, mehr und mehr stärken wird.

Zwei im Exil: Xenophanes und Pythagoras

Die fortschreitende Ausdehnung des persischen Reiches führte 494 v. Chr. zur Zerstörung Milets, dem Vorspiel zu den Perserkriegen, ohne indessen den milesischen Geist zu töten. Aber die Denker in anderen ionischen Städten, die vor wie nach diesem Datum die Freiheit des Geistes und die Neigung zum Spekulieren, die den Milesiern zu verdanken sind, ererbten, schlugen häufig eine andere Richtung ein. Wenn auch die Phantasien der homerischen Religion weder Pythagoras noch vor allem Xenophanes befriedigen, wenn auch der eine wie der andere stark beeinflußt ist von der milesischen Kosmologie, so beschäftigen doch nicht mehr in erster Linie die Naturbeobachtung und die naturalistischen Erklärungen diese von einer offenkundigen Religiosität beseelten Geister.

Der Dichter *Xenophanes* aus Kolophon (etwa 570 bis 470), von dem uns etwa hundert Verse erhalten sind, verließ seine Geburtsstadt gegen sein fünfundzwanzigstes Lebensjahr, um, wie man sagt, nicht unter die Herrschaft der Perser zu geraten, und führte ein unstetes Wanderleben durch Großgriechenland. Berühmt ist seine Aufkündigung der anthropomorphen Religion: um sie zu verspotten sagt er, wenn die Tiere malen könnten, so würden sie die Götter nach ihrem eigenen Bilde darstellen, und bemerkt, um das zu stützen, daß sich die Götter voneinander unterscheiden, wie die Menschenrassen, die sie verehren. Aber er ist ein sehr traditionalistischer Geist und hat Kolophon wahrscheinlich viel weniger wegen der Eroberung durch die Perser verlassen, als daß ihn das Streben der Ionier nach materiellem Wohlstand und ihr, der »orientalischen« Korruption angeglichener Hang zum Luxus, abstießen. Er will eine hohe und reine Vorstellung vom Göttlichen vermitteln, er sucht nicht, die Religion als solche anzugreifen: der wahre Gott ist einzig, absolute Macht, vollkommene Hellsichtigkeit, Gerechtigkeit ohne Fehl, unbewegliche Majestät; er ähnelt kaum der homerischen Göttermenge, die unter der Herrschaft der Leidenschaften die Welt durcheilt. Xenophanes verbindet so einen alten Sinn für Frömmigkeit mit dem milesischen Erbe, indem er diese beiden Tendenzen aneinander modifiziert zu Gunsten der ersteren. Gott durchdringt mühelos die Dinge durch die Tätigkeit seines Geistes; als unwandelbare Ordnung verschmilzt er, so scheint es, mit der sphärischen Einheit der Welt, die ewig ist (und nicht mehr erzeugt und vergänglich); als unbewegtes Leben gibt er den verschiedenen Wirklichkeiten, die er in seinem Ganzen umfaßt, ein Leben der Bewegung. Als vollkommener Geist ausgestrahlt, fügt sich der Kosmos der Einheit und Ewigkeit der milesischen arche ein, ohne deren Bewegung zu bewahren. Es ist schwierig, diese Kosmologie in ihren Einzelheiten wiederherzustellen; sie standen vielleicht im Zusammenhang mit der Relativität und höchstens Wahrscheinlichkeit der menschlichen Kenntnisse, deren Xenophanes sich als Kontrast bedient, indem er alles, was über die einfache Empfindung hinausgeht, herabsetzt, um das Wissen Gottes zu erhöhen. Gott selbst ist nur in einigen wesentlichen Zügen der Gegenstand eines festen Glaubens, so groß ist der Abstand, der uns von seiner Vollkommenheit trennt. Auf diese Weise entsteht eine kosmische und antimythologische Religion, die mit Nachdruck in einen Prinzipienmonismus das Mysterium und die Unerreichbarkeit Gottes wieder einführt.

Xenophanes blieb, trotz seines Einflusses auf die eleatische Schule ein Vereinzelter. *Pythagoras* dagegen gibt einer der reichsten und kraftvollsten Strömungen des antiken Denkens seinen Namen. Er war vor allem der Gründer einer religiösen Bruderschaft, was aufgrund der Quasi-Vergöttlichung des Gründers, aufgrund der schnell angenommenen Gewohnheit, ihm alles Neue zu berichten, der Verpflichtung zum Geheimnis, zumindest auf gewissen Gebieten, schließlich aufgrund der Peripetien, die die Geschichte dieser Sekte erfuhr, zur Genüge der Dunkelheit Rechnung trägt, mit der sich diese bedeutende Gestalt umgibt. Es ist nahezu unmöglich, sein eigenes Werk sowohl von dem zu unterscheiden, was er einer mystischen Strömung, die wir ebenfalls sehr unzureichend kennen, dem *Orphismus*, entlehnt hat, wie von den Weiterentwicklungen, die seinen Nachfolgern im VI. und V. Jahrhundert zu verdanken sind. Dennoch gibt es kaum einen Grund, ihn auf die Legende zu reduzieren, noch ihm die großen Linien und die tiefe Einheit des Pythagoreismus abzusprechen.

Pythagoras wurde gegen 570 v. Chr. auf Samos, einer Insel vor der ionischen Küste, geboren, und zweifellos waren es ethisch-religiöse und politische Gründe, aus denen er gegen 530, in einem reiferen Alter als Xenophanes, in die Verbannung ging: der »Tyrann« Polykrates trieb Samos in die brutale Jagd nach Wohlstand und Luxus und verletzte damit die alten Traditionen des Mystizismus und der Askese, sowie die intellektuelle Neigung zu Ordnung und Maß, die, wie man annehmen kann, die Persönlichkeit des Pythagoras (nicht ohne Analogie zu der des Xenophanes) gekennzeichnet hat. Pythagoras ließ sich in Kroton, in Süditalien nieder und gewann dort, dank der Bruderschaft, die er gründete, einen beherrschenden politischen Einfluß; die Mehrzahl der Städte Großgriechenlands sah sich gezwungen, einen Ausgleich zwischen den heftig widerstreitenden gesellschaftlichen Kräften zu finden, und die Pythagoreer leisteten ihnen dabei wirkungsvolle Hilfe, indem sie Verfassungen ausarbeiteten. Es ist wahr, daß ihr konservativer »Puritanismus« und ihr Autoritarismus einer inspirierten Minderheit zu wiederholten Malen Revolutionen provozierten, was das Gravitätszentrum der Bewegung, nicht ohne sie zu schwächen, von Italien ins kontinentale Griechenland verlagerte. Pythagoras selbst soll, aus Kroton verbannt, gegen 490 v. Chr. in Metapont, in Süditalien, gestorben sein.

Im Zentrum des Pythagoreismus vereinigen sich die Überzeugung von der Unsterblichkeit der Seele, das Streben nach Seelenheil und, um es zu erlangen, die Vorschrift einer bestimmten Lebensweise, die eine Reinigung durch intellektuelle Kontemplation (*theoria, philosophia*) einschließt. Die religiöse Inspiration des Pythagoras entfernt sich ebenso weit vom prosaischen Optimismus der Milesier, wie von der aristokratischen Frömmigkeit der homerischen Dichtungen, die eines wie das andere eine solide Liebe zum vergänglichen Leben hegten und in keiner Weise geneigt waren, von einer glücklichen Unsterblichkeit zu träumen; sie steht im Gegenteil dem nahe, was man als die Überzeugungen der kleinen Leute mit harten Lebensbedingungen betrachten muß, Überzeugungen, die die verdrängten bäuerlichen Aristokratien aufgegriffen haben, indem sie sie mehr oder weniger verfeinerten.

Das irdische Leben erscheint also als eine Probezeit: man bemüht sich, »sich dem Göttlichen anzugleichen«, um dem »Kreislauf der Wiedergeburt« zu entgehen, welcher jene, die sich dabei noch nicht als rein genug für eine Ewigkeit überirdischen Glückes erwiesen haben, in verschiedenen Inkarnationen zur Erde zurückführt. Es empfiehlt sich also, hier unten Mäßigkeit, Ordnung zu üben. Politik und Religion, Medizin und Musik sollen in gleicher Weise Konflikte und Gewaltsamkeiten unterdrücken; eine wesentliche Verbindungslinie erscheint zwischen der geweihten Therapie der Leier des Orpheus und der numerischen Bestimmung des rechten Maßes, das die Parteien in der Stadt versöhnt, als Pythagoras entdeckt, daß die Zahlen auch die Musik bestimmen und daß die musikalischen Akkorde einfachen Verhältnissen entsprechen. Der Begriff der Harmonie dehnt sich von dort auf den ganzen Kosmos aus, in einer arithmologischen Religion, die auch zweifellos, zur gleichen Zeit, wie sie vielleicht einige Lehren aus der Erfahrung mit dem Geld (als quantitative Organisation der qualitativen Vielfalt der Waren) zieht, alte Traditionen der Zahlenmagie wiederaufgreift.

Die *Tetraktys,* die Summe der ersten vier ganzen Zahlen, ist das geheiligte Symbol: sie genügt, um die Akkorde der Oktave, der Quinte und der Quart zu bestimmen, die vier Zahlen sind jeweils verbunden mit dem Punkt, der Linie, der Oberfläche und dem Volumen, sowie mit den Entfernungen der Erde zum Mond, zur Sonne, zu den Fixsternen, etc. Alle Realität gründet sich also in ihrer gleichsam musikalischen Vollkommenheit auf die Zahlen; die Zahlen lassen sich als Summen von Punkten zu Figuren anordnen, und vor allem die Realitäten im allgemeinen bestehen aus Mischungen, die sorgfältig nach einer Regel, die in jedem Fall die Essenz bestimmt, dosiert sind. Die richtige Proportion, die Harmonie, vereint und versöhnt die Teilkräfte, die, sich selbst überlassen, in heftigem Widerstreit stünden. Aber der Hauptpunkt ist die Existenz zweier verschiedener Arten wohlunterschiedener Polaritäten: das Mehr und das Weniger, das Hohe und das Tiefe[1] etc. sind harmonisierbare Gegensatzpaare, und ihr Konflikt, oder vielmehr ihre instabile Unordnung, manifestiert sich nur, wenn ihnen nicht das Maß auferlegt wird; sie bilden also gemeinsam, in einem diesmal fundamentalen Gegensatz, einen einzigen Terminus,

1 Hier auch im musikalischen Sinne. (Im Franz.: L'aigu et le grave; A.d.Ü.)

das Unbestimmte, das *apeiron*, das der günstigen und befriedenden Bestimmung eines höheren Terminus, der *Grenze* unterworfen ist. Der Pythagoreismus ist in diesem Sinne eindeutig dualistisch: ausgehend von der Fixierung des Unbestimmbaren durch die Grenze konstituieren sich der Kosmos und alles, was er umschließt, und vor allem die Zahlen selbst als unterschieden von ihren vielfältigen Anwendungen. Die Grenze oder höchste Einheit, die eine universelle Affinität zwischen den Dingen begründet, die unbewegte Seele der Welt, die über deren Schönheit und Ordnung herrscht, ist Gott selbst, dem die reinen Seelen sich anzuschließen suchen, um ihr Geschick zu vollenden.

Diese Auffassung bleibt trotz ihrer arithmologischen und musikalischen Prinzipien (mit der berühmten Sphärenmusik) in weitem Maße abhängig von der milesischen Kosmologie; wir wollen nur darauf hinweisen, daß sie sie umgestaltet und erweitert, indem sie sie nachahmt, und daß in ihr der Kosmos zweifellos unvergänglich ist. Die Originalität des Pythagoreismus beruht offensichtlich vielmehr auf seinem Ideal der Präzision, das die Grenze vergöttlicht, und auf den mathematischen Spekulationen, die uns Gott ähnlich machen. Man läuft zweifellos Gefahr, die Bedeutung des frühen Pythagoreismus für die Entwicklung der Mathematik zu überschätzen, wenn man nicht berücksichtigt, daß die Aussagen des Satzes »des Pythagoras« von den Babyloniern des zweiten Jahrtausends her bekannt waren und vor allem, daß Pythagoras die Hälfte seines Lebens in ionischem Milieu verbracht hat, wo die angewandte Mathematik spürbare Fortschritte machte. Nichtsdestoweniger wurde die Untersuchung der bemerkenswerten Eigenschaften der Zahlen gewiß durch ihre religiöse Erhebung zur Würde an sich besonders interessanter Wirklichkeiten angeregt, und das tiefe Gefühl für ihre genetische Einheit konnte den Sinn für die Beweisführung nur, und wahrscheinlich auf entscheidende Weise, vorantreiben. Man erzeugt zum Beispiel die Folge der Quadrate durch die Methode des Winkelmaßes oder *gnomon:* in Linien von Punkten, die einen rechten Winkel bilden, fügt man zum Einer die aufeinanderfolgenden Ungeraden hinzu, was geometrisch beweist, daß $n^2 + (2n + 1) = (n + 1)^2$. Der pythagoreische Diskontinuismus kollidierte um die Mitte des V. Jahrhunderts mit der Entdeckung der ersten »irrationalen« Zahl, $\sqrt{2}$ (die Inkommensurabilität der Diagonale des Quadrats mit der Seite), und daraus resultierte wahrscheinlich eine Spaltung, oder zumindest eine Bestätigung der Divergenzen zwischen den »Getreuen« (*Akusmatiker*) und den »Gelehrten« (*Mathematiker*), von denen die ersten den Riten verbunden sind, die zweiten den Intellektualismus der Bruderschaft zu erhalten wünschen, folglich Neuerungen gegenüber aufgeschlossener sind. Die Bewegung, die von so vielen Göttern der offiziellen Religion, wie von neuen Philosophien abhängig war, bewies übrigens eine große Anpassungs- und Entwicklungsfähigkeit, und man hat mit sehr großer Wahrscheinlichkeit annehmen können, daß der kleine Kern der »Gleichen« trotz seiner Anwandlungen von politischem Sektierertum, seit den Anfängen immer um sich einen sehr weiten Kreis von Sympathisanten duldete.

Zu diesen konnte sich ein bedeutender Philosophenarzt von Kroton, *Alkmeon,* zählen, der das Hirn als Sitz des Denkens erkannte, die Seele als Kreisbewegung betrachtete und sie infolgedessen mit den Sternen verglich, und die Gesundheit in Termini der pythagoreischen Politik durch die *Isonomie* oder konstitutionelle Gleichheit der Komponenten des Organismus definierte. Man kann sich so den immensen Einfluß des pythagoreischen Denkens erklären, das im übrigen von seinem Ursprung her versöhnlich und synthetisch ist, wenn es wahr ist, daß die dem Pythagoras eigene Begabung darauf beruhte, eine wesentliche Tendenz der Religiosität der Zeit in eine ausdrückliche Form zu bringen, indem er den Hunger der ländlichen Kulte nach Unsterblichkeit in das Maß und die Klarheit des Apollo, des Gottes der klaren Formen und der genau bestimmten Regeln, übersetzte.

Heraklit von Ephesos

Dies ist nun der erstaunlichste der »Vorsokratiker«. Seit der Antike bis zu unserer Zeit hat man ihn auf die unterschiedlichsten Weisen begriffen; uns bleiben heute von seinem Buch kaum weniger als 130 Fragmente von einer bis zu fünf Zeilen, was nicht unwesentlich ist, angesichts der Zeugnisse, die noch hinzukommen. Die Tatsache, indessen, daß ihm schon die Alten den Beinamen »der Dunkle« und »der Rätselmacher« verliehen, genügt, um zu zeigen, daß die relative Dürftigkeit unserer Quellen nicht der einzige Grund für die modernen Divergenzen und das Risiko ist, das man eingeht, wenn man eine Interpretation versucht. Keinem eignete mehr als ihm der Stil des Orakels, das »einen Wink geben«

will und sich der Passivität und der Selbstgefälligkeit des gemeinen Volkes entzieht.

Gegen 540 vor unserer Zeitrechnung in Ionien geboren, in Ephesos, einer griechischen Stadt, die sich unter die persische Vormundschaft fügte, als Aristokrat sehr hohen Ranges dieser Stadt verbunden, deren gemäßigte Demokratie, die auf heftige Konflikte gefolgt war, er indessen ostentativ verachtete, ganz, wie es scheint, der griechischen Kultur zugewandt, aber trotz allem vielleicht auch vom Zoroastertum inspiriert, im übrigen durchdrungen von seiner Einsamkeit, in Distanz zu allen Traditionen des Denkens, beseelt von einer gewissen, den Eleusischen Mysterien verwandten Religiosität und zugleich Wortführer, in Prosa, einer universellen, allen zugänglichen Wahrheit ohne Initiation oder Ritual, kündigt die Person die Widersprüche an, die das Aufsehenerregende der Lehre ausmachen. Aber vielleicht bewahrt man sich gerade dadurch die größten Chancen, den Heraklitismus nicht zu sehr zu verfehlen, daß man, wenn es möglich ist, es vermeidet, ein solches Denken der Norm der analytischen Kohärenz, nach der sich die klassische Philosophie als dem Wesentlichen richten wollte, zu unterwerfen.

Heraklit bemüht sich nicht, mehr oder weniger ungeschickt die Widersprüche aus der Realität und dem Denken zu bannen, und er ist auch der Tugend der analytischen Kohärenz gegenüber nicht unempfindlich. Er denkt auf eine *andere* und viel tiefere Weise, und er weiß es. Das analytische Denken kann nicht schlicht und einfach als ein späteres betrachtet werden, denn ohne dessen Formen explizit zu machen, noch ihm in allen Momenten Autorität zuzusichern, begannen die Milesier, vor allem Anaximenes, und in ihrer Folge Xenophanes und Pythagoras, es zu praktizieren. Wenn auch die nachdrückliche Bemühung des Parmenides um Klarheit, wie wir sehen werden, einen sehr bedeutenden Zeitpunkt kennzeichnet, so ist sie doch nicht ohne Festhalten an der Vergangenheit. Statt also den Versuch zu machen, die logischen Irrtümer und Verschiebungen in den Fragmenten des Heraklit aufzuspüren, und die Versuchung dazu ist groß, ist es mehr wert, sie als Enthüllung zumindest der Unzulänglichkeiten des analytischen Denkens ernst zu nehmen, das immer Schwierigkeiten hat mit dem Werden und dem Neuen und unfähig ist, sein Ideal der Widerspruchsfreiheit voll zu verwirklichen, wenn es das Wirkliche in Arten des Seins und in Relationen aufteilt, in bestimmte und festgelegte Seinsarten und in Relationen, die diese Seinsarten miteinander verbinden. Platon versteht schließlich und integriert einiges vom Heraklitismus in seine Logik, und wenn auch jeder allzu enge Vergleich Heraklits mit den modernen Dialektikern zu offenkundigen Irrtümern führt, so darf doch nicht vergessen werden, daß man über Platon und seinen zeitlich weit entlegenen Schüler aus dem V. Jahrhundert n. Chr., Proklos von Byzanz, einer Verkettung folgt, die Heraklit, mittelst verschiedener Umformungen und Ergänzungen, mit Hegel selbst verbindet. Heraklit hat gewiß kein komplexes dialektisches Denken entwickelt; er hat vielmehr mit der Sprache gekämpft, er hat gewollt, daß sie durch das Aufblitzen der verbalen Stöße das, vielleicht elementare, in jedem Fall gewaltige Gefühl wiedergibt, das sich in jene Kardinalformel kleidet, nach der »der Krieg aller Dinge Vater, aller Dinge König« ist. Wer so spricht, konnte Pythagoras nur verdammen, und tatsächlich greift er ihn scharf an, ein Gegensatz, der einen guten Leitfaden ergibt.

Der Pythagoreismus versteht sich als Friedensstifter und Versöhner, Heraklit antwortet mit dem universalen Krieg und der Abwesenheit jeder Versöhnung und jeder Verschmelzung der Gegensätze. Zugleich wirft er namentlich Pythagoras *Polymathie* vor, das heißt, das Wissen, das mit eitler Gelehrsamkeit ohne Tiefe noch wirkliche Einheit minutiös Details anhäuft, das Wort-für-Wort der mechanischen Rezitation einer sakralen Formel. Es geht also nicht darum, an die Stelle eines oberflächlichen Enzyklopädismus eine absichtlich disparate Vision zu setzen (der Unterschied wäre zu gering), und Heraklit entwirft eine tiefgründige Einheit des Kosmos: wenn man sich daran erinnert, daß im Pythagoreismus die höchste Einheit eine wesentliche Rolle spielt, so muß man wohl berücksichtigen, daß Heraklit sie für nichtig, weil künstlich aufgesetzt hält. Die wahre Einheit ist also immanent, und es ist im wesentlichen der Dualismus, der an Pythagoras verworfen wird. In diesem Sinne setzt Heraklit den milesischen Monismus fort, mit dem ihn auch seine buchstäbliche Feindseligkeit gegen mythische Vorstellungen verbindet, die mit diesem Monismus auf gleichem Fuße steht, und die sich bei ihm in einer der milesischen Tradition nahen Kosmologie ausdrückt. Das Wichtigste ist dennoch für ihn nicht, sich der unermüdlichen »Ermittlung« der Milesier hinzugeben.

Was zählt, ist die tiefe Einheit der Kräfte, die im Kosmos am

Werke sind, zu erfassen, und Heraklit beharrt auf der Geisteshaltung, die es zu kultivieren gilt: keine passive Offenbarung, man muß wachsam, aufmerksam, aktiv sein, um jenseits aller falschen Weisheit des Selbstgefühls und jeder unmittelbaren sinnlichen Erscheinung das Allgemeine, die Struktur des »Logos« zu erfassen. Fast alle Menschen begnügen sich träge mit einer erträumten Weisheit, die sich auf individuelle Besonderheiten beschränkt und das Werden in sinnlichen, beurkundeten Protokollen immobilisiert (man wird mit Nietzsche bewundern, daß in den Augen Heraklits das unmittelbare und passive Zeugnis der Sinne entgegen dem, was eine spätere Tradition davon hält, einen *fixistischen* Irrtum hervorruft). Der Logos ist unser Sinn, und der Sinn des Ganzen, unauflöslich; Sinn oder »Wort«, Gesetz, Einheit, treibende und schöpferische Kraft des Werdens, das als universelles »abgetrennt« genannt werden kann, aber genauso als mit dem Kosmos im Werden verschmolzen, da es selbst an den Menschen wirkt, die es nicht kennen.

Es ist auch das Feuer, himmlisches Feuer, göttlicher »Äther«, und der Blitz, der nach dem alten Bilde die Erde »steuert«, und das Feuer, das wir in unserer allernächsten Erfahrung leuchtend die anderen Elemente verzehren sehen: immer zugleich anderes als die Mannigfaltigkeit der Welt und insgeheim identisch mit dem Leben der Welt selbst. Aber dieses Eine muß sich auch mit dem Kampf identifizieren, aus dem wir hervorgegangen sind. Ist aber nun der Krieg nicht Vielheit, oder zumindest Dualität? Nicht nur: der Krieg vereint jene, die er gegeneinander treibt, der Konflikt bezeugt eine Affinität. Man könnte die Anschauung Heraklits folgendermaßen entwickeln: eine einfache Einheit ist künstlich, eine unorganische Vielheit ergibt auch keine Welt; der Gegensatz, den die vertrauteste und älteste Erfahrung anerkennt, impliziert einzig die Einheit der Verschiedenheit und die Identität der Differenzen, denn die entgegengesetzten Verhältnisse existieren nur durch einander (zum Beispiel Gesundheit und Krankheit, Gut und Böse), wobei sie zugleich zwischen sich eine irreduzible Differenz erhalten. Der Monismus Heraklits behauptet sich auf problematische Weise um den Preis eines konfliktreichen Pluralismus, als antidualistische Lösung, die ohne die einzig vorstellbare zu sein, wie man glauben darf, auf jeden Fall eine bemerkenswerte Radikalisierung des milesischen Schemas konstituiert.

Es geht also nicht so, wie Homer es sich vorstellte, welcher nach einem Frieden seufzte, der Vernichtung sei. Einzig die Zwietracht ist schöpferisch; existieren heißt entweder ein Kampf sein, oder im Kampf sein, in einer Bewegung, in der sich die Vielheit durch den Konflikt erhält, die Einheit durch die tiefe Identität der Antagonisten. Ein naiver und eingeschläferter Blick, wie der des Pythagoras, glaubt, über die Welt hin wunderbare Ereignisse friedlicher und unbewegter Harmonien zu erblicken. Wenn es nicht fruchtlose und inkonsistente, absolut der Einheit entkleidete Einrichtungen sind, so beruhen diese anscheinend friedlichen und präzisen Harmonien in ihrer inneren Wirklichkeit auf einem vorübergehend unentschiedenen Kampf zwischen entgegengesetzten Kräften; die schöne Unbewegtheit der sichtbaren Bestimmtheit verhüllt eine Bewegung, die unserem Blick entgeht. Ebenso verdanken der Bogen und die Leier (Embleme des Apollo, die den Pythagoreern teuer sind) ihre Realität, ihre Funktionsfähigkeit nur dem divergenten Kräftespiel des Holzes und der Saiten bzw. der Sehne; es kommt nicht so sehr darauf an, daß die Sehne über Holz gespannt ist, wenn sich nicht das, nebenbei notwendig unsichere, Gleichgewicht der Spannungen im Kampf realisiert. Wenn die Sehne oder das Holz gesprungen sind, ist der Bogen kein Bogen mehr; in einem flüchtigen Augenblick manifestieren sich die konstitutiven Spannungen durch eine deutlich sichtbare Bewegung, vor dem Frieden des Todes. Diese hinfällige Harmonie bleibt untergeordnet, wenn sie auch die höchste abbilden kann. »Auseinander getragen (geht es) mit sich selbst im Sinn zusammen (. . .): gegenstrebige Vereinigung wie die des Bogens und der Leier.«[1] Die Harmonie gewinnt an Beständigkeit und Stabilität, wenn sie, statt die Manifestation einer unsichtbaren Bewegung zu sein, sich im Gegenteil hinter der manifesten Bewegung enthüllt; die Wandlung hat ihre Stetigkeit und vollzieht sich in dynamischem Gleichgewicht; aber sie ist nicht leicht zu erfassen, denn »Die Natur (das Wesen) liebt es, sich zu verbergen.«[2] Zum Beispiel bewahrt der Fluß seine Identität in der und mittels der in seinen Wassern enthaltenen Bewegung, und man muß auf dieselbe Weise verstehen, wie die Seele sich am Leben erhält, durch die in ihr enthaltene Bewegung, welche sie erneuert. Es liegt hier nahe, an moderne Auffassungen vom lebenden Organismus zu denken, mehr noch an

1 Heraklit: Fragm. 51. Aus Diels: Fragmente der Vorsokratiker. (A.d.Ü.)
2 Heraklit: Fragm. 123. a.a.O. (A.d.Ü.)

die neuerlichen Entdeckungen zu den interspezifischen Gleichgewichten; aber diese Harmonie geht in das Spiel jener noch geheimnisvolleren ein, die wesentlich den ganzen Kosmos regelt, und die nichts anderes ist als der agonale Logos. Der erzeugende und ordnende Kampf läßt bald das eine, bald das andere Glied in den Gegensatzpaaren vorherrschen, die sich nach einem System von Kompensationen, die zweifellos simultan und sukzessiv zugleich sind, und deren »Maß« und Grenzen aus ihrer tiefgründigen diskordanten Einheit resultieren, gegenseitig verschlingen. Die höchste Harmonie ist also das der Totalität des Kosmos immanente dynamische Gleichgewicht, von dem man allen Grund hat anzunehmen, daß es, und nur es, absolut ewig und unvergänglich sei. Man kann, offen gestanden, aus den Texten Heraklits nicht entscheiden, ob er jenen periodischen Weltbrand, die *Ekpyrosis*, behauptete, die die Stoiker ihm zuschrieben, oder nicht; es scheint jedoch, daß der Krieg damit etwas von seiner absoluten Königswürde verlöre und das Schema ein wenig simpel sei; es ist nicht allzu einsichtig, wie das Feuer, auf sich selbst reduziert, wenn man so sagen darf, trotz seiner bezeichnenden Eigentümlichkeit, geregelter Kampf zwischen den Gegensätzen bliebe, da es ja an den großen kosmischen Verwandlungen teil hat. Ebenso ist die allzu fixistische und nebenbei vielleicht pythagoreische Auffassung von einem »Großen Jahr«, das heißt, einem einzigen und unbegrenzt wiederholten kosmischen Zyklus, sehr wenig wahrscheinlich.

Verstehen wir es also so, daß in dem großen bewegenden Ausgleich, darin sich kein Sein verewigt, die Unordnung Ordnung ist, der Zufall Notwendigkeit, die Häßlichkeit Schönheit, die Ungerechtigkeit Gerechtigkeit und Anaximander Unrecht hatte, wenn er sagte, daß die im Kampf liegenden Gegensätze der Reihe nach kompensatorische Ungerechtigkeiten begehen, oder daß auf die Ungerechtigkeit die Entspannung folgt, denn die ganze Bewegung ist in ihrer geregelten Einheit »die höchste Gerechtigkeit«[1], Ordnung der Unordnung, Sinn des Unsinns, Maß des Unmaßes, kurz, dynamische Einheit des Kosmos, des »ewig lebenden Feuers«[2], das »alles [. . .] richten«[3] wird. Sich dieses Gesetz auf das schärf-

1 Zitiert nach Bernhardt, da unter den Heraklitfragmenten keine derartige Formulierung gefunden wurde. (A.d.Ü.)
2 Heraklit: Fragm. 30. a.a.O. (A.d.Ü.)
3 Heraklit: Fragm. 65. a.a.O. (A.d.Ü.)

ste bewußt zu machen, scheint die Berufung Heraklits und seine Auffassung von der Weisheit gewesen zu sein. Die Seele hat eine natürliche Affinität zu dem, was »alles auf alle Weise zu steuern weiß«[1], weil sie Feuer, himmlisches Feuer ist. Als solche dem Wasser entsprungen, das auch im umgekehrten Sinn ihr Tod ist, bewahrt sie, wenn sie wachsam und aktiv ist, die Trockenheit des Feuers und vereint sich mit dem universalen Logos, der sie vor allem befähigt, ihren Körper zu beherrschen, aber wenn sie feucht wird, verliert sie alle Kraft und alle Klarheit (wie der Zustand der Trunkenheit bezeugt); deswegen sind die »Seelen im Kriege gefallener [. . .] reiner als Krankheiten erlegene«[2]. Nicht alle Seelen sterben vom Wasser verschlungen: einige, die besten, überleben entkörpert, und verbinden sich dann, so scheint es, mit dem heiligen Feuer, dem »Äther«. Man darf sich darunter jedoch keine persönliche Unsterblichkeit, das heißt eine mit den Makeln der »privaten« Pseudo-Weisheit behaftete, vorstellen, und das himmlische Feuer selbst ist nebenbei auch kein von der großen kosmischen Bewegung und ihren unbarmherzigen Wandlungen, abgetrenntes Refugium. Man darf keine anthropozentrische Finalität mit dem besonderen Status der Seele in Verbindung bringen: wenn die menschliche Seele wie das Feuer jene bezeichnende Eigentümlichkeit hat, die sie mit dem Ganzen verbindet, und die ihr ermöglicht, es handelnd zu verstehen, es verstehend zu handeln, so haben hier die Angleichung ans Göttliche und der Kult des Gesetzes einen ganz anderen Sinn als bei Pythagoras. Heraklit, der letztlich den Milesiern viel näher steht und vielleicht von der gereinigten Religion des Xenophanes beeinflußt ist, der den ländlichen Kulten, deren Bilder und Riten er keineswegs verwirft, einige Aufmerksamkeit entgegenbringt, verkündet eine schwierige Wahrheit, der die kleine Zahl der Weisen zustimmt und zu ihr beiträgt.

1 Heraklit: Fragm. 41. a.a.O. (A.d.Ü.)

2 Heraklit: Fragm. 136. a.a.O. In der Ausgabe von Diels zählt dieses Fragment zu den zweifelhaften, falschen oder gefälschten. (A.d.Ü.)

Die Eleaten: Parmenides, Zenon, Melissos

Nicht alle Welt mißt die Originalität eines Denkens mit derselben Elle: die seltene Weisheit des Heraklit war vielleicht für Parmenides nur eine unter vielen dieser »Ansichten der Sterblichen«[1], die nach den Eleaten von der banalsten Verworrenheit nichtig gemacht werden. Man hat manchmal einige Leidenschaft gebraucht, um die Partei des Parmenides zu ergreifen; aber die Kraft und die Klarheit seiner Grundanschauungen lassen uns noch viel von jener Bewunderung spüren, die er Platon einflößte. Parmenides, der etwa im letzten Drittel des VI. Jahrhunderts v. Chr. vielleicht gegen 515–510, wenn man Platon wörtlich nehmen muß, geboren wurde, ist ein in Großgriechenland ausgebildeter Denker, zeitlich der erste dieser Kategorie, der wir nach Alkmeon von Kroton begegnen: Seine Geburtsstadt Elea liegt an der Ostküste der italienischen Halbinsel. Er genoß einen pythagoreischen Unterricht und kannte, wenn nicht die Person, so doch zumindest die Ideen des Xenophanes, bevor er sich in einem *Gedicht* offenbarte, von dem uns ihrem Inhalt und manchmal auch dem Umfang nach bedeutende Passagen erhalten sind (insbesondere ein Hauptstück von 61 Versen; insgesamt etwa 150 Verse). In diesem Werk entfaltet die religiöse Begeisterung, die für die alte Mentalität fast ebenso erstaunlich ist wie für die unsere, eine Lehre, die frei ist von aller mystischen Dunkelheit. Der Dichter erscheint darin als Erwählter, der würdevoll einen Wagen bestiegen hat und sich von den Sonnentöchtern geführt zur lichten Wohnstatt der Muse reisen sieht, um von ihr, mit der Erlaubnis der Gerechtigkeit, die Offenbarung der Wahrheit zu empfangen. Diese Einleitung, die in den Traditionen Homers und Hesiods ein Vorbild hat, und die auch an das Schamanenthema der Reise zur Wahrheit erinnert, nimmt vergeblich ein allegorisches Aussehen an, diese Bilder streben danach, ein religiöses Gefühl zu übersetzen. Denn die Muse, die Göttin, die dem Dichter die Offenbarung zum Geschenk macht, spricht nicht in rätselhaften Orakeln, noch begnügt sie sich damit, eine einfachere und direktere Wahrheit mit einer Autorität darzulegen, die, wie es scheint, sich von rationalen Nachweisen dispensieren könnte; sie argumentiert, sie erklärt sich und rechtfertigt sich so-

1 Parmenides: Fragment 8, Vers 60. Aus Diels: Fragmente der Vorsokratiker. (A.d.Ü.)

zusagen in einer klaren Rede. Zwei Wege, so sagt sie, bieten sich dem, der die Wahrheit sucht, aber nur einer ist wahrhaft möglich und fruchtbringend, während der andere ungangbar ist, und nur zu Enttäuschungen führt. Dem ersten entspricht folgende Behauptung: »das IST ist und das Nichtsein nicht ist«[1]. Dem zweiten die antithetische Behauptung: »daß NICHT IST ist und das Nichtsein erforderlich ist«[2]. Diese beiden Wege schließen jede dritte Hypothese aus. In der Tat, die Behauptung, daß »NICHT IST ist« führt zu der Behauptung, daß das Nichtsein ist, daß es das Nichts ist, welches existiert: man versucht so Sein und Nichtsein zu vermengen; wenn sich andere Thesen finden, so braucht man in ihnen nur Variationen des zweiten Weges zu erblicken, die durch seinen Mangel an Einheit, seine geschwätzige Verworrenheit ermöglicht wurden. Einige wollen in einem heraklitischen Stil versichern, daß »das Sein und Nichtsein für dasselbe gilt und nicht für dasselbe«[3], eine Formel, die zweifellos das Werden ausdrücken soll; diese vulgäre Konzeption der »Doppelköpfe«[4] läuft darauf hinaus, daß sie das Sein und das Nichtsein vermischt. Und genauso steht es mit der trockeneren Ansicht, nach der »was ist, nicht ist«[5]. Die Einfachheit, die Reinheit charakterisieren im Gegensatz dazu den Weg der Wahrheit: das Sein *ist,* absolut, und nichts von all jenem, was einen versuchen könnte, es in dieses Absolute einzuführen, und was es, so ausschnitthaft auch immer, verneinte, könne ihm angehören, weder Entstehung noch Zerstörung, noch Gradunterschiede, noch Teilung, noch Veränderung irgendwelcher Art. Das Sein ist eins, kontinuierlich, einzig, im eigentlichen Sinne ewig und nicht einer Dauer ohne Beginn noch Ende verhaftet (was Veränderung zuließe). Vollkommen bestimmt vollendet es in seiner Rundheit den reinen Raum. Die Originalität und Macht dieser These rühren von einer Bemühung um absolute Strenge her, und man könnte den Eleatismus, in logischen Terminis, durch die unerbittliche Anwendung des Prinzips der Non-Kontradiktion definieren, die Grundregel für die intellektuelle Kohärenz. Wenn man diese Regel strikt befolgt, und wenn deren

1 Parmenides: Fragment 2, a.a.O. (A.d.Ü.)
2 Parmenides: Fragment 2, a.a.O. (A.d.Ü.)
3 Parmenides: Fragment 6, a.a.O. (A.d.Ü.)
4 Parmenides: Fragment 6, a.a.O. (A.d.Ü.)
5 Übersetzt nach Bernhardt, da dieser Satz in der deutschen Parmenides-Übersetzung nicht aufzufinden ist. (A.d.Ü.)

Tragweite auf die Wirklichkeit ausgedehnt wird, ist also der Weg von der Logik zur Ontologie vollkommen festgesetzt, und sein Ausgang erleidet, abgesehen von Rückschlägen, deren subtile Notwendigkeit die Dialektik Platons zeigen wird, keinerlei Anfechtung. Beachten wir indessen, daß es im umgekehrten Sinne die formale Logik ist, die aus der Ontologie hervorgegangen ist: das Bedürfnis nach einem unerschütterlichen und beständigen Denken hat sich nur in untergeordneter Korrelation zu dem religiösen Bedürfnis nach einer objektiv unwandelbaren Wirklichkeit entwickelt.

Bei Parmenides erreicht dieses Verhältnis, das die intellektualistische Religion spezifiziert, seinen vollendeten Ausdruck, und die logische Regel präsentiert sich in seinem Werk als eine Norm, die imstande ist, uns die Eigenschaften des Seins zu enthüllen, *weil* das Sein selbst seine Vollkommenheit in Bestimmungen ausdrückt, die es dem Denken auferlegt. In diesem Sinne meint er, »dasselbe ist Denken und Sein«[1]. Wenn das Abwickeln eines Diskurses nötig ist, um das Sein zu erfassen, so nur deshalb, weil der Geist seine Grenze erweisen muß, seine Möglichkeit und seine Unmöglichkeiten, bevor und damit er zu seiner Reinheit, zu seiner Verwirklichung als Denken des Seins gelangt, wonach aktiv gestrebt werden muß. Das Gesetz, das dieses Streben lenkt und das Resultat festsetzt, ist allein und kann nur die Absolutheit des Seins sein und die »logische« Rechtfertigung, welche die Göttin bietet, erweist deutlich das Zusammenwirken von Offenbarung und Urteil, wobei die Offenbarung die Formen des Urteils und die Regeln der logischen Diskursion entfaltet, um sie in gewisser Weise bei dem Neophyten einzuführen. Man kann also nicht leugnen, daß die religiösen Sehnsüchte, deren Strenge sich schon, insbesondere im Pythagoreismus, der Errichtung einer präzisen Herrschaft des Intellekts zugewandt hatte, und allgemeiner seit langem die Fortschritte des Wissens in bezug auf Exaktheit und Gründlichkeit angespornt hatte, bei der Begründung des Eleatismus und zugleich in den Ursprüngen der logischen Strenge eine große Rolle gespielt haben, zumindest als Ausdruck eines tiefen Bedürfnisses nach Frieden, Stabilität und Gerechtigkeit, die klar umrissen sind. Dieses leidenschaftliche Bedürfnis realisiert vielleicht nur durch Kompensation im Imaginären den Gegenstand einer zeitgemäßen, oft

1 Parmenides: Fragment 3. a.a.O. (A.d.Ü.)

gefährlich tastenden oder zweifelhaften Suche, nämlich die gute politische Verfassung, die Organisation der Gerechtigkeit in der Polis. Auf jeden Fall bleibt zu sagen, daß sich, soweit man weiß, nur ein einziger Mann gefunden hat, der bis an die Grenze ging und es wagte, insgesamt und absolut über das Absolute zu urteilen, daß ein Denken, das sich gesichert, das sich stabil sehen will, auf vollkommen klare Weise die Unmöglichkeit beweist und verifiziert, die es sich seinem Wunsch nach Stabilität entsprechend setzt.

Das ist der Geburtsakt der Ontologie und zugleich ihre reinste Illustration, um derentwillen die Forderung nach absoluter Präzision und nach rigoroser Kohärenz des Denkens exakt und vollständig die Offenbarung der absoluten Realität bemißt und sich zu eigen macht. Und alles wäre so klar wie äußerst paradoxal, wenn Parmenides dabei bliebe. Aber er macht sich die Mühe, durch die Göttin selbst eine ganze vitalistische Kosmologie darlegen zu lassen, die zugleich den alten Mythen und den milesischen und pythagoreischen Konstruktionen nahesteht. Ohnehin entledigt man sich niemals mühelos der Erscheinungen. Die heikle Frage ist, ob für Parmenides das Sein allein wirklich ist, während sich alles übrige einzig und allein auf eine Illusion reduziert, oder ob im Gegensatz zu dieser im eigentlichen Sinne ontologischen und monistischen Interpretation der Eleat überdies von einem spezifisch sinnlichen und mit einer gewissen Art von inkonsistenter Realität ausgestatteten Gebiet Rechenschaft geben wollte. Was uns betrifft, so neigen wir zu dieser Lösung. Der Gegensatz der beiden Wege ist nicht spekulativ, und das, was sich dem absoluten Sein, welches der Wahrheit, derer man absolut bedarf, entgegensetzt, darf nicht als simpler Irrtum verstanden werden, es ist der schwankende Ort der Enttäuschung und der Verzweiflung: in der sinnlichen Welt kann man sich auf nichts verlassen, während die Wahrheit erlösende Realität ist. Dieser praktische Realismus der Wahrheit impliziert die Objektivierung als Korrelat zur Verirrung, die das antike Denken übrigens in keiner Weise in einer freien Subjektivität zu situieren bereit war. Es empfiehlt sich zweifellos, das Sein zu unterscheiden, das gänzlich Sein all dessen ist, was zur Existenz gelangt, und wenn das Absolute nicht extensiv alles Sein ist, einem minderen, flüchtigen und täuschenden Sein, auf seine Weise eine durchaus reale Falle für die armen »Sterblichen«, die unfähig sind, sich über das Sinnliche zu erheben, einen Platz einzuräumen. Nachdem die Muse des Parmenides die Wahrheit des Seins besungen hat, hätte sie also die gefährliche Realität der Illusion besungen. Von daher wäre der Eleatismus zumindest ein Monismus, der zum Dualismus tendiert, indem er zwischen zwei sehr ungleich konsistenten Realitätsordnungen einen besonders deutlichen Einschnitt einführt, der Quelle ebensovieler Schwierigkeiten und neuer Probleme ist, wie ein absoluter Monismus. Wie dem auch sei, Parmenides hat das westliche Denken um einen entscheidenden Schritt vorangebracht, indem er seinen betörten Nachfolgern das Ideal einer unerbittlichen Strenge aufnötigte. Heute, da das Sein häufig als ein dunkles Fundament, als ein zugleich gegenwärtiges und geheimes Mysterium gedacht wird, wollen wir die Distanz anerkennen, die ein solches Suchen vom eleatischen Geist trennt: für Parmenides ist das Sein das bestdefinierte Korrelat zum vollendetst klaren, lichten und präzisen Denken.

Der Einfluß des Parmenides wurde nichtsdestoweniger hitzig bekämpft; das hieß bereits, sich ihm zu fügen. In der Tat attackierte das *Gedicht* praktisch alle anderen Lehren, aber es hatte darüber hinaus jenen eigentümlichen Zug an sich, durch seine Methode selbst, gegen seinen Willen, zur Kontroverse und zum Dialog aufzufordern. Es ist möglich, daß die Reduktion des Weges der Meinung aufs Absurde, besonders von Seiten der Pythagoreer, Repliken gleichen Stils hervorrief: es ist das EINS-SEIN des Parmenides, das man der Widersprüche zu überführen versuchte.

Bei Parmenides wie in der Folge bei seinen Gegnern fand sich der Keim einer negativen Methode, die *Zenon,* der Schüler des Parmenides, wie er in Elea geboren (gegen 490–485, wenn Parmenides 515–510 geboren wurde), vielleicht nur zur Verteidigung des Eleatismus systematisch entwickelte. Das wesentliche an den verschiedenen Argumenten des Zenon läuft in seiner Bemühung, Vielheit oder Bewegung zu denken, darauf hinaus, eine Zusammensetzung des Unteilbaren evident zu machen, was einen Widerspruch ergibt. Die Vielheit erfordert zu ihrer Zusammensetzung unteilbare Einheiten, denn wenn sie teilbar wären, wären sie keine einheitlichen Komponenten mehr und würden sich in Nichts oder in eine Kontinuität auflösen, was in beiden Fällen mit der Vielheit unvereinbar wäre; aber die Vielheit ist nicht weniger unvereinbar mit der Unteilbarkeit der Einheiten, denn sie ist per definitionem teilbar und zugleich offensichtlich ihren Komponenten homogen. Die Vielheit kann also nicht gedacht werden. Ebenso erfordert die Bewegung zu ihrer Zusammensetzung unteilbare und deutlich unterschiedene Momente und Punkte (besonders die des Ausgangs und des Endes, aber auch all jene, in denen sich ihre sukzessiven Positionen bestimmen), andernfalls würde man wieder in eine unbewegte Kontinuität zurückfallen; aber die Bewegung reduziert sich gerade nicht auf sukzessive Unbewegtheiten, und sie strebt nach einer Kontinuität, die in sich die raum-zeitlichen Unterscheidungen auflöst.

Das ist es, was zum Beispiel das berühmte Paradoxon von Achilles und der Schildkröte bezeichnet: niemals wird der gewandte Krieger das schwerfällige Tier einholen, denn um den kontradiktorischen Forderungen nach Trennung und Kontinuität Rechnung zu tragen, muß man unbegrenzt neue Zwischenräume, so klein sie auch seien, zwischen den beiden Läufern zugestehen. Die Bewegung ist also ebenso und aus denselben Gründen undenkbar wie die Vielheit: es sind unteilbare Teilbare, logische Monster, welche die Einheit und Unbewegtheit des wahren Seins hervortreten lassen. Zenon hat also der dialektischen Methode eine Richtung gegeben, ja sie sogar, wie man mit Aristoteles sagen könnte, erfunden, im Sinne einer Technik zur Prüfung von Meinungen; diese Methode besteht, wie man sieht, darin, die gegnerische These als Hypothese zuzulassen, um dann deren innere Widersprüche aufzudecken, was genügt, da sie genau der, die man verteidigen will, widerspricht, um die Gültigkeit dieser zu beweisen. Es ist das erstemal, daß man in aller Deutlichkeit beobachten kann, wie eine Lehre, um ihre Überzeugungen zu behaupten, durch die gewissenhafte und strenge Prüfung der gegnerischen Positionen hindurchgeht. Die Reflexion beginnt, Philosophie zu werden, und die Dialektik des Zenon von Elea, eine Art Dialog mit einer einzigen Stimme, der gewiß schon vom Aufschwung der Demokratie beeinflußt ist, kündigt die Öffnung des Geistes und die Konfrontation der Ideen an, die im engen Sinne die Geburt der Philosophie kennzeichnen, jener Disziplin, die eine freie und klare Beweisarbeit der Kritik eines anderen unterziehen will.

Einen dritten Eleaten muß man sich merken, einen Eleaten von außerhalb. *Melissos* befehligte die Flotte von Samos, der Heimat des Pythagoras, und brachte der athenischen Flotte, mitten im »Jahrhundert des Perikles«, mindestens eine Niederlage bei. Sein Beispiel verdeutlicht das Vordringen des Eleatismus bis nach Ionien, am anderen Ende der griechischen Welt, sowie die Verbindung der Philosophie mit der öffentlichen Tätigkeit, die zu jener Zeit üblich ist (es wird uns nebenbei berichtet, daß Parmenides und Zenon, wie Melissos, politische Tätigkeiten innehatten). Melissos seinerseits akzeptiert das Wesentliche an Parmenides' Lehre, aber er durchdenkt es vollständig von neuem, zunächst indem er durch die dialektische Untersuchung physikalische Spekulationen einführt, weiter und vor allem, indem er eine meisterhafte Korrektur darin einbringt, die einen sehr schönen Fall von schöpferischer Treue darstellt: als unendlich in der Zeit (Melissos sieht übrigens nicht, daß es für Parmenides eher außerhalb der Zeit liegt), muß das Sein auch für unbegrenzt in seiner Größe erklärt werden, sonst wäre es von etwas begrenzt, das nur dem existierenden Nichtsein, der Leere zugehören könne. Daraus ergeben sich leicht seine Einheit und seine Kontinuität. So sieht die erste Erscheinung des positiven und aktuellen Unbegrenzten, des absoluten als Unbegrenztes in der Geschichte aus, des großen Skandalons für Aristoteles, der folglich Melissos mit Verachtung behandelt, denn der klassische Hellenismus hat nur selten Grenze und Vollkommenheit voneinander getrennt. Dem milesischen *apeiron* kaum vergleichbar, bezeugt dieses *apeiron* des Melissos, das sich vielleicht an jenes erinnert, auch die Fortschritte in der Raumvorstellung.

Empedokles von Agrigent

Für die Nachfolger und Rivalen der großen Eleaten wird das Problem des Einen und des Vielfältigen, das schon dem Denken der Milesier zugrunde liegt, und von den Eleaten klar herausgeschält wurde, zum zentralen Punkt der Reflexion. Empedokles, die Atomisten, Anaxagoras und in der Folge Platon betrachteten es alle als eine wesentliche Aufgabe, wie vielfältig auch immer ihre einzelnen Tendenzen waren, das eleatische Verbot aufzuheben, das auf der Vielzahl und der Bewegung lastete, um deren offenkundigen Manifestationen zu einem Status zu verhelfen; und das aber *zu den geringsten Kosten*, das heißt, indem sie der Strenge der eleatischen Logik so nahe wie möglich blieben, um nur soweit Widerspruch zu dulden, als die Erfahrung ihrerseits die absolute Unerbittlichkeit der Logik des Parmenides widerlegt und in gewisser Hinsicht ad absurdum führt. Der erste, der diese Haltung einnahm, war Empedokles von Akragas (Agrigent auf Sizilien); als eine buntschillernde Gestalt, eine der reichsten, die Griechenland uns hinterlassen hat, vereinigt er in sich, auf glückliche oder unglückliche Weise, die verschiedensten Gaben und Talente; Arzt und Wundertäter, Dichter von Format, Mystiker und Rationalist, aufmerksamer Beobachter der Natur, Politiker und Prediger, Redner ersten Ranges und vielleicht wahrhafter Erfinder der Redekunst, nichts scheint ihm fremd gewesen zu sein. Er wurde um 492 v. Chr. in einer aristokratischen Familie geboren, wodurch er sich nicht daran hindern ließ, nach Kräften die neue Demokratie der Polis zu unterstützen, was übrigens nicht übertrieben paradox ist, denn seine Feindschaft gegen die »Tyrannis«, eine faktische Monarchie, die sich auf die breiten Volksschichten stützte, mußte bei ihm einem ziemlich gemäßigten »Egalitarismus« entsprechen, wie auch die großtuerische und stolze Art seines Predigens. Er verspürte eine übernatürliche Berufung und erklärte sich selbst zu einem Gott unter den Sterblichen. Gegen 440 machte er sich daran, das Feld seines Apostolats auszudehnen, er begann Großgriechenland und den Peloponnes zu durchwandern und stieß vielleicht bis nach Athen vor. Nachdem er schließlich aus Akragas verbannt wurde, starb er gegen 432 im Peloponnes oder auch in Sizilien, wenn er sich in den Ätna gestürzt hat, wie die Legende glauben machen will, die ihn vergöttert, indem sie seine Seele mit dem himmlischen Äther vereinigt und seinen Körper dem Vulkan überläßt. Von seinen beiden Gedichten, dessen eines von der Natur handelt, das andere spezifisch mystischere den Titel *Reinigungen* trägt, sind etwa 450 Verse erhalten, also vielmehr, als von jedem anderen »Vorsokratiker«. Diese relative Fülle an direkter Dokumentation, die vielleicht zu dem Reichtum des Werkes in Beziehung steht, scheint leider nicht auszureichen, um alle grundlegenden Aspekte daraus zu restituieren. Es ist deutlich zu erkennen, was Empedokles von Parmenides beibehält: das Sein ist auch für ihn voll, ungezeugt, unzerstörbar, vollkommen mit sich selbst identisch und konstant. Er verwirft nicht weniger deutlich das, was sich der Intellegibilität der sinnlichen Erfahrung widersetzt: die Einmaligkeit des Seins und seine ewige Unbewegtheit. Also, keine ursprüngliche Einheit; stattdessen eine Vielheit ursprünglicher Elemente, die Empedokles »Wurzeln« nennt, »die Wurzelkräfte aller Dinge«[1]. Vier an der Zahl, die alle derselben Ebene an-

1 Empedokles: Fragmente über die Natur, Nr. 6. Aus Diels: Fragmente der Vorsokratiker. (A.d.Ü.)

gehören, in gleichem Maße lebendig und göttlich, jede unveränderlich in ihrer eigenen Qualität und als ein Gesamt homogener Teilchen zu verstehen; es sind das Feuer, die Erde, die Luft, das Wasser. Diese Wurzelkräfte, die fähig sind, sich zu bewegen und zu mischen, sich in einem Verhältnis zueinander zu bewegen, sich eines mit dem anderen zu mischen, ähneln den Grundfarben auf einer Palette, mit denen der Maler die ganze Vielfalt der Dinge wiederzugeben weiß: auf dieselbe Weise kann man alle Phänomene, die auftauchen und verschwinden, erklären, ohne sich auf absolute Schöpfungen oder absolute Vernichtungen zu berufen, man stützt sich einfach auf die Prozesse von Mischung und Austausch zwischen den Wurzelkräften und beschreibt sie. Weiter ist es nötig, daß diese tatsächlich bewegt sind; die Rolle der treibenden Kraft wird bei Empedokles zwei entgegengesetzten Prinzipien zugeschrieben, *philotès* und *neikos*, der Liebe und dem Haß, das heißt der Kraft, die Ungleiches anzieht und dazu treibt, sich zu vereinen, und der entgegengesetzten Kraft, die Ungleiches auseinanderreißt und trennt (nicht ohne zugleich durch indirekte Wirkung die Anziehung und Vereinigung des Gleichen zu begünstigen). Wenn auch in diesem System zum erstenmal die ungefähre Vorstellung von der Wirkung einer Kraft auf eine Materie anklingt, ist es doch nicht am Platze, darin eine mechanistische Auffassung zu erblicken: die Urelemente, die wesentlich qualitativ und sinnlich sind, entbehren nicht einer gewissen Neigung, einer Anziehung des Gleichen für das Gleiche; mehr noch, die treibenden Prinzipien haben, ebenso wie die Wurzelkräfte, eine unterschiedslos materielle und spirituelle Wirklichkeit, und die Dualität von Liebe und Haß entspricht hauptsächlich ethisch-religiösen Vorstellungen, der Dualität von Gut und Böse. Wenn sich schließlich die Erläuterung des einzelnen in einer Mischung jeden Rückgriffs auf eine jedem Fall entsprechende Finalität des einzelnen enthält –, an sich betrachtet eine Ablehnung der milesischen Auffassung – so hat die Ordnung des Werdens in seiner Gesamtheit zweifellos einen Sinn; je nachdem, ob die Rolle der Liebe zunimmt oder sich verringert, ist die Orientierung des Werdens gut oder schlecht.

Schwer mit ausreichender Sicherheit zu erfassen, ist gerade, wie sich Empedokles diese Orientierung und die vereinten Wirkungen von Liebe und Haß vorstellte. Die wahrscheinlichste, und nebenbei traditionelle, Interpretation scheint uns die folgende zu sein: Das Werden läuft zwischen zwei Polen abwechselnd in zwei entgegengesetzten Richtungen ab. Der Pol der unumschränkten Herrschaft der Liebe, die den Haß an den äußersten Rand des ganzen verdrängt und die innige und vollkommen unbewegte Mischung der Wurzelkräfte organisiert, die heitere Harmonie der gesamten »Sphäre«, deren Name das Sein des Parmenides evoziert, Einfachheit zumindest, bildet das Gegenstück zum Pol der unumschränkten Herrschaft des Hasses, der die Liebe im Zentrum des Ganzen einschließt und reduziert, indem er die Wurzelkräfte vollkommen voneinander getrennt hält, vielleicht in sich drehenden konzentrischen Kreisen, auf jeden Fall im Zustand des gleichsam absoluten Zerbröckelns, das nur durch die reziproke Anziehung der homogenen Teilchen jeder Wurzelkraft begrenzt ist. Zwischen den beiden Polen sind Liebe und Haß alle beide am Werk, aber in jedem Augenblick im umgekehrten Machtverhältnis. Eine Zerfallsbewegung entspricht der Progression des Hasses, der mehr und mehr die ganze Mischung auflöst, indem er das Wirkungsfeld der Liebe einschränkt; die einzelnen Mischungen sind zunehmend weniger gut aufgebaut, zunehmend weniger harmonisch, bis hin zur vollständigen Trennung. Von da ab beginnt eine umgekehrte Bewegung zunehmender Harmonie, bei der die Liebe im Vorrücken den Haß immer weiter zurückdrängt und zunehmend besser aufgebaute Mischungen zusammensetzt, bis hin zur vollkommenen Mischung der Sphäre. Diese unbegrenzt wiederholte Wechselfolge hat einen schicksalhaften Charakter, der an Anaximander und Heraklit zugleich erinnert, nicht ohne ihr Denken zu vereinfachen und zu versüßlichen. Empedokles bleibt indessen dem einzelnen des Kosmos gegenüber aufmerksam und vereint in seinen Erklärungen die Bemühung um Beobachtung mit einer zugleich höchst archaischen und höchst kühnen Imagination: so sieht er die Tiere aus einem Zustand getrennter Glieder und Organe hervorgehen, dann (mit dem Fortschreiten der Liebe?) Monster entstehen, die mehr oder weniger lebensunfähig sind; an anderer Stelle beschreibt er die Lebewesen als direkt aus der Erde hervorgegangen und geschlechtslos, Vorläufer (zweifellos zu Beginn der Vorherrschaft des Hasses) der Geschlechtertrennung. Er deutet die Atmung durch einen alternierenden doppelten Stoß, bald Ausatmen (Expiration) des heißen Blutes, das die Luft durch die Poren, die es nicht selbst durchdringen kann, ausstößt, bald Einatmen (Inspiration) der äußeren Luft, die dann die Oberhand gewinnt und das Blut verdrängt: ebenso kann sich die

Klepsydra[1], ein Gefäß mit einem Hals und einem großen durchlöcherten Boden, abwechselnd mit Luft oder Wasser füllen, je nachdem, ob man ihren Hals entkorkt, wenn sie mit Wasser gefüllt an der Luft ist, oder wenn sie, ins Wasser getaucht, mit Luft gefüllt ist.

Man findet bei Empedokles viele Erklärungen und Analogien dieser Art im Zusammenhang mit der fortschreitenden Organisation des Kosmos, mit dem formenden Einfluß dessen, was wir heutzutage Milieu nennen, auf die Organe, mit magnetischen Phänomenen etc. So viele interessante, häufig neue Ansichten, daß man sich indessen hüten muß, sie allzu eifrig mit der modernen Wissenschaft zu vergleichen, da sie in eine extrem andere Lehre eingeschrieben sind.

Empedokles hat sich ebenso ausführlich mit der Erkenntnis- und Wahrnehmungstheorie befaßt: er greift die Vorstellung Alkmeons modifizierend auf und stellt sich vor, daß die Empfindungen von dem Eindringen von Gerüchen durch die Poren der Sinnesorgane herrühren, er bemerkt, daß der gute Körperzustand wesentlich ist für ihre Richtigkeit, und macht vor allem aus dem Blut in der Region des Herzens den Sitz des Denkens als Verarbeiten der verschiedenen Empfindungen. Auf allen Ebenen ist die Erkenntnis Kontakt und Übereinstimmung des Gleichen mit dem Gleichen, Affinität des Erkennenden und des Erkannten; durch das Feuer in uns erkennen wir das Feuer etc. Alles in der Welt, jede Mischung, sendet Gerüche aus und nimmt in einem gewissen Grade Gerüche auf, was bewirkt, daß alles in einem gewissen Grade wahrnimmt und denkt: alles ist mehr oder weniger bewußt. Soll das heißen, da alle Mischungen dem Zerfall geweiht sind, daß keine Unsterblichkeit vorstellbar ist? So sieht die Hauptschwierigkeit aus, der man begegnet, will man das Gedicht über die Natur mit den *Reinigungen* in Zusammenhang bringen. Es ist auf jeden Fall deutlich, daß in diesem Werk, das weitaus stärker vom orphisch-pythagoreischen Geist durchdrungen ist, eine übernatürliche Wahrheit zum Durchbruch kommt, ein Heilsversprechen außerhalb des »Kreislaufs der Wiedergeburt« und der Seelenwanderung, außerhalb dieser Welt, in der wir uns gegenwärtig befinden und die sich, was die intensive Beschäftigung mit dem Heil noch dringlicher macht, als die Welt erweist, in der der Haß voranschreitet.

---

1 Eine Art Wasseruhr (A.d.Ü.)

Empedokles wähnt sich als Prophet und Gelehrter gerade in seiner letzten Inkarnation. Es gibt also eine andere Welt, Gegenstand der wahren Erkenntnis und Ort der Glückseligkeit, aus der zu seiner Strafe der unsterbliche Teil unserer selbst vertrieben wurde. In dieser Welt selbst gab es ein Goldenes Zeitalter, in dem noch die Liebe herrschte, aber der Haß trieb die Menschen schnell dazu, die Tiere zu töten und zu verschlingen, das heißt andere, in ihnen verkörperte Menschen. Die andere Welt oder vielmehr das Göttliche, der »Heilige Geist«, der an den Gott des Xenophanes erinnert, ist vielleicht eine gewisse vereinende Kraft, die mehr oder weniger mit der Liebe identifizierbar ist, insofern als diese sich nicht mit den Welten, die sie gestaltet oder deren Zerfall sie verzögert, vermischt. Durch die Reinigungen und Enthaltsamkeiten, wie schon Pythagoras sie vorschrieb, bereitet man sich darauf vor, sich mit ihr zu vereinen. Das scheint in ihren großen Linien die reiche und poetische Lehre des Empedokles zu sein, deren Einfluß, der schon beachtlich auf das griechische Denken wirkte, sich weit darüber hinaus verbreitete, denn die These von den vier Elementen sollte sich bis ans Ende des XVIII. Jahrhunderts erhalten. Was uns betrifft, so können wir uns des Eindrucks nicht erwehren, daß die Lücken in unserer Information nicht zureichen, um die Schwierigkeiten der Interpretation dieses brillanten Synkretismus zu erklären, der sich, zweifellos beherrscht von dem Verlangen, dank der unterschiedlichen Begabungen die verschiedensten und unter Umständen die gegensätzlichsten Traditionen zu vereinen und in Anspruch zu nehmen, zu einer wirklichen Synthese nicht erheben konnte.

Die Begründer des Atomismus: Leukipp und Demokrit

Dasselbe läßt sich vom Atomismus nicht sagen, dessen Klarheit und Eigentümlichkeit in gleicher Weise frappierend sind, wenn uns auch davon in direkter Form fast nichts erhalten ist. Zwei Männer haben dieses neue System geschaffen, Leukipp, der Meister, der Pionier, und sein Schüler Demokrit. Die Existenz des Leukipp kann, da sie von sicheren Quellen bezeugt ist, nicht in Frage gestellt werden. Dennoch weiß man von ihm besonders wenig, und es ist fast in allem unmöglich, seinen Anteil von dem seines Schülers zu unterscheiden: es läßt sich vermuten, daß Demokrit die sehr viel trockeneren technischen Grundlagen, die

Leukipp zu verdanken sind, ausgebaut und abwechslungsreich gestaltet hat, wobei er ihnen gleichzeitig – ein Zug der ausreichen könnte, um das Verblassen der Gestalt des Meisters zu erklären – einen hervorragenden literarischen Wert verlieh: Cicero verglich die Kunst des Demokrit mit der Platons. Leukipp war Zeitgenosse des Anaxagoras, dem wir uns später zuwenden werden, und des Empedokles; er dürfte Parmenides und Zenon gekannt haben. Demokrit, der gegen 460 v. Chr. geboren wurde, hat Sokrates überlebt, und vielleicht ziemlich lange: wie wichtig auch immer die sokratische Revolution sein mag, allein die Tradition zwingt diesem bedeutenden Denker, der nach Sokrates geboren wurde, den Titel des »Vorsokratikers« auf ... Er war ein universaler Geist, er reiste und besuchte außerhalb der griechischen Welt zumindest Ägypten und Persien, seine Produktion ist enzyklopädisch: ethische Fragen, Physik, Mathematik, Künste und Techniken, er scheint alle Gegenstände in Angriff genommen und ausführlich behandelt zu haben. Der Verlust seines Werkes, der auf die Gleichgültigkeit und manchmal sicher auch Feindseligkeit der späteren Epochen zurückzuführen ist, stellt einen der größten und bedauerlichsten literarischen »Schiffbrüche« der ganzen Antike dar.

Das Grundprojekt der »Schule von Abdera« (Leukipp wurde vielleicht, Demokrit mit Gewißheit in Abdera geboren, einer ionischen Kolonie an der Grenzscheide der Küsten Mazedoniens und Thrakiens) muß sorgfältig präzisiert werden: eine von Aristoteles ausgehende Tradition tendiert im Gegensatz zu anderen ebenso wertvollen aber weniger berühmten Quellen dahin, aus dem Atomismus einzig und allein das Resultat des Wunsches zu machen, den Eleatismus mit der sinnlichen Erfahrung zu versöhnen. Gewiß haben wir im Hinblick auf Empedokles sagen können, daß eine solche Bemühung bei allen großen Nachfolgern des Eleatismus zu finden sei, und die atomistische Schule macht keine Ausnahme. Aber es ist nicht möglich, sie auf eine Neubearbeitung der Grundlagen des Eleatismus, so tiefgehend sie auch immer sei, zu reduzieren. Es gibt eine Reihe von Möglichkeiten, der Erfahrung (wie man sagt) Rechnung zu tragen. Parmenides verbot sich, indem er die strenge Konstanz des Intelligiblen von den Schwankungen des Sensiblen trennte, indem er das dichte Sein und das unbeständige Werden auf heterogenen Gebieten begründete, so weit, über ihr Verhältnis zu entscheiden, daß schon im Innern seines Denkens selbst eine ernsthafte Schwierigkeit auftrat. Aber nach ihm eröffneten sich mehrere Wege, zumindest zwei, zur Spezifikation neuer Lehren, die mit verschiedenen Voraussetzungen und Projekten bewehrt waren: keine Rückkehr zu einer neutralen und zuvor vernachlässigten Erfahrung legt Rechenschaft ab von diesen Lehren und dem mehr oder weniger großen Abstand, den sie vom Eleatismus genommen haben. Man hielt sich vielmehr in der Tradition des italischen Okzidents, in den Rängen der dualistischen oder quasi-dualistischen Denker-Poeten wie Xenophanes und Parmenides (das ist letztlich die Entscheidung des Empedokles). Oder aber man ließ sich weiter von der Tradition des ionischen Orients nähren und wollte die Naturphilosophie getreu dem naturalistischen Monismus der großen Milesier entwickeln und stärken. Das ist die Entscheidung der Atomisten.

Es wäre, unserer Ansicht nach, reichlich oberflächlich, wollte man die Lehre des Empedokles mit dem Atomismus unter dem gemeinsamen Terminus der »Pluralität« vergleichen; Empedokles hat das parmenideische Sein nur insofern zersplittert, als er es in einen, wie wir gesehen haben, fundamentaleren Dualismus stellte, dessen eine Bezeichnung, »der heilige und unaussprechliche Geist«, etwa dieselbe sakrale Funktion zu haben scheint, wie das Eins-Sein des Parmenides. Dagegen bleibt die Pulverisierung des Seins bis ins Unendliche bei den Atomisten dem Monismus der Milesier treu, die in dem Wunsch, für das, was sie beobachteten, eine gemeinsame Quelle oder einen gemeinsamen Stoff zu finden, nicht weniger aufmerksam gegen die Verschiedenheit und Vielfalt der Seinsarten inmitten der Einheit waren, welche jene in ihren Augen als das Ganze dessen, was ist, auf einer einzigen Ebene, unter Ausschluß aller höheren Wirklichkeit, konstituierte. Wenn man von den Schwierigkeiten, das milesische Denken in eine Form zu bringen, ausgeht, so versteht man die Verarbeitung durch den Atomismus. Wenn man aber im Gegensatz dazu vom Eleatismus ausgehen will, um ihn in Übereinstimmung mit den Vorschlägen des Aristoteles zu rekonstruieren, so schickt man sich tatsächlich zu einem wahren Massaker und genaugenommen einem Zerschlagen der Mutterlehre, oder der vorgeblichen, an. Wir haben erzählt, wie sich die Milesier von den anthropomorphischen Geheimnissen der Mythologie befreit haben, um sich an die Deutung der Natur nach einem in der Erfahrung feststellbaren Prinzip zu machen. Sie blieben trotz alledem ein wenig in der Bahn der Mythen, da sie sich dabei mit einem zu einfachen Prinzip begnügten, in dem sich dunkel die vielfältigen Reichtümer der Natur vermengten; Anaximander hatte schon den Eindruck, daß das Prinzip nicht der Vielfalt der wahrnehmbaren Seienden widersprechen dürfe. Die Forderung der Milesier nach Positivität ließ sich also leichter bestätigen und befriedigen als ihr Bedürfnis nach intellektueller Kohärenz; wir wissen, daß umgekehrt das Ideal der intellektuellen Strenge die Antwort auf politisch-religiöse Besorgnisse war, die sich weit von jenen unterschieden, die die »Befragung« der Natur in den Vordergrund stellten. Unter diesen Umständen bringt der Atomismus als monistische und so wenig als möglich mystische Lehre den Willen zum Ausdruck, den ionischen Naturalismus zu erneuern, und findet das Mittel zu dieser Erneuerung in der sorgfältig transponierten Übernahme der parmenideischen Strenge. Er bemächtigt sich der absoluten Präzision des Eleatismus und stellt sie in den Dienst der physikalischen Forschung, wobei er, unter dem Schock des Eleatismus selbst, klar die Notwendigkeit erkennt, den Bestimmungen von Strukturen vor der Beschreibung der Genese den Vorrang zu geben, ganz nach dem Gelübde der milesischen Tradition. Unwiderlegbare und verworrene Erfahrungstatsachen bezeugen dunkel die Beständigkeit des Wahrgenommenen durch seine bewegte Fülle hindurch: es empfiehlt sich also, indem man alle mehr oder weniger privilegierte sinnliche Wirklichkeit beiseite rückt, vom Sinnlichen Rechenschaft durch eine Wirklichkeit in Bewegung abzulegen, die aber dem reinen Denken zugänglich und durch Eigenschaften bestimmt ist, deren Klarheit der Konsistenz des Wahrgenommenen und korrelativ dem Bedürfnis nach Stabilität der Wissenschaft entspricht.

Untersuchen wir also die Charakteristika des Atoms, das heißt der unteilbaren Partikel, die das Sein der Natur selbst ist, indem wir es zunächst auffassen, als sei es einzig; die Eigenschaften des parmenideischen Seins kommen ihm uneingeschränkt zu, und es ist von daher nicht erstaunlich, daß man so oft erklärt, der Atomismus sei aus dem Eleatismus hervorgegangen. Das Atom ist in der Tat unwandelbar, ungeschaffen und unvergänglich, voll, homogen, begrenzt und, wie die Ethymologie hervorhebt, unteilbar; aller besonderen sinnlichen Qualität entkleidet, was manchmal zum Vergleich mit dem *apeiron* Anaximanders führte, beerbt es vor allem die übersinnliche Intelligibilität, die das eleatische Sein bestimmte. Der rationale Kern der Lehre des Parmenides, jene

Forderung nach Genauigkeit, die deren Hauptinteresse ausmacht, wird damit vom Atomismus anerkannt und übernommen.

Er ist es aber um so mehr, als er sich in eine völlig entgegengesetzte Lehre hüllt: wenn man nun die unendliche Vielheit der Atome einführt, so verwirft man das, was gewiß für die Eleaten am Eleatismus das Wichtigste war, nämlich die mystische Einmaligkeit des Seins. Die Atome sind unendlich an Zahl und Konfiguration, außerdem einander homogen, was diesmal weniger auf einen eleatischen Einfluß hinweist, als möglicherweise auf eine Treue zur milesischen archè. Ein unerläßliches Komplement zur Diskontinuität dieser homogenen Materie ist die Existenz des Leeren; diese überaus neue Behauptung ermöglicht zugleich und vor allem, den Atomen eine spontane Bewegung zuzuschreiben: im Unterschied von Empedokles und auch Anaxagoras, eleatische Physiker des unbewegten Vollen, die einer heterogenen Antriebskraft bedürfen, sind die Atomisten imstande, nach der milesischen Tradition die Bewegung als ohne Anfang und ohne Ende zu betrachten. Aus Prinzip bewegen sich also die Atome verworren und unregelmäßig in alle Richtungen durch das Leere. Wie die Vielheit der Atome, so vergewaltigt auch das Leere die parmenideische Logik, jedoch in einem unerläßlichen Mindestmaß: denn da für Parmenides das Sein ein begrenzter Körper war, weshalb sollte man sich dann verbieten, ihn zu vervielfältigen und vom Raum zu unterscheiden, den man sich nun als unendlich vorstellt? Seitdem werden im nicht-teleologischen Geist der ionischen Physik die phänomenalen Wirklichkeiten als Zusammensetzungen aus mehr oder weniger stabilen Atomaggregaten begriffen: die Atome sind die nicht wahrnehmbaren und unwandelbaren kleinsten Teilchen, aus denen sich die wahrnehmbaren und vergänglichen Wirklichkeiten bilden. Der Zufall (das heißt, das Fehlen der Finalität) der Figuren und Bewegungen bewirkt Zusammenstöße zwischen gewissen Atomen, Verflechtungen, Anhäufungen, was genügt, um von der unendlichen Vielfalt der Phänomene Rechenschaft abzulegen. Angesichts dessen gesellt sich zur unendlichen Vielfalt der Atome eine Auffassung, die dem allgemeinen Geist dieser an Hypothesen sparsamen Lehre genau entspricht: es gibt mehrere Zusammenstellungsmöglichkeiten von an Zahl und Figuren begrenzten Atomen. Man muß in der Tat verschiedene Zusammensetzungen nach der Anordnung der Atome unterscheiden (zwei Atome von derselben Figur haben nicht immer dieselbe Anordnung, was sich symbolisch durch Buchstaben [AN und NA], ausdrücken läßt), und auch nach der »Lage« (Z und N symbolisieren zwei Atome von derselben Gestalt, aber unterschiedlich gewendet). Alles ist also, wie man im XVII. Jahrhundert sagen wird, durch »Figuren und Bewegungen« erklärbar, und der Atomismus stellt bereits, trotz des Dualismus der spontanen Bewegung und der der Zusammenstöße, die erste Form des Mechanismus dar; der Zufall bedeutet hier nicht das Fehlen von Kausalität, er identifiziert sich im Gegenteil mit der absoluten Notwendigkeit, die manchmal regelmäßig, manchmal auf kein Gesetz zurückführbar ist, aber in allen Fällen jede kosmische Finalität ausschließt. Zugleich und auch dies zum erstenmal, ist die Bewegung im allgemeinen radikal vom Leben getrennt. Man wird das Entsetzen und die Feindseligkeit verstehen, die Demokrit dem Platon einflößte: der Philosoph der Ideen, der den verschiedensten Versuchen gegenüber aufgeschlossen und zweifellos besonders von der Vielfalt der unsichtbaren Atome beeinflußt war, schreibt nicht ein einziges Mal in seinem ganzen Werk den Namen Demokrit. Die Erweiterung der traditionellen Perspektiven durch den Atomismus ist darum nicht weniger erstaunlich, besonders die Erweiterung um die – eine logische Konsequenz aus seinen Prinzipien – Behauptung einer Unendlichkeit extrem verschiedener Welten, statt einer einzigen, oder zumindest einer zur Zeit, und um die Ablehnung der alten zyklischen Zeitauffassung, die bis dahin die herrschende war, wenn nicht gar die universell und immer unumschränkt angenommene. Gewiß verdanken die kosmogonischen, physiologischen, psychologischen Erklärungen viel der Tradition, aber man entdeckt darin eine beständige Bemühung, sie durch die dem Atomismus eigenen Prinzipien zu vertiefen und zu erneuern. Zum Beispiel entwickelt sich eine Welt wie ein lebendiger Organismus, mit einer Hülle, aber die Kräfte, die sie organisieren, sind streng mechanistisch; man sieht darin das Modell des Wirbels sich präzisieren, dem ein großes Los verheißen ist und das schon vor Anaxagoras von Empedokles, wie es scheint, in der Beschreibung des Kampfes, den der Haß gegen die Liebe führt, angedeutet ist, aber diesmal reduziert auf die Rolle einer Art kosmischer Zentrifuge. Ebenfalls sind die vier Elemente erhalten, aber um den Verlust ihrer Qualitäten von letzten Wurzelkräften; sie unterscheiden sich durch die Differenzen der konstituierenden Atome. Die Atome des Feuers sind zum Beispiel rund und glatt und sehr fein, Charakteristika, welche die Leichtigkeit und Beweglichkeit des Feuers zur Folge haben. Die Seele, das Prinzip des Lebens, ist auch nichts anderes als eine Zusammensetzung von Atomen dieser Gattung, die besonders fein sind und den Körper durchsetzen, mit Ausnahme einer wahrscheinlich im Kopf konzentrierten Masse, die den Geist bildet. Eine komplexe Austauschbewegung von Atomen zwischen dem Inneren und dem Äußeren erhält durch die Atmung die Zusammensetzung der Seele, und der Tod tritt ein, wenn sich das dynamische Gleichgewicht zerstört und die Seelenatome sich außerhalb des Körpers zerstreuen. Die Empfindung impliziert immer einen physischen Kontakt und eine Veränderung der empfindenden Zusammensetzung; in dieser Eigenschaft liefert sie nicht von sich aus die Wahrheit und kann überdies vom Zustand des Subjekts gestört werden. Die verschiedenen Empfindungsarten werden auf die Weise des Empedokles durch Ausdünstungen und Poren erklärt, wobei die Ausdünstungen jetzt Atomströmungen sind. Die Wahrnehmungsbilder sind Häutchen, die von den Dingen, deren Anblick sie wahren, herrühren, und das Auge braucht sie nur zu empfangen, es sei denn, daß nach einer komplexeren Theorie, das Auge an ihrer Bildung teilhat, indem es beim Zusammentreffen seiner eigenen Emanationen mit denen der betrachteten Dinge eine Art Abdruck von komprimierter Luft herstellt, der sich dann in ihm reflektiert. Auf jeden Fall bleibt die Wahrheit den Sinnen verborgen, sie ist vom Rang des Unsichtbaren, wenn es auch kein Denken und keine Empfindung mehr gäbe ohne das Auftreffen eines Bildes. Zweifellos muß man darunter verstehen, daß der Geist, der zur wahren Erkenntnis, jener der Atome und des Leeren, Zugang hat, zum einen aus der sinnlichen Erfahrung Nutzen zieht, aber nur zurückbehält, was das Ganze der sinnlichen Zusammensetzung und der Teil, das Atom, gemeinsam haben, zum Beispiel die allgemeinen Vorstellungen der Größe, der Unebenheit etc., und zum anderen in seiner Feinheit direkt minimale Anstöße einzelner Atome empfängt. Besonders zu diesem schwierigen Gegenstand fehlt es an Informationen, aber man muß gelten lassen, daß der Atomismus sich bemühte, in seiner Lehre einen sensualistischen Empirismus und einen Dogmatismus des supra- (oder infra-) sensiblen Denkens zu vereinen, indem er sie durchaus unterschied und sorgfältig hierarchisierte, wobei letzterer in lebhaftem Kontrast steht, zu den (avant la lettre und im vulgären Sinne) skeptischen Tendenzen, die sich in der gleichen Epoche entwickelten. Demokrit ist indessen ein Mann seiner Zeit: als fortschrittlich Gesinnter, als Demokrat, hängt er kühnen und reformerischen Konzeptionen an, die den pessimistischen Mythos vom Goldenen Zeitalter verwerfen, und sieht das menschliche Wesen unter dem Antrieb seiner Bedürfnisse seine Conditio verbessern; es ist bezeichnend, daß die Musik für ihn einen Luxus darstellt, und er ihr folglich ein jüngeres Entstehungsdatum zuweist; bezeichnend auch, daß man ihm ein gewaltiges biologisches und medizinisches Werk zuschreibt, welches die Biologie des Aristoteles ankündigt und mit ihr rivalisiert. Was uns schließlich Fragmente von seiner Ethik mitteilen, erscheint ebenfalls sehr klassisch und im übrigen ziemlich banal, es läßt sich zusammenfassen als ein Streben nach Maß, Heiterkeit und geistigem Gleichgewicht.

Insgesamt löst diese umfangreiche und kraftvolle Lehre der klassischen Epoche der griechischen Welt, Gipfel des ionischen Denkens, nicht nur fundamentale Probleme durch ihren Geist der Strenge; sie wirft auch als Folgen dieses nämlichen Geistes und jenes von Parmenides ererbten logischen Integrismus andere, ihrerseits sehr bedeutende Probleme auf. Der Wille, das Eine und das Vielfältige nicht miteinander zu vermengen, zwang in der Tat die Atomisten, sich des Begriffs der Synthese (oder der Einheit einer Vielheit) zu enthalten und folglich die Spezifizität der Phänomene in einen Konventionalismus aufzulösen, der jeglichen Fundamentes beraubt ist: sie konnten nicht anerkennen, daß das Phänomen als solches eine gewisse Art von Realität besitzt, die einzuordnen und zu erklären ist. Aus demselben Grund konnten sie die Eigenexistenz keines einzigen Aggregats, keines vergänglichen Seienden wie zum Beispiel der Seele wahrhaft für gültig erklären. Die Logik des Parmenides, die die Trennung zwischen Sensiblem und Intelligiblem fordert, hat sich gewissermaßen für ihre Deportation ins »Physiker«-Milieu gerächt. Aber es wäre lächerlich, den Atomisten von Abdera daraus einen schwerwiegenden Vorwurf zu machen: die Reflexion hat sich bei ihnen in einem solchen Maße gestärkt, daß ihre Mängel und ihre Schwierigkeiten mit schöner Genauigkeit den leeren Platz der großen Theorien, die noch entstehen sollen, umreißen.

Anaxagoras, die Ärzte und die Sophisten

Wir haben, um diese Skizze zu beenden, beschlossen, uns einen kleinen Anachronismus zuschulden kommen zu lassen: Anaxagoras, die letzte große Gestalt, von der wir zu sprechen haben, ist (um etwa acht Jahre) älter als Empedokles und folglich sehr viel älter als Demokrit. Es ist im übrigen wahrscheinlich, daß er sein Werk über die Physik, von dem einige Fragmente erhalten sind, erst geschrieben hat, nachdem er das des Empedokles hat kennenlernen können; wenn er andererseits gewisse Auffassungen Demokrits beeinflußt hat, so widersetzt sich seine Lehre doch hinreichend den Prinzipien des Atomismus, so daß er sie ebensogut in Reaktion auf jene des Leukipp hätte festlegen, wie Leukipp denselben unfreiwilligen Dienst leisten können. Mit Anaxagoras abzuschließen, bietet dagegen den Vorteil, daß man den Schlußakzent auf das Aufblühen Athens, auf das goldene Jahrhundert, gekennzeichnet durch den Namen des Perikles, des persönlichen Freundes von Anaxagoras, setzen kann. Seit der Mitte des Jahrhunderts werden von der mächtigen, zugleich demokratischen und imperialistischen Polis in steigendem Maße neue Ideen aufgenommen, zusammengebraut und angeregt; die Freiheit, die der enormen Kriegsmaschinerie der persischen Monarchie abgerungen wurde, zeitigt ihre Konsequenzen: Rückgang der mystischen Tendenzen, aktives Vertrauen in den technischen und gesellschaftlichen Fortschritt, Hang und Bedürfnis nach theoretischer und praktischer Auseinandersetzung, Behauptung eines häufig zügellosen und zersetzenden, aber dennoch mehr, als man zugeben wollte, konstruktiven Individualismus; dieses Gären erhebt all das, was sich eineinhalb Jahrhunderte zuvor in der blühendsten der ionischen Städte angedeutet hatte, gewissermaßen auf ein höheres Niveau. Ebenso wie die individuellen Gestalten, die im allgemeinen kaum bekannt sind, und mehr noch, müßte man die Ideenströmungen evozieren. Anaxagoras und gerade er, bietet dennoch Anlaß zur Beschreibung, seine Verbindungen zu den beiden bedeutendsten Bewegungen sind eng; zur neuen Schule der Medizin und zur Sophistik.

Geboren gegen 500 v. Chr. in Klazomenai in Ionien, nahe Smyrna, siedelte sich Anaxagoras, vielleicht schon sehr früh, seit dem zweiten Perserkrieg, in Athen an. Er lebte dort, wie man sagt, auf jeden Fall an die dreißig Jahre an der Seite seines Protektors,

Schülers und Freundes bis zu dem Tage, da er, nachdem man ihn zweifellos schon behelligt hatte, Gegenstand eines Prozesses wegen Gottlosigkeit wurde, der gewiß indirekt auf Perikles abzielte, aber auch nicht nur aus Gelegenheitsgründen den Kampf mit dem Philosophen aufnahm: wenn er auch an Politik nicht interessiert gewesen zu sein scheint und in einem zu dieser Zeit selbst für einen Metöken, das heißt, einen Ausländer ohne politische Rechte, seltenen Maße den Hang zur reinen Spekulation hatte, stimmte doch seine Philosophie spontan mit der neuen Politik überein und beeinflußte sie vielleicht, wie sie viele Intellektuelle und Künstler der Generation des Euripides, des philosophischsten unter den großen Tragöden, beeinflußte. Jene glorreiche, schon weit vor der Katastrophe des Krieges gegen Sparta instabile und zerrissene Epoche Athens fand schnell wieder zurück zur Furcht vor dem Neuen, und in eben dem Maße, indem die Kultur eine sehr breite Öffentlichkeit erreichte, was wahrscheinlich bis dahin nirgendwo jemals geschehen war, stieß sich die alte Volksreligiösität an den Kühnheiten des freien Denkens: daher die Zornesausbrüche, die, mehr oder weniger manipuliert und nebenbei keineswegs immer politisch reaktionär, sich gern über die bekannten Denker ergossen, um sie vor das Gericht eines Volkstribunals zu ziehen. Der friedliebende Anaxagoras ergriff die Flucht und zog sich nach Lampsakos (Dardanellen) zurück, wo er möglicherweise eine Schule eröffnete; man wußte ihn dort mehr zu würdigen als in Attika, und er starb in einem hohen Alter, etwa zu dem Zeitpunkt, zu dem Platon geboren wurde (428).

Sein Denken, das zu vielfältigen Interpretationen Anlaß gibt und noch heute zu heftigen Kontroversen führt, hat auf jeden Fall dieselben Grundbestrebungen, wie der Atomismus: es geht für ihn darum, den Forderungen des Eleatismus nach Intelligibilität stattzugeben, zugunsten der Naturphilosophie der ionischen Tradition. Die einzige Abweichung, der er zustimmt, ist, dem Beispiel des Empedokles folgend, die Behauptung der Vielheit des Seins, ohne welche man niemals dem mannigfaltigen und wechselnden Wirklichen, dessen Evidenz nicht anzuzweifeln ist, Rechnung tragen könnte. Aber um den unendlichen Reichtum der Phänomene und ihre universelle Verwandtschaft, die sie eins ins andere übergehen läßt, die sie eins vom anderen sich nähren läßt, zu erklären, muß man eine Unendlichkeit von Komponenten annehmen, eine im strikten Sinne Unendlichkeit sinnlicher Qualitäten, ob sie nun wahrgenommen sind oder nicht, anstatt der vier des Empedokles: um diesen Preis kann man das Auftauchen einer neuen Qualität erklären. Diese Komponenten sind jedoch keine Atome, verborgene und unteilbare Quantitäten, die Leere ist eine Absurdität, und jeder Teil Materie ist ins Unendliche teilbar.

Es gelingt Anaxagoras, um den Einwänden des Zenon zu entgehen, den Begriff von der unendlichen Teilbarkeit des Endlichen zu bilden. Eine Unendlichkeit von Qualitäten findet sich in jedem Körper, in jeder gegebenen endlichen Ausdehnung, so groß oder klein sie auch seien, und so kann man auch keine Trennung annehmen, alles ist immer mit allem vermischt. Solch ein bestimmter Körper, zum Beispiel ein Knochen, enthält nur einen starken Anteil an Knochen, und deswegen bemerken unsere Sinne nicht die Anteile an Gold, Erde etc. in ihm, die auch in seine innerste Zusammensetzung eintreten, die aber nicht ausreichende Massen bilden, um die Schwelle der Wahrnehmung zu überschreiten. Das erklärt noch nicht die Übergänge, die offenkundigen Umwandlungen: wir wandeln, indem wir uns ernähren, Pflanzen, Fleisch etc. um, zum Beispiel in Knochen; unsere Organe ähneln nur selten unserer Nahrung, und ebenso steht es allgemeiner mit allen Umwandlungen der Natur. Das große Problem, das es zu lösen gilt, ist also das der Veränderung der Proportionen in der Zusammensetzung der Mischungen. Uns scheint, daß die Lösung dieser umstrittenen Frage von dem abhängt, was man unter Teilbarkeit bis ins Unendliche versteht: gesetzt, man nimmt nicht willkürlich die Erhaltung der Proportionen auf allen Stufen der Teilbarkeit eines gegebenen Körpers an (als ob jeder Teil eines Knochens, so klein er auch sei, dieselbe Proportion der Qualität Knochen enthielte, wie ein ganzer Knochen), so wird man sich die Möglichkeit der Neuverteilung vorstellen können, die auf der Existenz von vorwiegend unsichtbaren Teilen beruht, welche sich unter gewissen Bedingungen zusammenballen können, bis sie die Schwelle der Wahrnehmung erreichen, während die zuvor wahrnehmbaren Qualitäten durch Dispersion verschwinden, oder sich durch Abtrennung örtlich von neu wahrgenommenen Qualitäten unterscheiden. Diese subtile Theorie spart radikal jegliche Schöpfung ein: alles ist in allem, und nichts entsteht aus nichts.

Es bleibt das Problem der Bewegung, die die Neuverteilungen bewirkt; Anaxagoras, der in dieser Hinsicht Parmenides treuer ist als der ionischen Tradition, unterscheidet zwischen der Materie, dem Vollen, das an sich unbewegt ist wie das Sein des Parmenides, und einer ersten Ursache der Bewegung, die er *nous*, Geist, nennt. Das Urgemisch oder *migma*, das schon heterogen ist, dem aber die Organisation fehlt, wurde durch die äußere Einwirkung jener unendlichen Intelligenz in Bewegung gesetzt, in immer schnelleren Umlauf gebracht, und daraus resultierten mechanisch abgesonderte Gruppierungen, die fortschreitend bis zu dem einzelnen gingen, das wir in der gegenwärtigen Welt kennen, und bis zu den Umwandlungen, die wir hier beobachten. Übergehen wir diese Beschreibungen, die viel von den milesischen Kosmogonien bewahren. Es ist wichtiger, deren Intentionen zu erfassen. Diese vermitteln nicht den Eindruck, daß es ihnen an Ambiguität fehle, und Platon, ein Kenner, der gewiß besser informiert war als wir späteren, liefert eine gewichtige Bürgschaft für diesen Eindruck, wenn er im *Phaidon* die Lehre des Anaxagoras darstellt als widersprüchlich gespalten in prinzipiellen Finalismus und Ausführungsmechanismus. Sicher birgt die Welt des Anaxagoras, so wie Zeugnisse und Fragmente sie uns zeigen, weder Götter noch Vorzeichen mehr in sich; die Sterne sind, wie jener Meteor, der gegen 467 v. Chr. in Chersones in Thrakien (Halbinsel Gallipoli) niederging, nur Felsen, und wenn der Mensch allen anderen Lebewesen im Wissen überlegen ist, so verdankt er das einzig seinem Körperbau, seinen Händen. Der *nous* selbst scheint sich auf eine Art dynamische Materie zu reduzieren, die reiner ist, als die qualifizierte Materie; er ist keine geheiligte Macht, denn als er selbst immer dem identisch, was er als kosmische treibende Kraft ist, bricht er sich bis hin zu den bescheidensten Lebewesen und bildet in ihnen den inneren Anstoß zum Leben. Auf der anderen Seite wird jedoch dieser *nous*, der trotz der Ähnlichkeit der Bezeichnung dem *logos* des Heraklit kaum vergleichbar ist, als eine bewußte allwissende geistige Kraft beschrieben, die an den Gott des Xenophanes erinnert. Es ist nicht einmal sicher, daß jeder providentielle Aspekt aus seiner Tätigkeit ausgeschlossen ist, denn im Grunde ordnet er die Welt einer Evolution gemäß, die stark einem Progreß ähnelt. Anaxagoras bringt damit gleichzeitig die Unsicherheiten seines Jahrhunderts zum Ausdruck wie dessen Kühnheiten.

Sein Interesse für die Anatomie und für biologische Probleme, seine Methode vor allem, die von Phänomenen ausgeht, als seien es Symptome, um das Innerste des Wirklichen zu erfassen, jenem Einblick in den inneren Zustand eines Organismus vergleichbar, enthüllen seine Beziehungen zur Medizin, genauso übrigens, wie die eines Demokrit. Die griechische Medizin hat tatsächlich in der Entwicklung der Gesamtkultur eine bedeutende Rolle gespielt, und wenn wir auch schon weiter oben Philosophenärzten wie Alkmeon und Empedokles begegnet sind, müssen wir zumindest einige Worte darüber sagen. Das Wesentliche besteht darin, daß von den Abhandlungen verschiedenen Datums und verschiedener Inspiration, die das *Corpus Hippocraticum* zusammenfaßt, und die häufig und ziemlich verworren von philosophischen Lehren durchzogen sind, einige, die im eigentlichen Sinne hippokratischen, sich mit zwingender Kraft von den magisch-religiösen Interpretationen und Praktiken befreien und sogar zu weitläufige Spekulationen und Abstraktionen, die möglicherweise die Therapeutik irreführen könnten, kritisieren und ablehnen: etwa gleichzeitig mit Sokrates wenden sie ihr Interesse vom Weltsystem ab, um den Menschen besser studieren und ihm dienen zu können. So kommt es – ein berühmtes Beispiel –, daß aus der Epilepsie, der »heiligen Krankheit«, der göttlichen Besessenheit, eine Krankheit der menschlichen Natur wird; so kommt es, daß an anderer Stelle dem Arzt empfohlen wird, die umliegenden Faktoren, das Klima etc. zu studieren und zugleich die grob vereinfachenden Konstruktionen des Empedokles, die großen Systeme beiseite zu lassen (Platon ist im Unrecht, wenn er später die »Methode des Hippokrates« für sich in Anspruch nimmt). Es wird deutlich, daß die griechische Medizin manchmal in höchstem Maße den humanistischen und naturalistischen Geist zum Ausdruck brachte, der die klassische Epoche kennzeichnet. Sie ist dennoch weniger dem athenischen goldenen Zeitalter verbunden als die Sophistik, die wir nun zu behandeln haben.

Zweifellos sind die großen Sophisten ebensowenig athenischen Ursprungs wie die wesentlichen Schulen der Medizin; Ausländer, wie Anaxagoras, lassen sich nicht einmal wie er nieder, sie reisen von einer demokratischen Polis zur nächsten und halten sich, wie man annehmen kann, nur in den bedeutendsten auf, besonders in Athen. Die Verschiedenheit der Gestalten und der Stile macht eine allgemeine Definition schwierig; man kann es dennoch wagen, in ihnen eine Art von Handlungsreisenden in jeder Art von Klugheit (*sophia*) und insbesondere in der Kunst des Redens und Diskutierens zu sehen. Man muß sich auf jeden Fall hüten, sie in Bausch und Bogen im Vertrauen auf die Porträts und Karikaturen

Platons (die indessen die wertvollsten Quellen darstellen) für Händler mit arglistigen und korrumpierenden Worten zu halten. In bezug auf die Neuheiten der Epoche ist ihre Rolle komplexer und positiver. Die Entwicklung spezialisierter Techniken erfordert eine koordinatorische Reflexion, welche die allgemeine Form des Wissens zur Geltung bringt. Zugleich begünstigt die Ausweitung der demokratischen Beratung im Gegensatz zu den Traditionen und der Unzulänglichkeit vorfabrizierter Lösungen den kritischen Geist und die individuellen Initiativen und Forderungen und verlangt, zumindest von seiten der besser Gestellten und Ehrgeizigeren, das Erlernen der rhetorischen Manipulation von Versammlungen und die Festlegung der individuellen und kollektiven Ideale, die dort durchgesetzt werden sollen. Diese Bedürfnisse machen verständlich, wie die griechische Welt des V. Jahrhunderts jene mobilen Kristallisations- und Kommunikationszentren für theoretische Versuche und Ausdrucksmittel, die Sophisten, hat hervorbringen können. Sie waren bald mehr Politiker, wie Protagoras von Abdera, bald mehr Rhetoriker, wie Gorgias von Leontinoi (Sizilien), bald mehr damit beschäftigt, technische Kenntnisse anzuhäufen, wie Hippias von Elis (Peloponnes); doch eines war ihnen gemeinsam, sie gaben vor, auf jeweils den Einzelfällen entsprechend unterschiedlichem Niveau, in der Kunst, zu leben und sich in den demokratischen Gemeinwesen zurechtzufinden, zu unterweisen. Es ist schwer, ihnen klare Lehren zuzuerkennen, und da sie mit ihrem Wissen Handel trieben, mußten sie sich vor allem für die wirkungsvoll durchargumentierte Ausformung der widersprüchlichsten Auffassungen interessieren: der Relativismus des Protagoras, des zeitlich ersten und des blendendsten der Sophisten, ist vielleicht die Lehre eines Mannes ohne Lehre, der weiß, was das theoretische *Für* und *Wider* wert ist; zum anderen scheint sich der dominierende und manchmal vermischte Einfluß des Eleatismus und Heraklitismus auf die Mehrzahl dieser eloquenten Disputierer den analogen Fertigkeiten zu verdanken, die deren mehr oder wenige summarische Ausbeutung den Kontroversen zukommen lassen konnte. Das hinderte sie überhaupt nicht, sowohl die Kunst der methodischen Diskussion zu perfektionieren, als auch schwerwiegende und entscheidende logische Aporien aufzuwerfen, die Platon schließlich anerkannte, und gewagte Theorien von einem positiven Interesse zu bilden, wie jene kontraktualistische Rechtsauffassung, die Platon zu Beginn des zweiten Buches der *Republik* darlegt, und die nur entfernte Beziehungen zum agressiven und gefräßigen Individualismus eines Kallikles hat. Wahrscheinlich entstammt der Sophistik auch jene ungewöhnliche Auffassung von der Seele als Ausgewogenheit des lebenden Körpers, deren Erinnerung uns der *Phaidon* bewahrt hat.

Im ganzen ist die Bedeutung dieser Hausierer in praktischer Weisheit bestimmt durch ihren doppelten Status als Fremde ohne politische Rechte und als Fachleute ohne religiösen Nimbus: um ihre Kunst zu verkaufen, mußten sie sich klar verständlich machen, und die ihnen verweigerte Betätigung schränkte nicht ihre Muße und Reflexionsfreiheit ein. Die *sophia* begann, sich so, selbst auf den praktischen Gebieten, in klar und in aller Ruhe durchdachte Theorie zu vertiefen, sicherlich nicht ohne die Bemühung, der Zuhörerschaft zu gefallen, aber ohne die Dringlichkeit von Entscheidungen und Handlungen. Wenn man uns einmal, trotz alledem, was wir zu Beginn unserer Darstellung gesagt haben, den Begriff der »Vorläufer« durchgehen läßt, so gehen wir so weit, zu behaupten, daß die Sophisten unmittelbar die Geburt der Philosophie im eigentlichen Sinne vorbereitet haben. Sie bereiteten sie selbst in dem vor, was wir als ihr *konstitutives Abweichen* bezeichnen, denn sie bewehrten vor allem die reichen Aristokraten, die Feinde jener Demokratie, ohne welche weder die Sophisten, noch Sokrates, noch Platon, noch die Philosophie möglich gewesen wären.

Zusatzbemerkung. Wir konnten innerhalb der Grenzen dieser Skizze weder auf eine gewisse Anzahl an sekundären und relativ bedeutenden Gestalten hinweisen noch auf Wissenschaftler und Künstler, welche eine Unterscheidung zwischen dem, was philosophische Reflexion und was keine ist, die gerade für diese Epoche ziemlich artifiziell, aber insgesamt hilfreich und nützlich ist, beiseite schob. Um einige sehr kurze Beispiele anzuführen, nennen wir zum einen die Pythagoreer Philolaos und Eurytos von Kroton, zum anderen die Begründer der Historiographie, den Ionier Herodot und den Athener Thukydides. Letzterer, ein sophistisch gebildeter Zeitgenosse des Sokrates, zeigt an, was die Lehre dieser gewandten, von der platonischen Tradition allzu sehr in Verruf gebrachten Männer hervorbringen konnte.

François Châtelet

Platon

Die Wirksamkeit des platonischen Denkens ist nicht festlegbar. Platon wurde im Jahre 427 v. Chr. geboren. Seither hat sich die Kultur stets auf ihn berufen, um sich leiten zu lassen, um ihn zu kritisieren, um zu versuchen, über ihn hinauszugehen. Unvermeidlich erhebt sich sein Werk am Horizont jeder theoretischen Forschung, einstmals, in neuerer Zeit und heute. Die Kunst, die Literatur, die sich von ihm nährten, können ihn heute genauso wenig ignorieren wie früher. Von allen Denkern ist sein Einfluß gewiß der weiteste, tiefstgreifende und dauerhafteste gewesen. Was ist der Grund für einen derartigen Erfolg? Woher dieser Fortbestand des Platonismus, der, erneut aufgegriffen, verformt und gerühmt, allen Strömungen, welche die westliche Kultur durchkreuzt haben, widerstanden hat, von Christi Predigten bis zu den utilitaristischen Sentenzen der industriellen Zivilisation? Warum schließlich knüpfen sich an dieses Werk, das schon außerhalb der Zeit erscheint, so fern ist es, noch gegenwärtig die, positiven oder negativen, Leidenschaften aller Liebhaber des Denkens an? Auf diese Fragen gibt es keine ausdrückliche Antwort. Es genügt, auf die tatsächliche Situation und die entsprechenden Ideologien, denen Platon begegnen mußte, zu verweisen und die Bedeutung der Entscheidung, die er traf, zu analysieren, um verstehen zu können, warum sein Text als ein Modell und eine Aufforderung, ihm gleichzukommen und zugleich weiterzugehen, *fortbesteht*. Die platonischen Dialoge dürfen von der Zeit, in der sie entstanden sind, nicht losgelöst werden; die geschichtliche Lage ist hier ausschlaggebend. Sie aus diesem schlechthin konkreten Zusammenhang zu lösen und aus ihnen eine der ersten Offenbarungen des ewigen Geistes zu machen, führt zwangsläufig dahin, daß man ihre Originalität und jene Form verkennt, die ihnen ermöglichte, sich durch die Geschichte hindurch zu erhalten. Platon ist ein von seiner Polis enttäuschter Athener des IV. Jahrhunderts. Nun ist es gerade diese Enttäuschung und das theoretische Projekt, das aus ihr entsteht, welche dem Ursprung und der Dauerhaftigkeit des Platonismus zugrunde liegen. Wie ist das möglich? Wie ist es zu verstehen, daß ein so sehr von Umständen gekennzeichnetes Werk uns in einem solchen Maße gegenwärtig sein kann? Weshalb wirft der klassische Grieche Platon noch und bereits Probleme auf, die die unseren sind? Wir werden versuchen, indem wir an die Hauptthemen des platonischen Denkens erinnern, indem wir zeigen, wie sie sich artikulieren, genau auf diese Fragestellungen zu antworten. Warum sind wir, ob wir wollen oder nicht, ob es uns irritiert oder erfreut, noch heute Schüler Platons? Inwiefern sind wir es? Wie kann es sein, daß dieser Schriftsteller, der vor vierundzwanzig Jahrhunderten redete, schon von uns redete, und so treffend?

I. Platon zu seiner Zeit

Das politische Problem

Als Platon starb, war die Polis ausgeblutet. Im Jahre 338 v. Chr. vernichtete die Armee Philipps II. von Mazedonien die griechischen Truppen, die sich in einem letzten Energieaufschwung vereint hatten, bei Chaironeia. Damit ist es in Zukunft vorbei mit jener politischen Form, die seither in der Phantasie der Menschen auf der Suche nach dem vollkommenen Staat eine derartige Rolle gespielt hat. Philipp II., Oberherr der Griechen, sicherte durch seine Stärke jene Einheit, die die Söhne von Hellas zumindest seit den Perserkriegen ersehnten. Seitdem schlummert die Polis in der Sonne im Summen des städtischen Geschwätzes; erst im Getöse des Kaiserreiches wird sie wieder erwachen. Und dennoch war ihr Schicksal hundertundfünfzig Jahre hindurch beispielhaft. In einem letztlich kurzen Zeitraum, in dem sich recht wenige Menschen für Reflexion und Schöpferisches interessierten, hat sie Kulturwerke, Ideologien und Theorien hervorgebracht, deren Wichtigkeit und Bedeutung so mächtig sind, daß sie auf eine entscheidende Weise den Werdegang der Menschheit geprägt haben.

Es gibt kein griechisches Wunder; es gibt eine griechische Erleuchtung, die sich für das, was wir heute Kultur nennen, als konstitutiv erweist. Das V. Jahrhundert, das die Geburt Platons und die Abwicklung jenes tragischen Prozesses erlebte, der zum Tod des Sokrates führte, hat Praxisarten und Kulturgattungen, auf die wir immer noch angewiesen sind, wenn nicht erfunden, so doch zu ihrer wesentlichen Klarheit geführt. Athen hat sich zum Beispiel die *Demokratie* erdacht. Die Demokratie bedeutet ethymologisch die Macht der kleinen Leute, des *demos*, der seiner Unterwerfung unter die Grundeigentümer, die *aristoi,* die »wohlgeborenen« überdrüssig ist, sich dagegen erhebt, und die Güter jener, die er gerade besiegt hat, aufteilt. Klisthenes, Ephialtes, Perikles begreifen sie – aus der Perspektive des *Rechtes,* das Drakon und Solon definierten – anders. Die Demokratie ist nicht die *Macht des Volkes,* sie ist die Erweiterung der Staatsbürgerschaft auf jeden Freien, die bürgerliche Gleichberechtigung für alle, gleichgültig, welchen Einkommens und welcher Herkunft (täuschen wir uns nicht über den Begriff der Herkunft: das klassische Athen, das eine halbe Million Einwohner hat, zählt mindestens dreihunderttausend Sklaven, fünfzigtausend Metöken – protegierte Ausländer –, die keine Bürgerrechte haben; wenn man die Frauen und Kinder mitzählt, sind es etwa zehn Prozent des Gesellschaftsganzen, die das Recht haben, für alle zu entscheiden). Die Demokratie, so wie Athen sie definiert, hat jenes Privileg, die Macht nicht mehr zu *entziehen,* sondern sie dem Ganzen mitzuteilen, jedem Individuum, das das Recht und die Fähigkeit besitzt, Waffen zu tragen, um das »Vaterland« zu verteidigen, das effektive Mitwirken an der Machtausübung zu sichern. Die städtischen Zusammenkünfte, die *Pnyx,* wo die Volksversammlung zusammentritt, die Märkte, auf denen jeder über das diskutiert, was ihm gutdünkt, die Tribunale, definieren den neuen Schauplatz, auf dem der arme Bürger unter der Garantie des Gesetzes den reichen oder den adligen angreifen kann, nicht um ihn zu berauben, sondern um von ihm zu verlangen, daß er seine Privilegien um des größeren Wohls aller teile.

Da sie sich nun in den Institutionen etabliert hat, bemächtigt sich die Demokratie in Athen der Lebensweise. Sie erfaßt die theoretische und künstlerische Tätigkeit. Die Spekulationen der Ärzte und der Physiker befreien sich von Verboten der Religion. Sie sind nun akzeptiert: an die Stelle der sakralen Interpretation setzen sich allmählich die profanen Erklärungen. Athen nimmt die Entdeckungen auf, die in den Kolonialstädten, die sich aufgrund einer Situation, welche sie zu Erfindungen zwingt, von den alten Belastungen befreit haben, gemacht wurden. Sicherlich macht die physikalische Scharlatanerie im V. Jahrhundert tüchtige Fortschritte, und die medizinischen Sammlungen lassen uns kaum mit Ruhe an die Behandlung denken, die den Kranken verordnet wird. Dennoch entdecken diese Forschungen ein neues Reflexionsgebiet. Die Analyse des theoretischen Stils entwickelt sich parallel dazu: gegen die Kosmogonien und Theogonien setzen Untersuchungen ein, die

»realistische« Erläuterungsprinzipien zu ermitteln suchen und nicht mehr Anleihen bei der traditionellen religiösen Interpretation machen. Die Logik des Diskurses beginnt schon, über die Symbolik der Anrufung zu triumphieren.

Die Götter werden menschlicher, verlassen die Krypten, in denen die Beauftragten des Kultes sie gehalten hatten, und zeigen sich dem Sonnenlicht und den Blicken des Volkes. Ihr ruhiges Lächeln verkündet, daß es nur *eine* Antwort auf das Rätsel ihrer Existenz gibt: und das ist der Mensch. Apollo, der König der Klarheit, ist Herrscher; in Athen siegt Pallas, die Prinzessin der Vernunft, über die abenteuerlichen Ausschweifungen des Dionysos und des Poseidon. Der Akt kollektiver Andacht, das Theater, erfährt eine tiefgreifende Wandlung. Er wird zum staatsbürgerlichen Akt schlechthin, zum Augenblick im fast physischen Sinne des Wortes, in dem die Kollektivität ihr Machtverhältnis zu den Schutzgöttern mißt. Was sich auf der tragischen Szene darstellt – was sich mit einem Spott, der vielleicht noch bedeutsamer ist, in der Komödie verdoppelt –, ist die Haltung des Menschen, der sich nunmehr vom Schicksal befreit weiß, sich aber zugleich als Beute dunkler Mächte fühlt, deren Beherrschung ihm entgleitet. Das Universum der geheiligten Mächte wird nun von der profanen Welt der gesellschaftlichen Energien überlagert. Die theatralische Zeremonie macht eine Wendung: von nun an stehen sich die Götter und Menschen gegenüber, aber als einstiger Mensch gegen den neuen Menschen.

Der sicherste Nachweis für diesen Kulturwandel ist die Erfindung des historischen Berichts, die er mit sich bringt. Schon in der zweiten Hälfte des VI. Jahrhunderts interessieren sich die Logographen – Archivare der fortschrittlichsten Städte – und Hekataios von Milet für die profanen Ereignisse, die das Leben der Staaten skandieren. Herodot, der Historiker der Perserkriege, geht viel weiter. Er akzeptiert letzten Endes allerdings die traditionelle religiöse Erklärung. Nichtsdestoweniger bricht die »Reportage«, die er konstruiert, in ihrer vorgegebenen Naivität mit den Denkgewohnheiten seiner Zeit. Er bemüht sich, sorgfältig die Sitten der Völker zu beschreiben, die von nah oder von fern mit dem Konflikt in Berührung kamen; er beschreibt mit Genauigkeit Landschaften und Techniken; und vor allem folgt er den Ereignissen in der Bemühung, zwischen ihnen Kausalitätsverhältnisse herzustellen. Er betont die Verschiedenheit von Kulturen und Institutionen, die Bedeutung der sinnlichen und profanen Tätigkeiten der Menschen.

Es wird Thukydides' Aufgabe sein, diesen ersten Entwurf eines »weltlichen« Denkens weiterzuentwickeln. Die *Geschichte des peloponnesischen Krieges* führt eine uneingeschränkt rationalistische Auffassung der Vorgänge ein; sie lehnt jede Transzendenz ab und sucht die Erklärung der Ereignisse allein in der Natur des Menschen.

Parallel zu dieser Wandlung der »Wissenschaft«, der dramatischen Kunst und des historischen Berichts vollzieht sich eine nicht weniger bedeutende Wandlung in dem eigentlich theoretischen Bereich. Im heraklitischen und parmenideischen Werk fragt sich die Rede, die aufnimmt und entschleiert, nach ihrem eigenen Status; Anaxagoras ermittelt, entgegen den physikalischen Forschungen, den Geist als Prinzip. Und bald werden sich auf den Plätzen Athens Menschen mit tönender Sprache einfinden, die vorgeben, jeden die Kunst der Rede und der Auseinandersetzung zu lehren.

Das V. Jahrhundert, das Jahrhundert des Perikles, ist das Zeitalter der Aufklärung in Griechenland. Inmitten der Wirren und Gewalttaten stellt sich eine neue Ordnung her, in der sich der berechnende Mensch als unabhängig, maßvoll, schön und tugendhaft verstehen möchte, auf seinem angemessenen Platz zwischen den Göttern und dem Tier. Doch wendet sich diese Zivilisation, die Meisterwerke hervorbringt, schließlich gegen die Menschen. Die Niederlage Athens, die Verurteilung und der Tod des Sokrates, die Kriege, die alsbald wieder einsetzen, der Sittenverfall, der die Städte ergreift, zeugen gegen Ende des Jahrhunderts von diesem Versagen. Das platonische Werk ist in erster Linie eine Meditation über dieses Versagen. Zugleich konstituiert es sich als Infragestellen nicht allein der Demokratie und, allgemeiner, der politischen Existenz, sondern auch dieser neuen Kultur, die sich ungeduldig in die Eroberung von Kenntnissen, in die Suche nach Vergnügungen, in den Willen zur Macht gestürzt hat. Als solches geht uns dieses Werk an, weil dieses zweitausendvierhundert Jahre alte Problem auch uns sich noch stellt.

Bedeutung des Idealismus

Aber es gibt noch einen anderen Grund, der uns auffordert, uns diesem Werk wieder zuzuwenden. Im Verlauf seiner Meditation definiert Platon, der, wie wir sehen werden, jener Tätigkeit, welche *die* Philosophie ist, ihren genauen theoretischen Status verleiht, außerdem noch *eine* Philosophie. Und diese hat in der Folge einen erheblichen doktrinären Einfluß ausgeübt. Man findet Platoniker in allen Epochen und in allen Forschungsbereichen. Wovon unterrichtet uns also der Autor des *Phaidon*? Der Wahrnehmung, den Trieben, Zuneigungen, Launen des Körpers zu mißtrauen; die Gewalt nicht als eine dauerhafte Lösung für die Probleme der Beziehungen unter den Menschen zu betrachten; nicht alles zu vermischen und besonders nicht jedes Vergnügen für gut und jeden Schmerz für schlecht zu erachten; nicht zu meinen, daß derjenige, der befiehlt und der genießt, die Wahrheit besitzt; zu glauben, daß sich vielleicht innerhalb dessen, was wir jetzt erleben, ein anderes Universum abzeichnet, welches das der echten und dauerhaften Befriedigung ist.

Nichts, wird man sagen, das sich weit von dem unterscheidet, was die Religionen der geistigen Erhebung seit sehr langer Zeit empfehlen. In Wirklichkeit alles. Diese empfehlen meistens den Rückzug aus der Welt oder verweisen auf eine Erfahrung mystischer Art, welche immer in gewisser Weise der Erfahrung der Welt widerspricht. Der Spiritualismus, oder wenn man so will Idealismus Platons geht in eine ganz andere Richtung. Und besonders aus zwei Gründen. Der erste ist, daß die philosophische Erfahrung, die Platon uns vorschlägt, nirgends mit der alltäglichen Erfahrung bricht, wenn sie eine völlige Umkehrung der Existenz verlangt. Die erstere zieht die letztere von innen heraus in Zweifel, könnte man sagen. Indem der Knabe aus *Menon* über die sinnlichen Figuren nachdenkt, »erinnert er sich« an die Ideen und entdeckt eine geometrische Wahrheit; hier in dieser Welt geschah es, daß Alkibiades, wie seine bewundernswerte Erklärung im *Symposium* bezeugt, durch seine sinnliche Liebe zu Sokrates gelernt hat, die Seele und die Erkenntnistätigkeit als solche zu lieben. Der zweite Grund, welcher verwandt ist mit dem ersten, ist, daß sich Platon auf keine äußere oder innere Offenbarung beruft. Er bereitet den Weg; er ist Pädagoge; er ergreift die Hand des Menschen, der in seinen Begierden befangen ist, und führt ihn geduldig, mit ironischer Kritik, bis zur Reflexion und zur Unabhängigkeit.

Auf diese Weise hält er ein für allemal fest, daß der offensivste Materialismus (oder Realismus) immer mit der Tatsache zu rechnen haben wird, daß, insoweit der Mensch denkt und sein Denken ausspricht, das Wissen, das er formuliert, niemals auf eine einfache Berichterstattung der einzelnen Erfahrung reduziert und im Rohzustand erfaßt werden kann; daß Sprechen, sich von dem, was man empfindet, distanzieren heißt; daß sich zwischen dem empirischen Bereich und dem der Reflexion die Kluft der Verweigerung auftut; daß Denken nicht Empfinden ist, sondern der Versuch, Begriffe zu konstruieren.

Deswegen wird man hier versuchen zu zeigen, daß die Wahrheit des platonischen Spiritualismus weniger in seinem Appell an die edlen Kräfte der Seele besteht, als in dem Verweis auf jene Welt der Wesen, der »idealen Realitäten«, die sich im Hohlraum der sinnlichen Erfahrung als Richter und als Maßstab erheben.

Die Vernunft

Kurz, der platonische Idealismus war sozusagen die Lehre, die *der* Philosophie entsprach, da er zum ersten Mal in der Geschichte des Denkens seinen Bereich, seine Ziele und seine Methoden definiert. Wir müssen hier, damit das Folgende richtig verstanden werden kann, zwei Präzisierungen anführen. Wir werden versuchen zu zeigen, daß der Platonismus die Urphilosophie im engen Sinne des Terminus *Philosophie* ist. Das heißt in keiner Weise, daß wir meinen, es habe *vorher* oder *anderswo* weder Reflexion noch Denken gegeben. Das hieße, der Philosophie zuviel einräumen, wenn man glaubte, daß sie dasselbe sei, wie das Denken und die Reflexion. Die Chinesen, die Ägypter, die Azteken haben gedacht. Es wurde vor Platon im mediterranen Kulturgebiet gedacht (evozieren wir nicht augenblicklich, wenn wir uns allein auf den theoretischen Aspekt beschränken, die Untersuchungen der »Physiker« und Ärzte, die Berichte der Historiker, die Texte von Heraklit, Parmenides, Anaxagoras?). Man setzt sich jedoch schweren Irrtümern aus, wenn man nicht die Philosophie als eine bestimmte Gattung innerhalb der Weltkulturen versteht, die langsam ausgetragen wurde, die ihren Geburtstag und -ort hat und wahrscheinlich ihren Sterbetag und -ort. Wir werden versuchen, darzulegen, daß Platon der »Erfinder« dieser kulturellen Gattung ist, welche, um es zu wiederholen, ihr Ausdehnungsfeld und ihre Regeln umschrieben hat, und daß infolgedessen sich seither jede Philosophie, die sich als solche versteht, mehr oder weniger platonisch ist. Gewiß hat jeder die Freiheit, das Wort *Philosophie* als Bezeichnung jeder Art von Weltauffassung, sei sie nun durchdacht oder nicht, zu verstehen. Wer aber diesen Weg der Bequemlichkeit wählt, wird in Verlegenheit geraten, wenn er erklären muß, weshalb Schriftsteller, die zweifellos gedacht haben (zum Beispiel Bernhard von Clairvaux, Pascal, Marx, Nietzsche), die Philosphie als solche derart heftig angegriffen haben. Wer den Weg vorzieht, den wir weisen, wird im Gegenteil den »roten Faden« sehen, der von Platon zu Hegel führt über, um nur einige zu nennen, Aristoteles, Augustinus, Descartes, Spinoza, Leibniz, Hume und Kant.

Die zweite, nicht weniger wichtige Präzisierung, die wir zu liefern haben, ist folgende: wir werden uns bemühen nachzuweisen, daß der platonische Dialog in seinen sukzessiven Manifestationen die notwendige Darstellungsweise der Urphilosophie war. Das will nicht sagen, daß die Erfindung der Philosophie zwangsläufig geschah. Die Menschheit hätte sehr wohl auf diesen kulturellen Ausdrucksstil verzichten können. Zivilisationen, wie die indische oder die chinesische sind noch bis vor kurzer Zeit sparsam damit umgegangen. Wie Afrika bis zur Zeit des Kolonialismus die Religion, die sich als die aggressivste erwies, das Christentum, entbehren konnte. Es geschah, daß durch das Zusammenspiel der Umstände und der Menschen auf einer kleinen Halbinsel im Mittelmeerbecken eine bestimmte Situation geschaffen wurde. Diese Konstellation hat in Athen einen besonderen Verlauf genommen, einen so besonderen, daß das Feld der möglichen Entgegnungen sich einschränkte. Unter ihnen erschien die platonische Entgegnung, das heißt die philosophische Entgegnung, nachdem die Politiker, die Dichter, die Frommen, die Leute mit dem gesunden Menschenverstand, die »Gelehrten« gescheitert waren. Diese Entgegnung dürfte von großer Bedeutung sein, da wir sie noch heute aufnehmen. Wir kennen Anytos, den Hauptankläger des Sokrates, praktisch nicht, und auch nicht Dion von Syrakus, den Staatschef, der die Philosophie nur durch Platon verstand. Platon war nicht nötig; er ist es geworden.

Weshalb? Weil sein Werk gleichzeitig mit der Philosophie *die Vernunft* definierte. Die Vernunft hat sich heute in Rationalität verwandelt. Sie hat beachtliche Veränderungen durchgemacht; sie ist durch die Prüfung der Theologie, der physikalischen und experimentellen Wissenschaft, des Tribunals der Geschichte hindurchgegangen. Sie ist heute real. Die industrielle Zivilisation gleicht in ihrer Gesamtheit, trotz ihrer Irrtümer, ihrer Inkohärenzen einer gigantischen Aktualisierung der uneingeschränkten Rationalität. Die Philosophie Platons ist es, die die Kriterien der Rationalität, welche eben jene sind, die unser Leben und unseren Tod gestalten, hervorgehoben hat. Im Grunde haben die Wandlungen in dieser Hinsicht daran nichts geändert. Die platonische Vernunft hat sich bereichert, wurde kritischer, ist zahlreiche Kompromisse eingegangen. Sie hat ihre innere Natur bewahrt.

Wir haben den Eindruck, daß sich die industrielle Ordnung, die sich seither über die ganze Welt erstreckt, die Ausführung des platonischen Traums ist. Jedoch weiß diese Ordnung allzu häufig nicht mehr, was sie will, worauf sie sich gründet. Sie beruft sich auf die Rationalität als ihr oberstes theoretisches Kriterium und ihren höchsten praktischen Wert. Sie hat deren Sinn verloren. Um die Vernunft, die Philosophie aufzuzwingen, mußte er gegen andere, gegen sich polemisieren. Wahrscheinlich lohnt es sich sehr, zum »Erfinder« zurückzukehren.

II. Das Ereignis »Sokrates«

Der Brief VII

»Dereinst, als ich noch jung war, ging es mir ebenso wie vielen. Ich war gesonnen, sobald ich zur Selbständigkeit gelangt sein würde, sogleich zur Teilnahme an den öffentlichen Angelegenheiten mich anzuschicken. Da traten für mich hinsichtlich der öffentlichen Angelegenheiten manche Zufälligkeiten ein. Es fand nämlich, da unsere Staatsverfassung dem Tadel vieler unterlag, eine Umgestaltung derselben statt, und diese Umgestaltung leiteten, als Urheber derselben, einundfünfzig Männer, von denen elf in der Stadt, zehn im Peiraieus, beiderseitig das, was es auf dem Markte anzuordnen gibt, anordneten; dreißig aber bestimmten sie zu unumschränkten Oberherren des ganzen Staats. Nun traf es sich, daß von diesen einige mir verwandt und bekannt waren; diese forderten mich alsbald auf, an den Staatsgeschäften, als etwas mir Zukommendem, mich zu beteiligen. Wie es bei meiner Jugend mir erging, war nicht zu verwundern. Ich glaubte nämlich, sie würden den Staat so verwalten, daß sie aus einem Zustande der Ungerechtigkeit zu einer gerechteren Lebensweise ihn hinführten, so daß ich mit großer Spannung erwartete, was sie ausrichten würden. Da ich nun aber sah, daß diese Männer in kurzer Frist die frühere Verfassung als eine goldene erscheinen ließen, unter anderem einen mir befreundeten älteren Mann, den Sokrates, den ich fast unbedenklich für den gerechtesten aller damals Lebenden erklären möchte, nebst andern nach einem Bürger aussandten, um diesen mit Gewalt seiner Hinrichtung entgegenzuführen, damit jener, ob er nun wolle oder nicht, bei ihrem Tun sich beteilige; er aber gab ihnen kein Gehör und setzte sich lieber der äußersten Gefahr aus, als daß er an ihrem frevelhaften Treiben teilnahm; – da ich das alles so wie noch manches dem Ähnliche von nicht geringerer Bedeutung sah, da erfüllte es mich mit Unwillen, und ich selbst zog mich von dem damaligen schlechten Regimente zurück.

Nicht lange darauf erlitt aber die Herrschaft der Dreißig und die ganze damalige Staatsverfassung einen Umsturz. Nun fühlte ich wieder, obwohl in langsamerer Entwicklung die Begierde, bei den gemeinsamen und öffentlichen Angelegenheiten mich zu beteiligen; doch auch hier geschah, der eingetretenen Verwirrung zufolge, gar manches, was jemandes Unwillen erregen konnte, und es war nicht zu verwundern, wenn, bei mancher Veränderung, ihre Rache an ihren Feinden das rechte Maß überschritt, obschon die damals Zurückgekehrten mit vieler Mäßigung verfuhren.

Unglücklicherweise zogen einige Gewalthaber wieder unsern schon erwähnten Freund, den Sokrates, vor Gericht, indem sie eines großen, am allerwenigsten dem Sokrates zuzutrauenden Frevels ihn ziehen: denn die einen klagten der Gottlosigkeit ihn an, die andern erkannten ihn für schuldig und richteten einen Mann hin, der zuvor an dem frevelhaften Verfahren gegen einen ihrer damals, als das Unglück der Verbannung sie selbst betroffen hatte, vertriebenen Freunde nicht hatte teilnehmen wollen.

Indem ich nun darauf und auf die die öffentlichen Angelegenheiten leitenden Männer sowie auf Gesittung und Gesetze mein Augenmerk richtete, erschien mir die Leitung der Staatsgeschäfte, je mehr ich dieser Betrachtung mich hingab und je weiter ich in den Jahren fortschritt, um so schwieriger; denn es sei unmöglich, etwas ohne Freunde und zuverlässige Genossen, welche unter den schon Befreundeten nicht leicht aufzufinden waren, auszurichten – wurde unser Staat doch nicht mehr den Sitten und Einrichtungen unserer Väter gemäß verwaltet –, andere, neue aber ohne große Schwierigkeit sich zu erwerben, ergab sich als unmöglich; die schriftlich abgefaßten Gesetze und das Herkömmliche hatten ihr Ansehen verloren, und das nahm über die Maßen überhand; so daß mir, der ich anfangs mit großem Eifer zur Verwaltung der Staatsgeschäfte mich anschickte, als ich das berücksichtigte und das Gemeinwesen in jeder Hinsicht in vollständiger Verwirrung sah, zuletzt schwindelte und ich zwar es nicht aufgab, darüber, wie es wohl in eben dieser Hinsicht und in betreff der gesamten Staatsverwaltung sich besser gestalten könne, nachzusinnen, fortwährend aber wieder für meine wirkliche Beteiligung auf günstigere Umstände wartete und zuletzt von allen jetzt bestehenden Verfassungen erkannte, daß dieselben insgesamt schlecht verwaltet werden – denn ihre Gesetzgebung befindet sich in einem ohne wundersam günstige, vom Glück unterstützte Veranstaltungen fast heillosen Zustande –, und daß ich zu der Äußerung mich gedrungen sah, daß, indem ich die echte Weisheit lobpries, nur aus ihr alles, was in bezug auf die öffentlichen Angelegenheiten sowie die aller einzelnen das Recht erheische, sich erkennen lasse, und daß demnach die Bedrängnis der menschlichen Gattung nicht aufhören werde, bis entweder die Genossenschaft der echten und wahren Weisen zur Herrschaft im Staate gelange oder bis die der Machthaber in dem Staate durch eine göttliche Fügung wirklich der Weisheit sich befleißige.«[1]

Das war also das Ereignis, das den jungen Platon vom politischen Leben sich abwenden ließ und ihn zu der Entscheidung führte, sich der »wahren Philosophie« zu widmen. Das ist jedoch in Wahrheit, wie der Text, den wir zitiert haben, andeutet, nicht die einzige Tatsache, die den Verfall Athens kennzeichnet. Sokrates ist als Opfer der Ungerechtigkeit gestorben. Drei weitere Männer, die aus verschiedenen Gründen beispielhaft sind, sind umgekommen, weil sie unvermeidbar dazu getrieben wurden, ungerecht zu sein. Ihr tragisches Geschick erscheint als die Umkehrung des Schicksals von Sokrates. Der eine, wie die anderen, zeugen von einem Verfall, der so tiefgreifend ist, daß er eine radikal neue Geistesausrichtung erfordert.

Politik und Rede

Unter den Vertrauten des Sokrates, die Platon in seiner Jugend kannte, ist Alkibiades. Er ist aus adliger Familie; er hat eine hervorragende Ausbildung erhalten; seine Rede verführt die Massen; er glänzt im Stadion und auf der Palästra; er ist schön; er ist ein

1 Brief VII, 324b – 326b. Alle hier zitierten Texte folgen der Platon-Übersetzung von Friedrich Schleiermacher, Sämtliche Werke, Hamburg. (A.d.Ü.)

guter Stratege, der dafür auf dem Schlachtfeld einzustehen und die Männer zu befehligen weiß. Die Athener glauben, das Oberhaupt der Stadt der Pallas, auf das sie seit dem Tod des Perikles warteten, gefunden zu haben. Sehr schnell überträgt ihm die Volksversammlung bedeutende Verantwortungen. Doch ebenso schnell wird dieser Mann korrumpiert. Er ist gefangen im Sturm der Demagogie. Der Gottlosigkeit – zu Recht oder zu Unrecht? – angeklagt, als ihn das Volk gerade zur Leitung einer entscheidenden militärischen Operation ausersehen hat, entzieht er sich lieber den Tribunalen seiner Stadt. Er flüchtet nach Sparta, das sich im Krieg gegen Athen befindet. Er verrät und geht von Verrat zu Verrat. Er wird im Laufe einer dunklen Affäre ermordet.

Platon hat zwei Onkel: Charmides und Kritias. Dieser letztere ist selbst auch ein »Intellektueller« und glänzender Politiker. Er ist ein scharfer Geist, der für jene neue Bildung, die in Attika gedeiht, überaus repräsentativ ist: in Gedichtfragmenten, die uns erhalten blieben, verteidigt er lebhaft die Heiligkeit der Gesetze und die Existenz der Götter. Er glaubt nicht, daß die Staatsform der Demokratie die Polis retten kann. Er zettelt eine Verschwörung an. Während der Niederlage von 404 nutzt er es aus, daß die Spartaner Athen und Piräus besetzen, um einen Staatsstreich anzustiften und jene in die Macht einzusetzen, die man die Dreißig Tyrannen nannte. Diese sollten Ordnung herstellen; sie organisieren nur ihren persönlichen Profit und plündern die Stadt aus. Das Volk erhebt sich, und Kritias, dessen Kultur und Verstandesschärfe Platon zu würdigen wußte, wird ebenfalls, nachdem er sich verraten hat, wie Alkibiades sich verraten hat, während eines Aufruhrs getötet.

Der Sittenverfall hat seinen Höhepunkt erreicht. Diese letzten beiden Beispiele beweisen es. Nicht indem man hofft, wie Thukydides glaubt, daß der Zufall einen neuen Perikles (den Platon, merken wir uns das ein- für allemal, in keiner Weise schätzte) hervorbringen könnte; nicht indem man eine politische Tätigkeit innehat, kann man dieser katastrophalen Situation abhelfen. Den wahren Weg hat Sokrates angezeigt. Gewiß, er ist auch nicht besser »durchgekommen«; aber da er es vorzog, eher Unrecht zu erleiden, denn zu begehen, da er die Torheit der Gewalt durch jenen heiteren Tod deutlich sichtbar machte, hat er die Haltung bestimmt, von der aus die Konstitution der wahren Philosophie begreiflich wird.

Was war nun, um sie schematisch zusammenzufassen, die Widerrede des »kleinen Schwätzers«? Athen im Kriegszustand ist der größten intellektuellen und gesellschaftlichen Unordnung ausgesetzt. Die Demokratie, die von 450 bis 430 triumphierte, hat den Weg der Neuerung eingeschlagen. Während die meisten anderen griechischen Staaten – unter der Ägide des antiken Sparta – an der Tradition festhalten, stürzt sie sich in eine Eroberungspolitik, schmiedet sich ein Reich, aus dem sie einen bedeutenden Tribut zieht, erweitert ihre kommerziellen Tätigkeiten, entwickelt ihre städtische Zivilisation, wirft sich kühn aufs Meer, ist unaufhörlich in allen Bereichen erfinderisch und in Bewegung. Attika wird zum Schnittpunkt, wo zahlreiche Fremde zusammenströmen, wo das Denken sich frei entfaltet.

Die demokratische Staatsform bedarf ihrer Natur nach einer neuen Bildungsform. Was war eigentlich die traditionelle Erziehungsweise? Man lehrte die jungen Leute, gute Kavaliere zu sein, fromme Männer, die den Göttern und dem Andenken der Vorfahren Respekt zollten. Das genügt nun nicht mehr. *Man muß reden können.* Die Rede ist seither »die Technik der Techniken«, welche jedem erlaubt, in der Volksversammlung, in den Prozessen seinen Standpunkt geltend zu machen. Dank ihrer kann der Bürger seinen Rang und seine Unabhängigkeit, die er in der Stadt erwirbt, verteidigen.

Die Zivilisierung der Sprache – so nennt Aristophanes scherzend den neuen Unterricht. Schulen, die sich bezahlen lassen und von Metöken geleitet werden, werden eröffnet und haben einen erheblichen Zulauf. Die berühmtesten jener Meister, Gorgias, Protagoras, Prodikos, Hippias, Archidamos, haben kein anderes Programm, als ihre Schüler zu lehren, über alles beliebige gut zu reden, mit Überzeugungskraft jede beliebige Sache zu verteidigen. Dem Anschein nach hat dieser Unterricht keinen Inhalt; er verlangt keinen anderen als einen vagen und findigen Enzyklopädismus. In Wirklichkeit verursacht er eine bedeutende Veränderung. Zunächst durch seine Existenz selbst, insoweit als er *nolens volens* ein Gebiet definiert, das die Tradition sich versagte: das der »freien Rede«; aber auch durch seinen Inhalt: jene Rhetoriklehrer, jene Sophisten – wie man sie nennen wird – dürfen es nicht unterlassen, die Prinzipien geltend zu machen, die der Staatsform zugrunde liegen, aus der sie ihren Einfluß beziehen. Sie müssen, um sich nicht zu widersprechen, anerkennen, daß jeder Mensch potentiell die politische und richterliche Kapazität besitzt, daß das Gesetz nicht heilig ist, daß es aus Vereinbarungen hervorgeht, welche die Staatsbürger untereinander treffen, und daß folglich seine Wirksamkeit rein menschlich ist. Die Konsequenzen derartiger Stellungnahmen werden gleichzeitig mit der sokratischen Widerrede analysiert.

Übrig bleibt, daß die Tradition dieser demokratischen Woge widersteht. Sie stärkt sich sogar, als sich im Konflikt mit Sparta die interne Schwäche der Staatsform erweist. Die Haltung des Aristophanes zeugt von diesem zunehmend entschlosseneren Widerstand (den Politiker wie Kritias ausnutzen). Trotz der Ansätze gemäßigter Demokraten, Nikias unter anderen, verschärft sich der Konflikt. Die inneren wie äußeren Schwierigkeiten Athens bestimmen die zunehmend wirreren Meinungsströmungen, und das Volk gibt sich bald den wahnwitzigsten Herrschaftsphantasien hin, bald krümmt es sich fröstelnd um seine Vergangenheit.

Sokrates, der »Zitterrochen«

Inmitten dieser Aufregung, die in *einer* Bewegung Torheiten und Meisterwerke hervorbringt, geht Sokrates spazieren und redet. Auf den ersten Blick sieht er aus wie ein Sophist, denn er redet über alles und gleichgültig was. Aber er eröffnet keine Schule. Er lehrt nicht; was er sagt, dient den Gesprächen, die er führt, ohne zu verlangen, daß man ihn bezahlt, ja, ohne zu fordern, daß man ihm zuhört. Er ist ein »Schwätzer«: er redet um zu reden. Die Jugend interessiert sich sehr für seine Diskurse. Warum redet er also, wenn er kein persönliches Interesse daran hat?

Auf diese Frage antwortet das Plädoyer, das Sokrates selbst im ersten Teil seines Prozesses hält, und das Platon in der *Apologie* niedergelegt hat. Die Angelegenheit ist göttlichen Ursprungs. Einst verfiel ein Freund des Sokrates, Chairephon, auf den Gedanken, das Orakel in Delphi zu befragen, ob es jemand gäbe, der weiser sei als Sokrates. Der Gott erwiderte nun, daß es keinen gäbe. Diese Erklärung brachte Sokrates in die größte Verlegenheit: »Was meint doch der Gott, und was will er etwa andeuten? Denn das bin ich mir doch bewußt, daß ich weder viel noch wenig weise bin. Was meint er also mit der Behauptung, ich sei der Weiseste? Denn lügen wird er doch wohl nicht; das ist ihm ja nicht verstattet.«[1] Er be-

1 Apologie des Sokrates (Des Sokrates Verteidigung), 21 b.

schloß also, das Orakel auf die Probe zu stellen. Er versuchte es zunächst einmal bei einem Politiker, das heißt einem von denen, die es sich zum Beruf machen, ihresgleichen zu lenken. Zum Schluß dieses Gesprächs mußte Sokrates zugestehen: »Als dieser Mann bin ich nun freilich weiser. Denn es mag wohl eben keiner von uns beiden etwas Tüchtiges oder Sonderliches wissen; allein dieser meint etwas zu wissen, obwohl er nicht weiß, ich aber, wie ich eben nicht weiß, so meine ich es auch nicht.«[1]

Als er bei den Dichtern vorsprach, kam er zu einer ähnlichen Überzeugung. Er erfuhr, »daß sie nicht durch Weisheit dichteten, was sie dichten, sondern durch eine Naturgabe und in der Begeisterung, eben wie die Wahrsager und Orakelsänger. Denn auch diese sagen viel Schönes, wissen aber nichts von dem, was sie sagen«.[2] Die Handwerker wiederum besitzen ein spezialisiertes Wissen: aber sie täuschen sich, wenn sie meinen, weil sie ihre Kunst bis zur Vollkommenheit ausüben, seien sie auch in jeder anderen Hinsicht von vollendeter Weisheit.

Sokrates muß sich davon überzeugen: die Gottheit hat die Wahrheit gesagt. Dennoch kann er die Evidenz dessen, was er empfindet – die Tatsache, daß er nicht weise ist – nicht von der Hand weisen. Es empfiehlt sich also, das Orakel zu deuten: was es sagen wollte, ist, »daß die menschliche Weisheit sehr weniges nur wert ist oder gar nichts«[3]; vor allem aber hat ihm das Orakel eine Sendung aufgetragen: überall nach dem Weisen zu suchen, und wenn es ihn nicht gibt, die falsche Weisheit zu überführen. Sokrates fügte sich: man staune nicht, ihn zu sehen, wie er jeden fragt, seine Angelegenheiten vernachlässigt, sich nicht mit der Politik befaßt. Er hat besseres zu tun, um seinen Mitbürgern zu helfen. Er hat zur Aufgabe, ihren Seelen Geburtshilfe zu leisten, wie Hebammen den Leibern der Frauen. Er selber erzeugt nichts: »Ich gebäre nichts an Weisheit, und was mir bereits viele vorgeworfen, daß ich andere zwar fragte, selbst aber nichts über irgend etwas antwortete, weil ich nämlich nichts Kluges wüßte zu antworten, darin haben sie recht.«[4]

Geleitet von einem Daimon verhält sich Sokrates wie ein »Zitterrochen«; er erweckt das eingeschlafene Bewußtsein aus dem

1 a.a.O. 21 d.
2 a.a.O. 22 c.
3 a.a.O. 23 a.
4 Theaitetos, 150 c.

tiefen Schlummer der idées reçues. Diese Haltung bringt ihm natürlich ein, daß er verhaßt ist; allgemein verhaßt, denn er wendet sich an alle Gesellschaftsschichten, um unterschiedslos deren Gewißheiten zu bestreiten. Es genügt übrigens, die Berufe jener zu betrachten, die Anklage gegen ihn erhoben haben, um gewiß zu sein, daß er keinen in Ruhe läßt. Da ist Anytos, der die Politiker vertritt, Meletos für die Dichter und Wahrsager, Lykon für die Redner und die Lehrer der Rhethorik. Der Prozeß ist eine Reaktion der gesicherten Kultur gegen ein Denken, das alles Gesicherte verwirft, sei es althergebracht oder aus jüngerer Zeit.

Die Abfassung der Anklageschrift selbst (»Sokrates [...] frevle, indem er die Jugend verderbe und die Götter, welche der Staat annimmt, nicht annehme, sondern anderes neues Daimonisches«[1]), die Vorwürfe, die man ihm schon seit langem machte (sich physikalischen Forschungen zu widmen, die die religiösen Ideen in Abrede stellen, die jungen Leute von ihren Familien- und Bürgerpflichten abzuwenden), zeigen deutlich, daß die Angelegenheit in jeder Hinsicht eingefädelt ist, daß sie Menschen provisorisch zusammenführt, die weder dieselbe Redeweise noch dieselben Interessen haben. Es geht darum, sich eines lästigen Menschen zu entledigen, dessen Zuhörerschaft unaufhörlich zunimmt, und der die verschiedensten Positionen in Gefahr bringt. Alles geschieht, als schlössen die Volkstradition und die neue Kultur der Rhetoriker und Sophisten ein Bündnis.

Warum dieser Haß? Sicher, er ist nicht neu. Schon vor mehr als zwanzig Jahren rief Aristophanes in *Den Wolken* dazu auf, das »Denkorium« des Sokrates in Brand zu stecken und dessen Bewohner zu ermorden. Aber es unterläuft ihm nebenbei eine unverzeihliche Verwechslung, und er zielt auf die begeisterten Anhänger der »neuen Erziehung« ab. Muß man sie auf das Konto einer Reaktion gegen die »Intellektuellen« jeder Art setzen, die man für die militärischen Niederlagen verantwortlich macht, eine Haltung, die gewiß bequemer ist, als die Militärs selbst anzuklagen, und die spätere Zeiten manchesmal wiederholt haben? Es scheint noch mehr daran zu sein, was noch schwerwiegender und bezeichnender ist.

Die Jugend, im positiven Sinne, das Volk, im negativen, spüren, und jene, die eine Stellung bekleiden, wissen, daß Sokrates tat-

1 Apologie, 24 bc.

sächlich ein »Zitterrochen« ist; das einzige Mittel, zu verhindern, daß er eine radikale Infragestellung provoziert, ist, ihn zu töten (oder zumindest ihn ins Exil zu treiben, was sein ganzes Ansehen vernichten würde). Gewiß, die jungen Leute lieben ihn, die Wohlversorgten aller Stände sind ihm gram, weil er *bestreitet.* Aber er ist gewiß nicht der erste »Freidenker«. Unter den Sophisten gibt es viele davon, die ohne viele Umstände zu machen, die Denkgewohnheiten erschüttern. Was der Negativität, die er einführt, die besondere Gestalt und das besondere Gewicht verleiht, ist deren Methode.

Die Sophisten haben nur die Fülle der Tradition durch die Spitzfindigkeiten ihres Pseudo-Enzyklopädismus ersetzt. Sokrates verfährt anders. Platon hat sich in den Dialogen, die man gewöhnlich sokratisch nennt, darum bemüht, den lebendigen Inhalt des Unterrichts seines Meisters mitzuteilen, die Kraft seiner Ironie wiederherzustellen. Man sieht ihn mit Hippias über Logik oder Ästhetik reden, mit Ion über Homer, über die Sophistik mit Protagoras, über die politische Tugend mit Alkibiades, Gorgias, Polos und Kallikles (wahrscheinlich symbolische Figuren), über Freundschaft mit Lysis, über die Liebe zu den Göttern mit Euthyphron, über die militärische Tugend mit Laches und Nikias, über die offizielle Redekunst mit Menexenos, über die Suche nach Wissen mit Menon, über gelehrtes Geschwätz mit Euthydemos, über die Sprache mit Kratylos.

Der Schluß dieser Dialoge ist im allgemeinen negativ. Dem Anschein nach gehen beide der anwesenden Parteien als Verlierer daraus hervor. Der Selbstsichere, der sich, von Sokrates herausgefordert, mit seinen Antworten (oder mit Fragen, deren Antworten er mit Sicherheit zu wissen glaubt) auf das Gespräch einließ und vorgab, sich in die Unterhaltung zu schicken, ist am Ende vernichtet, gereizt und entschlossen, entweder weiterzudenken – was nicht häufig ist – oder den Ironiker zu verspotten oder zu verachten, der so gezielt seine Glaubenssätze zerstörte. Was Sokrates betrifft, so scheint er damit nichts gewonnen zu haben. In Wirklichkeit aber hat er die einzige Aufgabe erfüllt, die ihn interessiert, und zu der er, wie er sagt, berufen ist. Er hat nicht wie die modischen Sophisten einer Meinung eine andere gegenübergestellt. Er hat die Nichtigkeit jeder Geisteshaltung, jeder Verfahrensweise, die sich auf Meinungen stützt, nachgewiesen. Er hat die *Leere* der Meinung deutlich gemacht. Es hat sie auf das reduziert, was sie, ohne es zu wissen, ist: Ausdruck des Eigennutzes, der Leidenschaft, der Laune.

Die Ironie

Sehen wir uns das genauer an, denn dies ist der Boden, auf dem sich die Philosophie als spezifische Kulturgattung errichten wird. Nehmen wir den Dialog, der den Titel *Laches* trägt. Gewiß hätten wir als Beispiel ein »interessanteres« Gespräch, das wichtigere Fragen behandelt, wählen können. Den *Gorgias,* zum Beispiel, der die Rhetorik und deren Unterricht zum Gegenstand hat; oder den *Protagoras,* der von der Gültigkeit und den Grenzen der Erkenntnis handelt. Diese Texte scheinen uns jedoch schon zu platonisch. Der *Laches* ist in seiner Einfachheit wie ein degré zéro des sokratischen Dialogs. Die Situation ist folgende: zwei »bürgerliche« Athener, die aus Eigenem zu etwas gekommen sind, machen sich Gedanken über die Erziehung ihrer Söhne. Ein Meister der Fechtkunst ist gerade angekommen und eröffnet eine Schule. Die beiden Familienväter fragen sich, ob sie ihre Kinder dorthin schicken sollen. Sie fühlen sich jedoch kaum befähigt, eine Entscheidung zu treffen. Sie wenden sich also an ihre Freunde, die geeignet sind, das Problem zu lösen: Laches und Nikias sind zwei berühmte Strategen, die schon manches Kommando geführt haben; der erste, der seine Ausbildung im Gelände erhalten hat, hat sehr wenig Kultur; der zweite hat im Gegensatz dazu, mit den Sophisten verkehrt und versteht außerdem etwas von Politik. Sokrates ist dabei: man hat ihn eingeladen, an der Debatte teilzunehmen. Und das aus drei Gründen: er hat den Großvater eines der beiden jungen Leute gut gekannt; Laches, unter dessen Befehl er gestanden hatte, bezeugt seine Kampfqualitäten; und schließlich ist es nie schlecht, einen solchen Mann neben sich zu haben, wenn es um die Jugend geht, die auf seine Ansichten sehr viel gibt.

Die Diskussion beginnt: sollte man den Jünglingen Unterricht in der Fechtkunst geben lassen oder nicht? Die beiden »Spezialisten« ergreifen nacheinander das Wort. Nikias weist in einer virtuosen Argumentation nach, daß ein solcher Unterricht als Körperübung wie als moralische Ausbildung nur von Nutzen sein kann. Diesem Nachweis hält Laches »Tatsachen« entgegen: er meint seinerseits, daß diese abstrakte Übung zu nichts nütze sei, und daß der einzige Ort, wo man kämpfen lernt, das Schlachtfeld selbst sei. Zwei Denkarten, zwei Haltungen, die sich gegenüberstehen und sich gegenseitig aufheben. Wie also sich entscheiden? Die beiden Familienväter wenden sich Sokrates zu und bitten ihn, für die eine oder andere Partei zu optieren und so durch sein Votum die Abstimmung zu entscheiden.

Dieser stellt nun die Bedingungen für seine Teilnahme. Es geht nicht darum, stellt er zunächst klar, in einer so ernsthaften Angelegenheit »demokratisch« zu verfahren. Man muß sich entscheiden, aber das muß in Kenntnis der Sache geschehen. Nun ist die bisher angewandte Technik schlecht. Nikias und Laches haben keinen wirklichen Dialog angeknüpft: sie haben nur zwei Monologe nebeneinandergestellt. Wenn man vorankommen will, so ist es notwendig, eine wirkliche Diskussion aufzubauen, das heißt, präzise Fragen zu stellen, um adäquate Antworten zu erzielen (und nicht fraglos Antworten zu sammeln). Sokrates fordert, daß man ihm diese Fragefunktion einräume.

Was seine Gesprächspartner gern tun. Von dem Augenblick an, wo ihm freigestellt ist, die Diskussion zu leiten, ändert Sokrates deren Richtung. Von nun an wendet er seine Methode an: und diese besteht darin, genau abzugrenzen, *wovon* man spricht. Das vage Problem: soll man Fechtunterricht nehmen?, muß durch die tiefergehende Frage: was erwartet man von der Unterweisung in der Waffenkunst?, ersetzt werden. Diese Frage aber führt zu einer radikaleren. Wenn es wahr ist, daß das Ziel derartiger Unterweisungen das Erlernen der Tapferkeit ist (was Nikias und Laches bald anerkennen), so wird klar, daß die Frage, die das Ausgangsproblem zu lösen vermag, wohl diese ist: was ist Tapferkeit?

Nach und nach verwandelt sich der Dialog: die sokratische Ironie führt ihn aus dem empirischen Bereich, in dem er steckengeblieben ist, in den des *Wesens,* wo sich ein Wissen entfalten soll. Die zwei Strategen sind schnell von dieser intellektuellen Pflicht überzeugt. Als Sokrates dahin kommt, zu fragen, was Tapferkeit *ist,* freuen sie sich: wer kennt sich in dieser Sache auch besser aus als sie? Laches führt nach seiner Gewohnheit »Tatsachen« auf, zitiert »Beispiele«, um die Definitionen, die er nacheinander anführt, zu bekräftigen. Sokrates fällt es nicht schwer, andere »Tatsachen« dagegen zu setzen, die jenen Definitionen widersprechen, so entschieden ist es wahr – eine Auffassung, die beständiges Merkmal des philosophischen Vorhabens sein wird –, daß keine »Tatsache« jemals etwas beweist. Nikias ist geschickter: er weiß, daß er es mit einem furchterregenden Disputierer zu tun hat. Er berechnet seine Antworten. Auch er muß dennoch angesichts der Widersprüche, mit denen Sokrates ihn in die Enge treibt, anerkennen, daß er nicht weiß, was Tapferkeit *ist.* Die beiden Familienväter sind tief enttäuscht: sie fordern von dem, der so nachdrücklich die Irrtümer und Verwirrungen aufzuweisen wußte, er solle eine Lösung bieten.

Nun tritt Sokrates den Rückzug an. Er selbst hat niemals vorgegeben zu wissen, was Tapferkeit *ist.* Was er immer gewußt hat, ist, daß er es nicht wußte und daß die anderen es auch nicht wußten. Und er verabredet sich mit seinen Freunden, um das Problem erneut zu diskutieren.

Der *Laches* ist ein Modell. Er enthüllt die sokratische Methode und bestimmt dadurch negativ den Ausgangspunkt der platonischen Reflexion. Diese hat ihren Ursprung in einer Situation, in der die Gewalt triumphiert.

Die sokratischen Dialoge stellen die kritische Analyse der Ideologie dar, welche dieser Situation entspricht und sie in gewisser Weise erklärt. Wie ist also die intellektuelle Haltung derer, mit denen Sokrates diskutiert? Jeder lebt in seiner *Gewißheit*; was er glaubt, stellt er unmittelbar als wahr hin. Ganz genauso unmittelbar verwirft er die Gewißheit des anderen. Wenn er überlegt, tut er es nicht, um sich von seiner Überzeugung zu distanzieren, sondern um Beispiele und Argumente zu finden, die sie bestätigen. Wenn er sich auf ein Gespräch einläßt, so tut er es in einem Monolog, der taub bleibt gegen die Behauptungen des Antagonisten, um zu *behaupten,* um zu *sagen.* Der Mensch der Gewißheit schließt sich in seine eigene Überzeugung ein.

Es gab eine Zeit, zu der die Gesellschaft stark hierarchisiert war. Auf allen Gebieten zählten also nur die Gewißheiten der »Wohlgeborenen«: sie waren es, die die gesellschaftliche Tätigkeit anordneten. Innerhalb der neuen Staatsform, wo die Macht »in der Mitte« steht, hat jede Gewißheit das *Recht,* nicht nur sich zu äußern, sondern auch sich durchzusetzen. Die sophistischen Meister unterrichten gerade in dieser Technik der unwiderlegbaren Erklärung, die wohl gespickt ist mit »Tatsachen« und sprachlichen Kniffen. Wenn sich nun die Bürger über mindere Probleme streiten, die nicht das Schicksal der Polis und deren Einwohner betreffen, ist es immer möglich, Kompromisse zu schließen; entweder jede Überzeugung eine Zeitlang befehlen zu lassen; oder auch jene für richtig zu halten, die die Zustimmung der Mehrheit der Bürger gewinnt. Tatsache ist, und die geschichtliche Erfahrung bestätigt das, daß, sobald schwerwiegende Fragen auftreten, diese Verfahrensweise wirkungslos ist. Der Kompromiß platzt, und die Minderheit, die sich ihrer Sache immer sicher ist, weigert sich, sich in der gesellschaftlichen Praxis der Mehrheit anzuschließen und konspiriert. In der Tat, da es zwischen den verschiedenen Überzeugungen kein anderes Band gibt, als die ihnen gemeinsame Selbstgewißheit und den ihnen gemeinsamen Antagonismus, da es kein anderes Kriterium als ein zufälliges gibt, das eine rasche Lösung ermöglicht, bleibt das letzte Mittel die Gewalt. Als gut und gerecht wird die Überzeugung betrachtet, die sich *materiell* durchsetzt, ohne daß es möglich wäre, sich gegen sie zu wehren. Die brutale Kraft – die des »Knüppelträgers« – macht die Wahrheit ...

Warum übrigens eine derartige Lösung nicht annehmen? Platon wird zeigen, inwiefern und weshalb sie illegitim ist. Aber wir, die wir auch Leser des Thukydides sind, wissen sehr wohl, daß ihre Wirkungslosigkeit sie selbst annulliert. Das tragische Geschick der athenischen Polis im Verlaufe des V. Jahrhunderts zeigt es deutlich. Zu Beginn, gleich nach den Perserkriegen, baute Athen um sich herum eine Allianz auf, die nur den Zweck hatte, die Unabhängigkeit zu sichern. Dann allmählich begriff es, daß es, um unabhängig zu sein, das beste sei, die anderen zu unterwerfen und so seine Macht zu beweisen. Aber wenn man diesen Weg einschlägt, kommt man niemals sehr weit. Man muß fortwährend beweisen, daß man der Stärkste ist, und fortwährend erobern. Bis zu dem Augenblick, da man so viele Feinde hat, daß man unausweichlich unter ihren Schlägen fällt.

Die philosophische Wette

Nennen wir, mit Platon, diese Ideologie wo die Überzeugungen in einem blinden Kampf aufeinanderprallen, und wo die Gewalt zum einzigen Kriterium wird, *Meinung* (*doxa*). Aufgabe der sokratischen Dialoge, welche zugleich Einleitung und erster Teil des Platonismus sind, ist es, deren kontradiktorische Struktur sichtbar zu machen. Im Verlaufe all dieser Gespräche, die die Themen behandeln, die wir aufgezählt haben, und die alle den Athenern am Herzen liegen, geht es darum, zu zeigen, daß die Begriffe, um die herum sie ihre politische Führung, ihre gesellschaftliche Praxis und ihr alltägliches Dasein, glauben organisieren zu können, *leer* sind, leer an präzisem Sinn, daß sie sich, sobald man sie hinterfragt, als verworren und widersprüchlich erweisen. Die *Meinung* möchte gern kohärent sein; sie glaubt, sich auf »Fakten«, auf Evidenzen, auf »höchste Wahrheiten« zu stützen. Diese Gewißheit zu bestreiten und zugleich zu zeigen, daß darin der Ursprung für das Unglück liegt, das die Stadt erleidet, ist die göttliche Sendung des Sokrates.

Diese Aufgabe geht unbedingt mit einer anderen zusammen: der Überführung der neuen Meister des Denkens. Diese schmeicheln nur der *Meinung* und liefern ihr Waffen, die um so mächtiger sind, je perfider sie sind. Sie definieren nicht eine Kunst (die ihre Prinzipien kennen würde), sondern ein savoir-faire: » [. . .] wie die Putzkunst zur Turnkunst, so die Kochkunst zur Heilkunst, oder vielmehr so, wie die Putzkunst zur Turnkunst, so die Sophistik zur Gesetzgebung, und wie die Kochkunst zur Heilkunst, so die Redekunst zur Rechtspflege.«[1] Man hält sie für Neuerer: sie tragen noch ein wenig mehr zum Sittenverfall der Bürger bei, und fügen zur materiellen Gewalt eine andere hinzu, eine Gewalt »im Quadrat«, jene, welche die lügnerisch geschickte Rede in sich birgt. Ihr Verbrechen ist um so größer, als sie das Werkzeug der Justiz selbst, die Rede, entwürdigen und sie ihrer Funktion entfremden.

Ziel der ironischen Befragungen des Sokrates ist es, diese Funktion in ihrer Integrität wiederherzustellen. Es gelingt ihnen jedoch nur insoweit, als sie den Inhalt der Meinung evident machen. Im Grunde findet man sich, nachdem man den Zyklus der negativen Beweise, die Sokrates vorbringt, durchlaufen hat, in derselben Lage, wie der Leser, der am Ende der *Meditationen über die Erste Philosophie* anlangt. Keine Gewißheit besteht mehr: es bleibt nur eine unbegrenzt konstante Tätigkeit. Das Nicht-Wissen, das sich als solches kennt, hat über das Nicht-Wissen, das sich als solches nicht kennt, gesiegt. Was nun die Erkenntnis anbelangt, jene Forderung, die der Meinung selbst zugrunde liegt, so erscheint sie nur noch als ein nicht realisierbarer Wunsch. Indem er die Lehre seines Meisters in dieser Weise interpretiert (Xenophon ist in dieser Hinsicht viel weniger präzise und gründlich), stellt Platon ein Prinzip auf, welches in Zukunft konstitutiv sein wird für die philosophi-

1 Gorgias, 465 c.

sche Reflexion. Diese bestimmt sich zunächst als kritischer Bruch, als *Ablehnung* der Meinung, des lückenhaften und widersprüchlichen Systems gängiger Denkgewohnheiten. Sie besteht vor allem in der Verneinung, weil sie weiß, daß die Annahme des »Gegebenen« zur Verwirrung, zur Besonderheit, zur Unschicklichkeit der Gewalt führt. Dennoch drängt sich die Notwendigkeit auf, nicht an dieser Ablehnung festzuhalten, und zwar im Innern der sokratischen Lehre selbst. Gewiß versichert Sokrates, seine Tugend sei zu wissen, daß er nichts weiß; er sagt jedoch auch, daß das ungerechte Handeln, das des »Bösewichts«, die Frucht der Unwissenheit sei. Dieses Wissen, das er nicht besitzt, macht er zur Vorschrift. Durch seine Unfähigkeit, dies vor seinen Richtern zum Ausdruck zu bringen, durch sein Verharren in der Ironie, setzt er sich deren Unverständnis aus. Da er es akzeptiert, im Rückzug zu sein, provoziert er sozusagen ihren tragischen Irrtum.

Dieses Ergebnis akzeptiert Platon nicht. Es sieht so aus, als wolle er, indem er den Weg der wahren Philosophie einschlägt, dem Menschen, den er am meisten bewundert, vorwerfen, er sei vorschnell verzweifelt, er habe an jener – vollkommen negativen – göttlichen Sendung Gefallen gefunden, ohne daran zu denken, daß die Entfaltung einer *Wissenschaft* möglich war, und daß dank des radikal kritischen Unternehmens die Mittel dazu gegeben waren. Die Städte zerstören sich gegenseitig; die Bürger zerfleischen sich untereinander. Die *Meinung* fängt an, ihre Torheit zu begreifen. Die Sophisten sind nicht mehr als Lieferanten von Verteidigungsreden. Die Dichter wiederholen sich. Die Wahrsager machen sich lächerlich. Der Augenblick einer großen Entscheidung ist gekommen.

Aber worauf wird sie sich eigentlich stützen? Wird sie sich damit begnügen, die Widerrede zu wiederholen? Wird sie irgendeinen Mittelweg suchen (wie Isokrates tun wird), oder wird sie an die Frömmigkeit appellieren (Xenophon wird schließlich keine andere Lösung finden)? Die Ironie des Sokrates verbietet diese Kompromisse oder Regressionen; sie verlangt, daß man sich entweder heiter opfert, oder daß man vorangeht. Aber was bleibt jetzt noch, da kein Begriff mehr besteht, auf den man sich stützen könnte?

In Wahrheit wies Sokrates beständig den Weg. Er hat ihn nicht beschritten, aber er hat auf ihn gezeigt. Da er die Kunst des Dialogs wiederherstellte, zeigte er, auf welcher Grundlage sich das neue Wissen ansiedeln kann. Die *Meinung* sagt nichts, was gültig wäre, aber sie *sagt, sie glaubt sich verpflichtet zu sagen,* ihre Leidenschaften und Interessen zu rechtfertigen. Der Mensch ist so beschaffen, daß er der Rede bedarf, um sich seines guten Rechtes, zu handeln (oder einfach, zu leben), zu vergewissern. Die *Meinung* schwatzt. Sie verfängt sich in ihrer Falle, die eine Falle für die ganze Menschheit ist. Diese begnügt sich nicht damit zu handeln, zugleich bedeutet sie und sucht Rechenschaft abzulegen.

Das ist der Stützpunkt: der Staatsbürger der Rede, der Mensch, ist das Tier, das es zu überzeugen gilt. Auf diesem Gebiet wird sich die philosophische Tätigkeit lokalisieren. Der sokratische Dialog hat bewiesen, daß sich die *Meinung* nicht auszuweisen vermag, daß sie sich widerspricht, daß sie Fragen stellt, auf die sie nicht antworten kann, daß sie Antworten gibt, obwohl sie nicht einmal eine Vorstellung von den entsprechenden Fragen hat. Der platonische Dialog wird versuchen, im Spiel einer diesmal positiven Legitimierung *den uneingeschränkt gerechtfertigten Diskurs* zu konstruieren, der sich in jedem Augenblick seiner Entwicklung Rechenschaft darüber ablegt, daß er dies und nicht vielmehr das sagt, daß er es so sagt und nicht anders.

Die philosophische Wette – die die Kultur in verschiedenen Modalitäten wiederholt hat – ist offen. Das präzis gestellte Problem lautet folgendermaßen: ist es möglich, einen Diskurs zu konstruieren, der jedes gutgläubige Individuum zufriedenstellt und ihm ermöglicht, wirkungsvoll auf theoretische und praktische Fragen, die sich ihm stellen, zu erwidern? Gibt es einen universellen Diskurs (als Wissenschaft)? Kann man die Veränderlichkeit von Vorlieben und Interessen überwinden?

Darauf antwortet das platonische Werk positiv durch den Aufbau einer theoretischen Praxis, die die anfängliche Philosophie selbst ist.

III. Die Ordnung der Ideen

Die Falle der Rede

Den Menschen in der Falle seiner Rede zu fangen, ihn zu zwingen einzugestehen, daß diese etwas anderes ist als die simple Widerspiegelung des Interesses, der Leidenschaft und der Laune, ihn zu überzeugen, daß er beim Sprechen eine Wirklichkeit erprobt, die über ihren empirischen Satus hinausgeht, ein System von unwiderlegbaren Aussagen zu schaffen, denen jedes Individuum guten Glaubens seine Zustimmung nicht versagen kann, kurz, ein Wissen zu konstituieren, das als Richter über die Meinungen aller und von daher als Anleitung in allen Praktiken anerkannt wäre, das ist der erste Antrieb des platonischen Vorhabens. Es kommt darauf an, auf der widerredenden Dialektik des Sokrates (und mit derselben Grundlage) eine *sophia,* eine Wissenschaft, aufzubauen, die zugleich eine Weisheit wäre. Die Alternative, von der die anfängliche Philosophie – im hier definierten Sinne – ausgeht, ist klar: entweder akzeptiert der Mensch das unbegrenzte Spiel der Gewalt und die Herrschaft des begangenen oder erlittenen Unrechts, oder aber er sucht in der Übung dessen, was ihn von den anderen Tieren unterscheidet, im *logos* (ein Terminus, der im klassischen Griechisch *Wort, das einen Sinn hat, Diskurs* und *Vernunft* zugleich bedeutet) das Mittel, seine Existenz zu befrieden.

Es kommt jedoch darauf an, diese Alternative zu beglaubigen. Die Philosophie ist gewiß nicht die erste Kulturart in dieser Epoche, die sich den Wirrnissen und der Unbeständigkeit der Meinung (und den Meistern der Schmeichelei, die sie ausnutzen) widersetzt: es gibt eine religiöse und ethische Tradition, der die Dichter und dramatischen Autoren Ausdruck verleihen; es gibt die Arbeit der »Physiker« und »Ärzte«; es gibt auch die vielzähligen, mehr oder weniger esoterischen Sekten, und darunter die geheimnisvollen Schüler von Pythagoras, mit denen Platon offenbar in Verbindung gestanden hat; es gibt schließlich die Denker: Heraklit, Parmenides, Anaxagoras. Die »wahre Philosophie« muß sich *mit* diesen Denkweisen und *gegen* sie errichten. *Mit,* da es absurd wäre, ihren kritischen Beitrag nicht anzuerkennen; *gegen,* da es ganz genauso absurd wäre, ihre Unwirksamkeit nicht zu konstatieren.

Von da aus muß sich die philosophische Entscheidung auf verschiedenen Ebenen entfalten: sie kämpft gegen die Ambiguitäten des gesunden Menschenverstandes, ihres Hauptgegners, und gegen die »spitzfindigen Rhethoriker« und Sophisten, die ihn ausbeuten; aber sie gerät auch in Konflikt mit jeder kulturellen Realität, die sich nicht in die Optik der »wahren«, das heißt »strengen« Philosophie einschreibt, dieser neuen und überraschenden Disziplin, die in und durch den Dialog zu bestimmen sucht, was der Mensch erhoffen darf, er, der spricht, während seine Rede ihn zum *kai-*

serlichen – vernünftigen, werden die Aristoteliker sagen – Tier erhebt innerhalb dieses kosmischen Status der radikalen Endlichkeit, des *Tierischen selbst* (das Geschick des Menschen spielt sich in der Ambiguität des »Sublunaren« ab, wird Aristoteles präzisieren).

Nach welcher Unabhängigkeit (*autarkeia*) darf der freie Mensch, jener, der als Bürger lebt, streben? Welches Wissen und welche Herrschaft über sein Verhalten kann er für sich in Anspruch nehmen? Muß er sich notwendig den Gesetzen und den Praktiken der Stadt ausliefern, in der er geboren wurde? Hat er keine andere Wahl als die des Konformismus (das heißt Anschluß an die fortwährenden und widersprüchlichen Launen der Mehrheit) oder die einer Auflehnung, die ihn ehrt, aber die ihn aussondert und, indem sie ihn aussondert, disqualifiziert? Der dritte Weg aber – jener eines Wissens, das über die *Meinung* und ihre abstrakte Negation hinausginge, das die Meinung schlicht und einfach verwirft, die Ironie – ist der wirklich gangbar? Den Beweis dafür, daß er es ist, hat Platon erbracht. Dieser Beweis ist theoretisch: er beruft sich nur auf die Natur des menschlichen Diskurses selbst. Er ist auch empirisch, denn es wäre recht seltsam, wenn diese Natur sich nicht in den Dunkelheiten und Schwierigkeiten der täglichen Erfahrung offenbarte.

Die Schönheit, die Liebe, der Tod

Die aufsteigende Dialektik – so pflegt man die Bewegung zu nennen, durch die der Geist sich nach und nach von der Meinung losreißt, um zur Wissenschaft Zugang zu gewinnen – ist nicht allein logischer Art. Gewiß, eine neue Logik geht daraus hervor. Aber ihre Konstituierung erfordert eine Wandlung das ganzen Daseins. Der Körper selbst, die Affektivität muß verwandelt werden; die ganze gesellschaftliche Organisation muß umgebildet werden (oder zumindest als erstes neu gedacht werden); die Erfahrung muß auf eine andere Weise befragt werden.

Denn es gibt unter den wichtigsten empirischen Gegebenheiten drei, die es jedem ermöglichen, vorausgesetzt er hält in seinen Erfahrungen bis zum letzten durch, über seinen Status als begehrend und leidend hinauszugehen. Die Erfahrung der Schönheit, die der Liebe und die des Todes sind es, vorausgesetzt man weiß sie zu erfassen, die jenen andersartigen Bereich enthüllen, jene andere

Welt, die den eigentlichen Ort des philosophischen Diskurses bildet. Der *Phaidros,* das *Symposion* und der *Phaidon* sind wenig philosophische Dialoge, die den Fortbestand des Schönen oder die Unsterblichkeit der Seele als *Aufrufe nachweisen* wollen.

Das *Symposion* ist in dieser Hinsicht besonders bedeutsam. Es handelt sich um ein »Saufgelage« von Intellektuellen. Sehr bald steigert sich der Ton. Das Thema, über das zu reden man beschlossen hat, ist die Liebe. Nach den glatten Sätzen der Fabrikanten schöner Phrasen, Phaidros, Pausanias und Eryximachos, die die Gelegenheit ausnutzen, um über alles zu reden, von der Organisation des Staates bis zur Himmelsordnung, entwickelt Aristophanes seinen Beitrag. Den Sentenzen und rhetorischen Übungen stellt er seine Possen des komischen Dichters entgegen. Der Mythos, den er erfindet, verleiht durch seine Spaßhaftigkeit und seine Originalität den Reden, die eben gehalten wurden – wie der, die Agathon noch vortragen wird – ihre Bedeutung: eine harmonische Anordnung von Klangfülle, konventioneller Lärm. Schließlich erteilt man der Philosophie, Sokrates, das Wort. Auch er steuert einen Mythos bei: den des Ursprungs der Liebe. Eros ging hervor aus dem Zusammentreffen von *Poros* (Mittel), der selbst Sohn von *Metis* (Erfindung) ist, und *Penia* (Armut) während eines Festmahls zur Feier der Geburt von Aphrodite im Garten des Zeus. Seine Eltern sind durchaus keine Unsterblichen; aber er steht unter göttlicher Schirmherrschaft. Wie sein Vater berechnet und erfindet er, wie seine Mutter sucht er und bettelt. Er ist unsicher, aber immer voller Hoffnung; er ist arm, aber er kennt seine Mittellosigkeit. Wie der Philosoph empfindet der Liebende schmerzlich seinen gegenwärtigen Zustand, aber er bemüht sich, darüber hinauszugelangen, zur Schönheit, zur Unsterblichkeit.

Die Parabel ist klar: innerhalb des sinnlichen Begehrens nimmt ein Vorhaben Gestalt an, das nach dem Ideal strebt. Die vertrauliche Mitteilung des Alkibiades bestätigt dies. Dieser kommt plötzlich hinzu, betrunkener noch als die anderen: er sagt (er, der, beachten wir es, reich, schön und berühmt ist), wie sehr er Sokrates liebt; er erzählt auch, daß Sokrates ihm nie nachgegeben habe und ihn im Gegenteil gelehrt habe, was der Liebestrieb bedeutet. Das Begehren eines schönen Körpers, führt, vorausgesetzt, daß man es versteht, dazu, daß man die schönen Formen im allgemeinen begehrt, und dies wiederum, daß man die Schönheit an sich liebt. Die Liebe ist schon Erkenntnis: und was sie auf dem Höhepunkt ihres Tumults vorausahnt, ist die Ordnung, die jenseits des empirischen Chaos liegt.

Die Betrachtung über den Tod im *Phaidon* führt zum selben Schluß. Im Erkenntnisverfahren machen wir schon die Erfahrung, daß wir unsterblich sind. Was haben wir also den Tod zu fürchten, da wir ja von nun an darüber hinaus sind? Auf diese Weise umfaßt die Affektivität ihre eigene Überschreitung hin zur heiteren Ruhe des Wissens.

Vom Politischen zum Theoretischen

Es kommt indessen darauf an, dieses so verheißene Wissen zu errichten und zu stärken. Der Aufbau der *Wissenschaft* ist die einzig wahre Antwort, die man auf die Meinung zu geben vermag. Die Methode haben wir schon bestimmt. Sie besteht in einer *positiven* Anwendung der von Sokrates erarbeiteten Kunst des Dialogs. Tatsächlich ist der Gebrauch des Wissens zugleich die Probe auf seine Gültigkeit. Von da aus wird ein didaktischer Dialog wie die *Politeia* (der Staat) – der einem »Handbuch« gleicht, auf das sich die Studenten der Akademie stützen – zugleich die Wissenschaft entwickeln und die Bedingungen des Aufbaus bestimmen. Es handelt sich um eine Art von Produktion – die seitdem das Modell für jede theoretische Produktion wird –, die in jedem Moment ihres Prozesses ihre eigene Erscheinung rechtfertigt. Der tiefgründige Zweck der stilistischen Interpunktionen der zwei Gesprächspartner, Glaukon und Adeimantes, die scheinbar zum Vorgehen gehören könnten, ist, folgendes hervorzuheben: daß es keinen anderen Nachweis gibt, als den, der sich im und durch den diskursiven Austausch ergibt und als die Realität der Zustimmung jedes möglichen Gesprächsteilnehmers. Die Wahrheit ist das Werk und das Ergebnis des Dialogs.

Die Frage, die die *Politeia* stellt, ist die nach dem Wesen der Gerechtigkeit. Täuschen wir uns hierin nicht: dieses Problem ist das philosophische Problem par excellence. *Gerechtigkeit* heißt Ordnung, Wirksamkeit und Rationalität. Es geht darum, zu wissen, ob es möglich ist, einen Status des Menschen zu definieren, dergestalt, daß unter Umgehung der Gewalt und der unvermeidlichen stärkeren Gegengewalt, die sie hervorruft, sich der befriedete Diskurs als Richter und als Richtschnur durchsetzt. Es geht, noch tiefgreifender, darum, zu wissen, welcher – individuellen, politischen und »religiösen« – Verhaltensweise der Mensch sich anpassen muß, damit sich die Ordnung, die Vernunft, das heißt, die gute Übereinstimmung zwischen der Organisation des *Kosmos,* der der Polis und der Hierarchie in der Seele verwirklicht.

Das Thema des großen didaktischen Dialogs ist also dreifältig: er muß gleichzeitig den Status der gerechten Seele bestimmen, die politische Ordnung, die sie zum Ausdruck bringt und möglich macht, und die Wirklichkeit, in der sich das eine wie das andere gründet. Die gerechte Seele, ihre Natur, sind in so kleinen Buchstaben geschrieben, daß es schwierig ist, sie zu entziffern. Was aber die Stadt der Gerechtigkeit ist, können wir leichter feststellen. Wenn wir sie bestimmen, erhalten wir ein Paradigma der Vernunft. Von nun an steht im Mittelpunkt des Dialogs über die Gerechtigkeit die Konstitution der Republik, der Kallipolis, des gelungenen Staates. Und diese Konstitution hat das Privileg, die Bedingungen des richtigen individuellen Verhaltens zu bestimmen.

Versuchen wir also – durch das Mittel des Dialogs, das heißt, des akzeptierten, folglich begründeten Diskurses –, die vollkommene Stadt, die *Kallipolis* zu konstruieren, jene, die der Natur der »Gesellschaftlichkeit«, Kennzeichen des Menschen, entspricht. Die erste Form, die sich ganz offensichtlich in dieser idealen Genese des Staates ergibt, ist die der patriarchalischen Regierung. Der Text des *Politikos* (der Staatsmann) – der in einer mythischen Erzählung die platonische »Geschichtsphilosophie« darstellt – äußert sich in derselben Weise: nach dem Goldenen Zeitalter (im Verlauf dessen die Menschen unmittelbar von den Göttern regiert wurden und in gewisser Weise »von Natur aus« gerecht waren), als sich die Umkehr ereignete, mußte sich die Menschheit nach der Ordnung der Arbeit organisieren; der göttlichen Hilfe beraubt, tat sie es zunächst unter kargen Bedingungen. Damals, so präzisiert die Analyse der *Politeia,* waren politische Macht und väterliche Macht noch miteinander verbunden. Der Handel beschränkte sich auf Tausch, und die Arbeitsteilung war einfach, jeder produzierte nach seiner Geschicklichkeit, und man beschaffte in kleiner Gruppe die notwendigen Güter. Man lebte fröhlich und einfach, in jener elementaren Harmonie, in der jedes Bedürfnis schnell, sozusagen unvermittelt, auf das trifft, was es befriedigt.

Als Glaukon diese Beschreibung der patriarchalischen Gesellschaft hört, entrüstet er sich: das ist, sagt er, eine Gesellschaft von Schweinen![1] Sokrates – es ist nunmehr Platon, der redet – nimmt diesen Einwand auf: er versteht, obwohl er es durchaus bedauert, daß der Mensch mehr und Besseres haben möchte als diese einfache Ordnung. Daß der Mensch also auf Luxus und Vervielfältigung seiner Bedürfnisse zustrebt. Daß er der »Zivilisation« nachgibt, da das ja, wie es scheint, sein Anspruch ist. »Es sollen Polster da sein und Tische und anderes Hausgerät, und Zukost und Salben und Räucherwerk und Freudenmädchen und Backwerk [...]. Ja auch, was wir vorher aufstellten, gilt nun nicht mehr, nämlich das Notwendige einzurichten, Häuser, Kleider und Schuhe; sondern man muß die Malerei in Bewegung setzen und die bunte Weberei, und Gold und Elfenbein und alles dergleichen muß angeschafft werden.«[2]

Von da an bläht sich die Stadt auf. Die Arbeitsteilung wird im gleichen Maße komplizierter, wie sich die Bedürfnisse vervielfältigen. Die Unordnung bahnt sich an. Der Wunsch zu »leben« hat gesiegt über den Wunsch zu »existieren«. Man muß diesen Weg gehen, und Sokrates spürt sehr wohl, daß es lächerlich wäre, ihn zu verwerfen. Aber man muß zumindest wissen, welchen Gefahren man sich aussetzt, und was die Heilmittel sind. Eine Familie, die das Schicksal in die Stadt versetzt, ein Organismus, der im Überfluß absondert, eine Welt, die sich ihrem Werden überläßt, müssen sich ordnen, wenn sie sich nicht verlieren wollen. Akzeptieren wir also das Faktum der »Zivilisation«, da es der Stil des Dialogs (und die Wirklichkeit, die es bekräftigt) aufnötigt.

Die Gesellschaft braucht nunmehr Wächter, die sie organisieren, die sie gegen fremde Einmischungen verteidigen, die ihre »Autarkie« sichern und mit ihrem Überleben ihre Einheit erhalten. Gewiß will man die »Zivilisation«! Aber man muß genau auf ihre Anforderungen erwidern. Das ist es, was die spartanische Oligarchie oder die athenische Demokratie überhaupt nicht zu begreifen wissen. Die eine wie die andere erschöpfen sich, um ihre Tradition zu rechtfertigen, jene ihre »rückständige« Tradition, diese ihre neuernde Tradition. Die eine wie die andere verkennen das Wesentliche: daß eine »Revolution« durchgeführt werden muß.

Die erste überträgt die Macht den Leuten aus gutem Hause,

---

1 Politeia, 372 d.
2 Politeia, 373 a.

die zweite den vom unwissenden und wankelmütigen Volk Gewählten. Nun kommt es darauf an, sie der Kompetenz zu übertragen. Die erste Maßnahme besteht also darin, die Hüter in der Weise auszubilden, daß sie den sinnlichen Begierden zu widerstehen wissen, daß sie ihre Wünsche zügeln und kein anderes Ziel haben, als das, zu dem sie bestimmt sind: den Schutz der Gemeinschaft. Man muß diese Menschen, die die vorsorglichen und besonnenen Hirten der Herde sein sollen, von Kindheit an auswählen. Physische Proben, von der einfachen Gymnastik bis hin zu Jagd- und Kriegsübungen, würden es ermöglichen, diejenigen zu ermitteln, die von Natur aus fähig sind, ihren Körper zu beherrschen. Diese *mutigen* Jünglinge würde man weiter lehren, ihr Gemüt durch einen richtigen Genuß der Musik zu ordnen. Diese müßte geläutert sein. Heute – inmitten dieser traurigen »Theatrokratie«, zu der Athen geworden ist – ist sie nur noch eine Gelegenheit, die gemeinsten und dümmsten Gefühle zu erregen; wie ihre Gefährtin, die Dichtung, ahmt sie sklavisch die Bewegungen des Begehrens nach und findet Gefallen an den Delirien der Phantasie. In diesem Fall wird sie durch ihre Strenge die *Kontrolle* über diese und jenes sichern. Sie wäre Dienerin der Vernunft, nicht der Leidenschaft.

Da haben wir nun die auserwählten Hüter. Wie müssen sie leben, damit auf keinen Fall die Gefahr besteht, daß die Macht der Begierden sie wieder unterwirft. Sie werden in ihrem Gemeinwesen die Bedingungen der patriarchalischen Stadt wiederherstellen. Sie werden nichts haben, was nicht gemeinschaftlich ist. Sie werden zusammenleben, ohne daß ein jeder das mindeste Eigentum hat. Sie werden den Gebrauch des Geldes nicht kennen und keine andere Beschäftigung haben, als durch wiederholte Übungen ihren Mut und bald auch ihr Wissen zu stärken. Das Volk von Ackerbauern und Handwerkern – die »Nichterwählten« –, die in Frieden unter ihrem Schutz leben, werden für ihren Unterhalt sorgen. Die Hüter sind die Krieger, die nach innen die gerechte Ordnung sichern und nach außen die Integrität der Stadt verteidigen, ohne jemals anzugreifen.

Diese Vorschriften sind jedoch, so genau sie sind, unzureichend. Da es darum geht, wirksame Arbeitsteilung innerhalb des Staates zu definieren, wollen wir bis ins Letzte gehen und nicht zögern, die wahren Probleme aufzuwerfen. Die Gesellschaftsordnung, die gleichzeitig die Bedingung und das Abbild der *Wissenschaft* ist, muß die *organische Einheit* jener Vielfältigkeit, welche die Stadt darstellt, erhalten. Es empfiehlt sich also, alle Faktoren zu beseitigen, die die Gefahr mit sich bringen, diese Einheit aufs Spiel zu setzen.

Ein Element der Uneinigkeit ist ausgeschlossen worden: von nun ab könnte es keine Konflikte um den Besitz von Reichtümern geben. Die Ackersleute und die Handwerker besitzen nichts als ihre »Arbeitskraft«, die sie der Gemeinschaft zur Verfügung stellen. Die Hüter haben ebenfalls kein Gut und bieten allen ihre besonnene Tapferkeit. Es bleibt ein letztes Hindernis: die Familie, die sich auf die Teilung der sexuellen Betätigung gründet.

Wenn Sokrates diese Frage in Angriff nimmt, vervielfacht er seine Behutsamkeit: er weiß, daß er seine Gesprächspartner schockieren wird; aber er weiß auch, daß er so weit gehen muß, wenn er seinen Beweis erbringen will. Er weist zunächst nach, daß man die Frauen nicht länger von der »politischen Arbeit« ausschließen sollte; zweifellos bestimmt die Natur sie nicht für dieselben Aufgaben, wie die, die normalerweise von den Männern ausgeführt werden. Ist das ein Grund, sie überhaupt nicht an dem gemeinschaftlichen Unternehmen teilhaben zu lassen? Sie können, je nach ihren Fähigkeiten, die qualitativ genauso groß sind, wie die der Männer, ebenfalls Kriegerinnen oder Herstellerinnen sein. Dann legt er mit derselben Unnachgiebigkeit dar, daß man das Prinzip der Gemeinschaft der Frauen (und der Männer), das heißt, der Gemeinschaft der Kinder zugestehen muß. Die Verwaltungsbeamten würden die Daten und näheren Umstände der (vorläufigen) »Eheschließungen« festlegen: die Sprößlinge, die aus diesen Vereinigungen entstehen, werden in Staatspflege gemeinsam aufgezogen und werden als kollektive Abkömmlinge der vorangehenden Generation betrachtet, die selbst als ein Kollektiv angesehen wird.

So sähe die rationale Polis aus. Adeimantes und Glaukon, die die Beweiskraft verführt hat, stimmen zu. Ist das jedoch alles? Wer ist doch dieses »man«, dieses anonyme, das über die Auswahl der Hüter wacht und über die »Eheschließungen« entscheidet? Man muß eine neue Etappe hinter sich bringen, die schwierigste, die mehr Widerstand hervorrufen wird als der Kommunismus und die Weiber- und Kindergemeinschaft. Diese abstrakte Konstruktion, diese ideale Genese hat in der Tat nur Sinn, wenn die so definierte gesellschaftliche *Form* nicht nur streng überwacht, sondern auch noch zuverlässig begründet wird. Es genügt nicht, sie der Wirklichkeit der Unordnung, der Erzeugerin von Gewalt entgegenzustellen. Sie muß etwas anderes sein als ein Hirngespinst. Sie muß auf eine andere notwendige und tiefgreifendere Erfahrung jenseits der banalen und zufälligen Erfahrung hinweisen.

Der Philosophenkönig

Kurz, unter welcher Bedingung nimmt der Traum, wenn auch nicht Realität, so doch zumindest Bestand an? Wenn der Philosoph als Regierender oder wenn der Regierende als Philosoph geboren wird, oder dazu wird? Das ist dem Anschein nach wieder eine formale, »utopische« Bedingung: sie bestimmt ein neues Feld, das der ganzen klassischen Metaphysik zugrunde liegen wird. Bleiben wir im Augenblick im Bereich der Logik des Sokrates der *Politeia.* Der Hüter, so wie er bisher definiert wurde, hat eine negative Rolle: er verhindert die Zwietracht. Er vermag nur dann eine positive Funktion zu haben und eine rationale Organisation einzuführen, wenn er diese letztere *kennt.* Er muß *Philosoph* sein. Eine solche Behauptung wird unfehlbar die öffentliche Meinung schockieren. Wie stellen sich die Philosophen im Grunde dar? Auf zwei Weisen: da sind die Träumer, die völlig verloren in ihren Abstraktionen ihre Zeit damit verbringen, absurde Systeme zu konstruieren; da sind die Schwätzer, die Schulen eröffnen, die Jugend mit ihren Scheinargumenten anziehen und vorgeben, in allen Bereichen unwiderlegbare Urteile zu fällen. Die ersten sind untauglich; die zweiten gefährlich. Sicher muß man zugeben, daß dieses Bild des gesunden Menschenverstandes nicht gerechtfertigt ist. Aber diese Situation rührt nicht vom Wesen der Philosophie her, sondern von der Weise, in der sie aufgefaßt wird. Gewiß, die Philosophen scheinen zu träumen; aber das kommt daher, daß sie weiter sehen. Angesichts dieses Unverständnisses lassen sich die weniger Widerstandsfähigen unter ihnen infolgedessen anstecken. Sokrates selbst nimmt es hin, daß er verspottet wird; Alkibiades erträgt es nicht: er wird von der Demagogie verlockt und benutzt die Fähigkeiten, die ihm das »philosophische Naturell« verleihen, um seine persönlichen Leidenschaften zu befriedigen.

In der Kallipolis findet die Philosophie wieder zu ihrem Wesen. Sie erweist sich als Erkenntnis des Absoluten, als theoretische Tätigkeit, die, indem sie ihre eigenen Grundlagen sichert, sich als unwiderleglich definiert. Aber was erkennt sie eigentlich, und woher hat sie jenes Vermögen, sich in einem Diskurs auszudrücken, der der Prüfung des Dialogs und der immanenten Anfechtung, die dieser impliziert, widersteht? Um auf diese Frage ernsthaft zu antworten, müssen wir zum Vorangegangenen zurückkehren. Wovon sprechen die *Meinungen*? Das wissen wir nunmehr: sie bringen nur die Eigeninteressen und die Launen der Individuen oder der Gruppen zum Ausdruck. Aber welchen Anforderungen unterliegen sie? Die Antwort ist in der Frage selbst enthalten: der Mann der Meinung – der *Philodoxos* – läßt sich von der Welt der Wahrnehmung bezaubern; selbst wenn er berechnet, selbst wenn er sich bemüht, sie zu benutzen, läßt er sich in ihren Fallen fangen; er faßt sie als den einzigen Referenten auf, auf den man sich beziehen kann. Und gerade dieser Unterwerfung verdankt er sein Unglück.

Von daher artikuliert sich die weiter oben vorgestellte Alternative: Gewalt oder Gerechtigkeit – die letztlich politisch-moralischen Ranges ist – auf eine andere Weise. Es geht nun darum, zu wissen, worauf man sich *in der Erkenntnis* verlassen muß. Jene, die sich mit der Naivität guter Gefühle oder der Scheinheiligkeit wirksamer Voraussicht der Wahrnehmung und den Bewegungen der Seele anvertrauen, die jene erzeugt, sind dazu verurteilt, früher oder später positiv oder negativ der Gewalt zu erliegen. Sollen sie diesen Weg gehen und wie der Tyrann Archelaos – der ein entscheidendes Modell im *Gorgias* ist – es auf sich nehmen, nachdem sie getötet haben und meineidig waren, unendlich Angst zu haben!

Die Erkenntnis

Es gibt jedoch einen anderen Weg als den der Brutalität und der Angst. Um ihn einzuschlagen, genügt es, die *Tatsache* zu akzeptieren, daß *Erkennen* nicht einfach *Wahrnehmen* ist. Das ist im übrigen evident: wenn die Kriterien der Wahrnehmung die einzigen wären, auf die man sich berufen könnte, gelangte man inmitten der sinnlichen Welt selbst zur Absurdität. Im *Menon* zum Beispiel, bringt Sokrates ein ungebildetes Kind dahin, daß es allein mit seinen Mitteln ein fundamentales geometrisches Gesetz demonstriert. Die Wahrnehmung, vorausgesetzt man kontrolliert sie mittels einer durchdachten Übung, geht über sich selbst hinaus. Sie ist ihrer Natur nach so zutiefst Erkenntnis, daß sie sich selbst nur als Wiedererkennen erkennt.

Diese Überraschung des wahrnehmenden Bewußtseins, das sich als erkennendes Denken entdeckt, bringt Platon in der Idee des *Anamnesis* zum Ausdruck: die Seele hat schon »gesehen«, was sie in einer anderen Welt entdeckt (oder erfindet), sonst wäre sie unfähig, im Chaos der sinnlichen Qualitäten auch nur die mindeste Auswahl zu treffen. Sie *muß* gesehen haben. Das bedeutet, anders ausgedrückt, daß das *Erkennen* Wahrnehmen von etwas anderem ist als dem Wahrgenommenen; das heißt, Zugang zu einer anderen Welt zu haben, die allein *wirklich* ist, sonst würde alles im Kaleidoskop der Eindrücke und ihres Gleißens zusammenstürzen.

Die neue Erkenntnistheorie – auf die sich die neue Kultur, das heißt die gute Politik, gründet – muß eine Hypothese aufstellen, die noch weniger akzeptabel ist als die vorangegangenen und auf noch aggressivere Weise innovatorisch: daß eine nicht wahrgenommene aber »vernommene« Wirklichkeit existiert, daß es dort Ideen, Wesen gibt, die wirklicher sind als das, was man im allgemeinen für wirklich hält, und die genau der Gegenstand dieses rationalen Wissens sind. Die Erkenntnistheorie biegt ihrerseits ab; sie mündet in eine Theorie des Seins ein.

Am Ende des Buches VI der *Politeia* fordert Platon seine Zuhörer auf, sich einen Abschnitt vorzustellen, der in vier ungleiche Teile aufgeteilt ist, so daß: $\frac{\overline{AC}}{\overline{CB}} = \frac{\overline{AD}}{\overline{DC}} = \frac{\overline{CE}}{\overline{EB}}$.

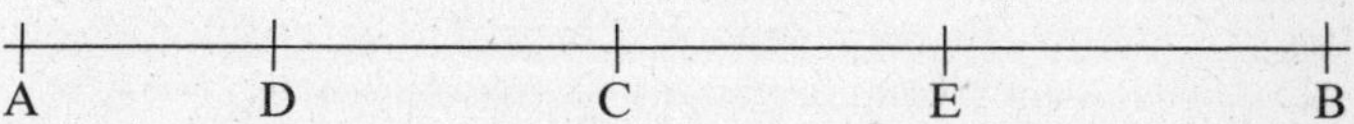

$\overline{AD}$ stellt all das dar, auf dessen Grundlage wir gezwungen sind, Vermutungen anzustellen: zum Beispiel die Spiegelungen von Dingen auf der Oberfläche von Gewässern und Spiegeln, die darstellenden Kunstwerke; das ist die niedrigste Stufe des Seins, die dem Nichtsein am nächsten gelegen ist; hier herrschen Ungenauigkeit, Unbeständigkeit, Verwirrung. Der folgende Abschnitt bezeichnet die eigentlich sinnliche Welt, die Tiere und die natürlichen »Wirklichkeiten«; es ist der Ort der wahrnehmenden Erfahrung; wie schon Heraklit und Parmenides betont haben, wird dieses Universum vom ewigen Strom, der unaufhörlich schafft und vernichtet, mitgerissen; sobald man im Vertrauen auf eine

Feststellung eine Aussage darüber macht, läßt diese ihre Nichtigkeit erkennen: was als seiend gesagt wurde, ist schon nicht mehr; die Farbe und die Form, die man für »wahr« gehalten hat, lösen sich schon auf. Die Wahrnehmung *als solche* ist ohne Wahrheit. Diese beiden Abschnitte bilden zusammen »das Sinnliche« (der *Timaios* wird später versuchen, eine Lehre der Wahrnehmung und der sinnlichen Qualitäten zu konstruieren; er hätte das jedoch genau durch die theoretische Analyse der *Politeia* erhellt). Ihm Vertrauen zu schenken, ist das Los derer, die, von aller Bildung ausgeschlossen, ihre Seele in ihrem Körper schlummern lassen.

Aber die Seele hat die Kraft aufzuwachen. Es genügt, daß Sokrates-der-Zitterrochen beim *Symposion* das Wort ergreift, damit sich die Dünste des Weines auflösen und das Wahre des Eros, des fordernden Denkers, erscheint. Der Abschnitt $\overline{CB}$ ist der des Intelligiblen; es drückt sich im kontrollierten Diskurs aus (es wird nun nicht mehr nötig sein, jene Präzisierung anzuführen: ein unkontrollierter Diskurs ist kein Diskurs, sondern nur der Lärm, den die Leidenschaft macht). Die Untersuchung, die dem Sinnlichen mißtraut, wird sich zunächst bemühen, die Übereinstimmungen herauszuarbeiten, die es ihr erlauben, die intellektuelle Übereinstimmung zu verwirklichen. So verfahren die Gelehrten, das heißt, die Mathematiker, die willkürlich Prinzipien, »Hypothesen« aufstellen, auf denen sich in strenger Folge ihre Beweisführungen entwickeln. Es handelt sich da um ein entscheidendes Moment, da es den Bruch zwischen der Ordnung des Dinges und der des Begriffs anzeigt. Es wäre dennoch ein Irrtum zu glauben, damit sei zugleich das Problem des Status des Wissens gelöst.

Die platonische Reflexion ist hierin für ihre Zeit von einer außerordentlichen Originalität, und für die unsrige von entscheidender Bedeutsamkeit. Man muß als erstes die banale Tatsache betonen, daß die Unterscheidung zwischen Wissenschaft und Philosophie, an die wir gewöhnt sind, sehr neu ist (sie ist höchstens eineinhalb Jahrhunderte alt). Platon, der die Philosophie erfindet, ahnt jedoch sozusagen, daß ein *Modus vivendi* (oder eine Hierarchie) zwischen den Disziplinen hergestellt werden muß, die wie die Mathematik (und später die Physik) verlangen, daß man ihren Entfaltungsbereich akzeptiert, und jener Wissenschaft, die das, vielleicht wahnwitzige, Privileg für sich in Anspruch nimmt, über die Bildung und Handhabe all dieser Bereiche Rechenschaft abzulegen. Platon ist kein Pythagoreer; wenn er es ist, wenn er will, daß man Geometer oder Arithmetiker ist, dann, weil er versucht, jenseits dessen das Wissen zu begründen, welches die Hypothesen derer, die »dem Sinnlichen zu sterben« wußten, in unbestreitbare Wahrheiten verwandelt.

Man muß an zweiter Stelle – es geht um uns – jenen Willen hervorheben: jenen Willen, in dem, was sich aus der theoretischen Ordnung – dem Abschnitt des Intelligiblen – ergibt, das, was einer einfachen Übernahme dieser Ordnung entstammt, von dem zu unterscheiden, was aus einem Willen, diese Ordnung zu konstituieren und als solche zu legitimieren, hervorgeht. Indem die platonische Philosophie annimmt, daß ein Abschnitt $\overline{EB}$ existiert, setzt sie theoretische Tätigkeit in ihren spezifischen Bereich ein. Weil sie seine Lehre nicht verstanden hat und weil sie sich nacheinander (auf eine zufällige Weise) mit den Religionen, den empirischen Disziplinen, den politischen Ideologien kompromittiert hat, kurz, weil sie nicht sorgfältig $\overline{CE}$ und $\overline{EB}$ unterschieden hat, ist die Philosophie, auf kulturell entscheidende Weise, zu dem geworden, was sie ist: ein geschwätziger, pedantischer und unwirksamer Eklektizismus.

Das Gute

Es kommt darauf an, daß die »Hypothesen« bewiesen werden: daß sie nicht die Frucht einer einfachen Übereinkunft sind, sondern Ausdruck dessen, was ist, dessen, dem man mit Berechtigung vertrauen kann. Der letzte Abschnitt ist der des reinen Intelligiblen; er stellt die Welt der Ideen oder der Formen dar. Wir müssen auf die genaue Natur dieser letzten Wirklichkeiten noch zurückkommen. Eben die Bestimmung dieser Natur ist der bevorzugte Gegenstand jener Disziplin, die wir unter der Bezeichnung »Metaphysik« kennen. Im Augenblick können wir nur durch Analogie versuchen zu verstehen, was die Ideen sind, und was ihr Prinzip ist. Genau das ist die pädagogische Funktion des berühmten Höhlengleichnisses, das in der Ökonomie der platonischen Texte, der Analyse des Vergleichs Sonne-Gutes vorhergeht. Der Bereich der Ideen verhält sich zu den wissenschaftlichen Begriffen wie in der sinnlichen Welt die wahrgenommenen Dinge zu ihrer Spiegelung im Wasser und in Spiegeln. Allgemeiner ausgedrückt, die ideale Wirklichkeit in ihrer Gesamtheit unterhält dieses selbe

Verhältnis zum Sinnlichen im allgemeinen. Also hat die Idee einen doppelten Status: sie ist zunächst ein Modell, das von der »wissenschaftlichen« Ordnung auf der Ebene des Diskurses nachgeahmt wird; aber ist sie allgemeiner betrachtet das Paradigma, das von der phänomenalen Gegebenheit nachgeahmt wird? Die Idee ist genau das, wovon der Diskurs der wahren Philosophie redet (wie die sinnliche Gegebenheit das ist, wovon die Meinung spricht).

Demzufolge sind ihre Eigenschaften denen des wahrgenommenen Dinges genau antithetisch. Dieses ist veränderlich, jene ist unwandelbar, sie entkommt der Auflösung, die das Werden erzwingt; dieses ist verworren, jene ist bestimmt, und man kann infolgedessen eine überaus genaue Definition von ihr geben; dieses ist undurchsichtig, jene ist transparent; dieses wechselt sich in zahlreichen Inhalten ab, jene hat formale Reinheit. Das wahrgenommene Ding hängt von der Situation dessen ab, der es wahrnimmt; die Idee ist an sich; das erste schirmt sich gegen das Wissen durch seine Unklarheiten ab, die zweite bietet dem befreiten Geist die vollständige Transparenz ihrer Intelligibilität; das erste ist Chaos, die zweite ist Ordnung. Die Verhältnisse zwischen den Dingen sind dunkel und ungewiß, die Ideen bilden ein System, welches die Dialektik aufdeckt und welches das philosophische Wissen reflektiert.

Das Prinzip dieses Systems, so sagt uns Platon, ist das Gute; dieses sichert die Einheit jener geordneten Vielfalt. Am Ende des VI. Buches der *Politeia* wird das Gute mit der Sonne verglichen; so wie die Sonne hier unten die natürlichen Lebewesen erleuchtet und ihnen Leben schenkt, ebenso organisiert das Gute im Universum des Intelligiblen die Ideen und macht sie erkennbar . . . Dieses Gute ist Prinzip der Wahrheit und der Einheit; und es ist bekannt, daß das, was wir heute den moralischen und den ästhetischen Bereich nennen, für die Griechen ein Ganzes bildet: das Gute ist auch Schönheit. Was es an sich ist, was diese Bezeichnungen umfassen, kann der Diskurs des Menschen, dessen Seele, was auch immer sie tun mag, dem Körper verhaftet bleibt, nicht ausdrücken. Über das Gute muß man mehr noch als über die Ideen mittels Analogie reden . . . Diese Schwierigkeit – »die schönen Dinge sind schwierig«, liebte Platon zu wiederholen –, diejenige letztlich einer zu großen Klarheit, zu groß als daß sie ausgesprochen werden könnte, ist reichlich in der späteren Geschichte des Denkens ausgewertet worden. Die Interpreten des Platonismus, diejenigen, die ihn wiederaufgreifen wollten, wie diejenigen, die ihn unbedingt revidieren wollten, haben die Idee der Ideen, die allein durch Analogie bestimmt ist, durch das ersetzt, was in ihre Lehre paßt: Gott oder kategorischer Imperativ, je nach den ideologischen Momenten.

Wagen wir uns nicht an eine neue Interpretation, die in der Gefahr stünde, ebenso zufällig zu sein. Sagen wir einfach, daß Platon, indem er das Gute zur Sonne der Ideen macht, der sokratischen Auffassung, nach der die Lösung des Problems des (politisch-moralischen) Verhaltens mit der des Problems des Wissens verbunden ist, die ontologische Beständigkeit verleiht: wissen heißt nicht einfach, erkennen was ist, es ist Erfassen dessen, was gut ist, es ist schon das Handeln nach jener Ordnung, die zugleich dem Menschen, der Gesellschaft und dem *Kosmos* entspricht. Das »Vorurteil«, das die gesamte klassische Metaphysik aufgreifen wird, und das Descartes in seiner berühmten Formulierung »es genügt, recht zu urteilen, um recht zu handeln« ausdrückt, ist hier vollständig definiert. Ein Gutes ohne Wissen ist kein *gutes* Wissen.

Kurz, die Folgerung aus der Ordnung des Seins zur Ordnung des Wollens ist gut. Die Diskussion um das Problem der Gerechtigkeit in der *Politeia* mündet in eine politische Analyse, die selber ihre ontologische Grundlage fordert. Die Frage nach dem individuellen Verhalten verweist vermittels der Definition des richtigen Staates auf die Frage nach dem Sein selbst. Von da ab sind die wesentlichen Kategorien der Philosophie gesetzt; samt der spezifischen Probleme, die sie mit sich führen.

Die Erziehung

Dennoch ist der Sieg der Philosophie nicht sicher. Wenn die modernen Pädagogen dem Höhlengleichnis eine derart übertriebene Bedeutung beigelegt haben, daß man meinen könnte, diese mythische Erzählung sei das Fazit der *Politeia,* so, weil sie nicht gesehen haben, daß Platon andere Beweise zu erbringen hatte, gegen die Vielfalt der allgemeinen Meinungen, gegen die Sophisten, gegen die Dichter, gegen die Handwerker, gegen die Politiker, gegen diejenigen, die historische Berichte schreiben. Der Philosoph weiß, daß es Ideen gibt, daß die Wesen existieren. Er weiß, daß man, wenn sie nicht existieren, sich genauso gut der

Unordnung der Animalität preisgeben könnte. Aber diejenigen, die nicht wissen, wissen auch *das* nicht. Es empfiehlt sich also, die Pädagogik zu vervollkommnen. Die normale Folge des Höhlengleichnisses ist die peinlich genaue Beschreibung des *cursus studiorum,* dem diejenigen folgen müssen, die als geeignet ausgelesen wurden, um Verwaltungsbeamte zu werden.

Den Wächter, der die Beweise seines »Willens« zur Gerechtigkeit erbracht hat, wird man die »erweckenden Disziplinen« lehren, jene, die durch ihre Praxis lehren, dem Sinnlichen zu mißtrauen, das Auge der Seele auszubilden. Aber durch diese Tatsache ändern diese Disziplinen ihren Status: sie wenden sich dem zu, was über sie hinausgeht, der Philosophie. Nehmen wir zum Beispiel die Astronomie: der Astronom ist, der allgemeinen Meinung nach, derjenige, der die Himmel, die Sterne und die Planeten betrachtet, der sich in diese Wahrnehmung vertieft und aus dieser Beobachtung Lehren zieht, die er in Form von allgemeinen und wenig konsequenten Aussagen und in absonderlichen und vagen Bestimmungen zum Ausdruck bringt. Philosophisch aufgefaßt, das heißt, nach den Begriffen organisiert, die ihre Tätigkeit leiten, kann die Astronomie jedoch nur die Wissenschaft von abstrakten Körpern in Bewegung sein. Platon nimmt die Beweise von Galilei und Descartes vorweg, indem er deutlich macht, daß jede »regionale Wissenschaft« (nach ihm die Mathematik, die Planimetrie, die Stereometrie, die Astronomie, die »Musik«, d. h. die Wissenschaft der harmonischen Zahlen) ihr Ziel nur erreicht, wenn sie mit den Wahrnehmungsgewohnheiten bricht.

Die »erweckenden Disziplinen« ermöglichen es dem zukünftigen Regierenden, das Intelligible zu »praktizieren«. Aber eine noch weniger gebundene Praxis wird die Wissenschaft vollenden: die Dialektik. Im *Sophistes* und im *Politikos* gibt Platon eine technischere Definition der dialektischen Methode und entwickelt sie in ihren Anwendungen; hier weist er ihr ihre Stelle an. Sie ist die »höchste« Wissenschaft; sie vollendet den *cursus studiorum,* und ihre Anwendung führt zur Erkenntnis der Ideen selbst, die eine *theoria,* eine »Kontemplation« ist. Sie ist vor allem eine Disziplin des Diskurses, jener Form des Diskurses, durch die das Wissen geschieht: des Dialogs. Sie besteht darin, es zu lernen, angesichts jeden in Betracht gezogenen »konkreten« Problems Fragen zu formulieren, vermöge derer das Problem in einer so korrekten Form gestellt wird, daß im Fortschreiten die richtige Antwort nicht ausbleiben kann. Die gute Antwort: jene, die das Wesen selbst zum Ausdruck bringt und die höchste Intelligibilität liefert.

Die Dialektik ist die Übung, die zur Erkenntnis des Wesens und des Systems der Wesenheiten, das heißt, des Guten, führt. Sie ist das eigentliche Werk der originären Philosophie. Hier muß angemerkt werden, daß Platon, wenn er sie auf diese Weise definiert, sich einer Tradition entgegensetzt, welche die Sophisten kultiviert haben. Im üblichen Sinne wird die Dialektik als das Verfahren verstanden, dessen sich der vernünftige Mensch bedient, um durch die Diskussion seine Schwierigkeiten mit seinen Mitbürgern zu bereinigen; sie ist das, vermöge dessen der Mensch, der keine besondere Sachkenntnis besitzt, sich aus der Affäre ziehen kann; was die »Sachverständigen« betrifft – von den Geometern bis zu den Schuhmachern –, eine Sachkenntnis, die sich nur auf sehr begrenzte Gebiete anwenden läßt, so verfügen sie über besondere Techniken. Isokrates, der bei weitem nicht »der miserable Rhethoriker« ist, den Dilthey darstellt, konstruiert gegen Platon eine »Philosophie der Durchschnittsmenschen«, der »aufrechten Bürger«, die diese gemeinsame Perspektive aufgreift; Aristoteles selbst, der Gründer der »neuen Wissenschaft«, der Folge und Negation des Platonismus, der Ontologie, stellt die Dialektik wieder auf die allgemeine Ebene der Wirksamkeit.

Funktion der Philosophie

Indem Platon der Dialektik diese höchste Funktion zuerteilt, definiert er die Philosophie als ein *Sondergebiet.* Sie ist nicht das, was im Grunde den Nicht-Sachverständigen (oder den Sachverständigen außerhalb ihres Sachgebietes) angehört, sondern ein besonderes Sachverständnis, das als solches eine lange und mühsame Lehrzeit erfordert und die Beherrschung eines eigenen Gebietes ermöglicht. Aber dieses Gebiet, das im »dialektischen Dialog«, der fortschreitend die Universalität erobert, zum Ausdruck gelangt, bestimmt die Intelligibilität all dessen, was ist, und all dessen, was zu sein scheint. Der Philosoph ist ein *Spezialist,* aber der *Spezialist des Universalen.* Auf diese Weise ersteht eine andere Tradition, die bald Polemiken hervorruft, deren Bedeutsamkeit erheblich gewesen und geblieben ist: jene Tradition, die die Philosophie spezialisiert, um deren Herrschaft besser abzusichern.

Das Wissen, zu dem »die wahre Philosophie« führt, ist Kontemplation, intellektuelle Anschauung dessen, was sich tatsächlich innerhalb der Ordnung befindet, und der Bedeutung dessen, wo es sich befindet. Der vollkommen ausgebildete Wächter ist Verwaltungsbeamter geworden. Von nun an hat er das Recht, allen Befehle zu erteilen (sie sogar zu belügen, wie Platon im *Politikos* genauer ausführt, um den Schutz der Stadt zu sichern, der zugleich der Schutz all derer ist, die sie bewohnen). Er muß es tun: er ist dazu gezwungen. Zweifellos würde er sich lieber ausschließlich jenem Erkenntnisunternehmen widmen. Aber er weiß wohl, daß er für die Erhaltung des rationalen Staates sorgen muß, sonst würde die sinnliche Verführung sich ohne Zögern durchsetzen, und die Möglichkeit, daß eine »wahre Philosophie« strebt und lehrt, wäre aufs neue ausgeschlossen. Er wird also regieren. Er wird die Gerechtigkeit herrschen lassen: er wird hier unten die Ordnung durchsetzen, die der *Kosmos* erkennen läßt und die die Vernunft bestimmt. Übernehmen wir, um die Auswahl, auf der die Regierung der gelungenen Stadt beruht, recht zu verstehen, die folgende Gesamtauffassung: die Natur hat drei Menschentypen hervorgebracht. Die ersten haben einen Charakter von Bronze: in ihnen herrschen die sinnlichen Begierden, denen sie augenblicklich gehorchen; der Bauch leitet sie. Die zweiten haben einen Charakter von Silber: das Ungestüm regiert sie; sie sind von Natur aus unbesonnen und jähzornig; sie zögern nicht, ihr Leben aufs Spiel zu setzen. Die dritten, von denen wir sagen, sie seien aus Gold, kennen kein anderes Vergnügen als das spekulative Denken. In Wirklichkeit hat jeder Mensch an den Eigenschaften all dieser drei Typen teil; aber es gibt in jedem eine, die vorherrscht. Das Ausleseverfahren, das im jüngsten Alter stattfindet, zielt darauf ab, die vorherrschende zu bestimmen. Die Bronzeseelen, die sich in allem den Anordnungen der Stadt zu unterwerfen haben, werden für den Lebensunterhalt aller sorgen; sie werden der Landwirtschaft und dem Handwerk dienen. Die Seelen von Silber sind fähig, den Hang zum Sinnlichen zu überwinden; aber sie sind nicht imstande, mit ihm zu brechen: der Krieger riskiert sein Leben aus Leidenschaft, aber er weiß nicht, wozu; auch er muß gehorchen. Er wird den Seelen von Gold gehorchen, die die philosophische Erziehung zur Erkenntnis dessen, was wahrhaft ist, führen wird.

Diese Hierarchie des Gehorsams hat den Vorzug, jeden der Typen der Tugend zuzuführen, die ihm zukommt. Wenn er den

Wächtern gehorcht, ist der »Bauch« gezwungen, maßvoll zu sein; wenn es versteht, daß es den Verwaltungsbeamten gehorchen muß, beherrscht sich das »Herz« des Kriegers und übt sich in besonnener Tapferkeit; wenn er die königliche Funktion der Vernunft erkennt, genießt der »Kopf« es, das zu verwirklichen, was er im Tiefsten will. Die Gerechtigkeit ist: keine Tugend, sondern eine Organisation der Tugenden. Die Polis soll also in drei Klassen aufgeteilt werden: jene, die für die materielle Produktion sorgen, jene, die über die Verteidigung des Staates wachen, jene, die verwalten; die Einreihung in jede der drei Klassen ist nicht Funktion von Erbe (das Prinzip der selektiven Erziehung kommt bei jeder Generation zur Anwendung), oder von gesellschaftlichen Gewohnheiten, sondern von Kompetenz. Jeder wird von nun an tugendhaft sein, und die Stadt ist *in geometrischer Weise* harmonisch; jeder kann so leben, wie es ihm gemäß ist.

Er kann *leben.* Das Unglück Griechenlands ist nach Platon, daß es die Bedingungen bestimmt hat, unter denen ein wahrhaft *menschliches* Leben möglich ist, aber daß es niemals die Bedingungen dieser Möglichkeit präzisiert hat. Die *Politeia* schlägt ein Modell vor: es ist aristokratisch. Man würde einen unzulässigen Anachronismus begehen, wollte man es im Namen der modernen Erfordernis von Demokratie verwerfen (oder es mit dem Hinweis auf die zeitgenössische Technokratie befürworten). Die athenische Demokratie, die Platon bekämpft, ist eine Militärdemokratie, die *rechtlich* etwa dreißigtausend Bürgern (*tatsächlich* weniger als zehntausend, wie es scheint) die juristische Möglichkeit einräumt, für vierhunderttausend Individuen zu entscheiden. Was den Vorwurf angeht, Platon sei ein Anhänger, sogar ein Propagandist des oligarchischen Sparta gewesen, so entfällt er schon allein aus dem Grunde, daß in Sparta eine Kaste erblich rekrutierter Krieger herrscht – das Gegenteil von philosophischer Kompetenz.

Gewiß geht es darum, aber dennoch auch um etwas ganz anderes. Die *Politeia* bietet nicht nur eine »politische« Lösung: sie verbindet mit dieser Lösung eng eine Theorie des Wissens, eine Auffassung von dem, was ist, des Status des Tieres Mensch und seines Werdens im *Kosmos* . . . Der Zugang zur Philosophie ist politisch (im weiten Sinne); es ist die Frage der Gerechtigkeit, mit der begonnen werden muß. Aber die Philosophie ist schon über die Politik hinaus: sie ist nur von ihr abhängig, weil sie sich an ihr nährt.

Wenn sich der Mensch der Gewalt – dem begangenen oder erlittenen Unrecht – entziehen kann, so empfiehlt es sich, daß er weiß, wozu er sich verpflichtet: zum Denken. Jedoch das Denken, das »eine schöne Sache ist«, ist schwierig. Und man muß das Ganze denken: das Denken selbst und seine Möglichkeiten.

IV. Die Ordnung des Seins

Sensibel und intelligibel

Die Möglichkeit ist an erster Stelle die Existenz der Ideen selbst. Man muß sofort präzisieren: der *abgetrennten* Ideen. Die Konstituierung der Philosophie als grundlegendes Wissen – in dieser Hinsicht hat sich nichts geändert (und kann sich nichts ändern) seit Platon – setzt die Wirklichkeit des Intelligiblen voraus (oder, wenn man so will, die Wirklichkeit der Idealität, das heißt, die Idealität des Wirklichen). Aber die anfängliche, platonische Philosophie verleiht den Wesenheiten einen Status, der einen artikulierten Komplex von Problemen stellt, welche die Metaphysik in ihrer Entwicklung beständig neu formulieren und »lösen« wird. Die Ideen sind nach Platon dem Sinnlichen transzendent: es sieht so aus, als habe der Gründer der Akademie in der Bemühung, die Annäherungen der Nichtphilosophen und der Antiphilosophen wirkungsvoll zu bekämpfen, »bis zum Äußersten« gehen müssen.

Damit der universale Diskurs einen Gegenstand habe, damit er kein leerer Diskurs sei, ist es notwendig, daß die Ideen *sind*. Dieses System und die Sprache, die es zum Ausdruck bringt, sind als solche selbstgenügsam: sie existieren an sich. Sie sind in keiner Weise abhängig. Sie beziehen ihre Rechtfertigung aus sich selbst. Sie bleiben nicht weniger mit dem in Verbindung, was der Mensch in der phänomenalen Welt ist. Der Philosoph lebt hier unten, und die Ordnung, die er zu verteidigen hat, muß er inmitten des Werdens verteidigen. Es ist unvermeidlich, die Frage nach der Beziehung, zum einen zwischen dem, was ist, und dem, was erscheint, und zum anderen, parallel dazu, zwischen dem philosophischen Diskurs und dem der »Meinung«, von neuem zu stellen.

Die aristotelische Kritik wird die Frage bald radikalisieren: sie wird auf diese Weise eine der entscheidensten Fragen der Metaphysik definieren; sie wird die »grundlegende Wissenschaft« dazu auffordern, um den Preis von erheblichen Schwierigkeiten, auf die Theorie der abgetrennten Ideen zu verzichten. Denn der Stagirit glaubt, daß die Immanenz der Wesen in der phänomenalen Wirklichkeit schließlich akzeptabler ist als ihre Transzendenz. Daß diese Transzendenz notwendig sei: darauf hat Platon seinerseits, wie es scheint, niemals verzichtet; auch darauf, daß es nötig sei, zu versuchen, deren Natur genauer zu bestimmen, hat er immer beharrt. Der Einsatz ist beachtlich: er bezieht, wie wir bemerkt haben, zugleich das, was man seither »Erkenntnistheorie« nennt, und die »Ontologie« mit ein. Gibt es zwei Diskurse, die sich sicher in derselben Sprache äußern, sich aber nach verschiedenen Kriterien entwickeln, wobei der eine – der des Wissens – sich als Richter des anderen, aller anderen, einzusetzen vermag? Gibt es zwei verschiedene Wirklichkeiten, die eine wirklich, die andere scheinbar, wobei die Wirklichkeit Vormund der Erscheinung ist?

Kurz, da es Wahnsinn wäre, die, wenn auch prekäre Existenz der Erscheinung zu leugnen, empfiehlt es sich – denn die Aufgabe des Philosophen ist aktuell – die Art der Beziehung zu untersuchen, die die (erscheinende) Existenz und die (wirkliche) Existenz miteinander unterhalten. Um von diesen Beziehungen zu reden, artikuliert sich die platonische Analyse in zwei Hauptrichtungen: die erste ist streng logisch; die zweite hat ontologische Tragweite und manifestiert sich in einem Mythos. Das Sinnliche »hat teil« (*metechei*) am Intelligiblen; es hat *mit ihm* zu tun; es ist davon getrennt, aber diese Trennung – die verworren ist – ist nicht Fremdheit. In einem ersten Sinne ist die Idee (oder das Wesen, oder die Form – im Gegensatz zum Materiellen, das sich verändert und vergeht –) das, was einem Urteil ermöglicht, dauerhaft wahr zu sein. Inmitten dieser der Veränderung unterworfenen Welt kann alles Beliebige über jedes beliebige Subjekt gesagt werden, da kein Prinzip über der Aussage waltet. Die Idee ist jene stabile und transparente Wirklichkeit, vermöge derer ein Subjekt – das Subjekt des Satzes – genau qualifiziert werden kann. »Kallias ist gerecht«: dies ist eine Aussage, die ohne Sinn ist, die der Gegenstand aller Anfechtungen, aller sophistischen Tricks sein könnte, wenn kein Wesen der Gerechtigkeit existiert. Aber »Gerechtigkeit« läßt sich auch anders sagen: zum Beispiel in dem Satz »die Gerechtigkeit ist eine Tugend«. Der Ordnung des kontrollierten Diskurses muß eine Organisation der Wesen entsprechen. Der *Sophistes* und der *Politikos* zeigen, daß die Methode der *Teilung,* der Analyse, anläßlich eines »konkreten« Problems jenes strenge Spiel der aufeinander folgenden Verweise festzustellen ermöglicht, wodurch ein zusammengefügter Komplex von Sätzen eine eindeutige Bedeutung erhält. Man weiß nur dann, was man sagt, wenn man definiert hat, worüber man redet. Worüber redet man? Über nichts anderes als die Wesenheiten und ihre Hierarchie.

Man muß darüber hinaus wissen, weshalb diese »Methode« letzten Endes wirksamer ist, als die Techniken, die die Sophisten und die Rhetoriker anwenden. Innerhalb des Kampfes, den der Dialog darstellt, ist der philosophische Diskurs *besser* als die sophistische Argumentation. Und wenn es so ist, dann deshalb, weil sich in ihm nicht nur eine Ordnung der Gründe, sondern auch eine Ordnung des Seins offenbart. Die Überlegenheit des dialektisch kontrollierten Diskurses, eine Überlegenheit über die anderen Sprachen, die des Politikers, des Dichters, des Wahrsagers, des Handwerkers, des »biederen Mannes«, beruht auf der Tatsache, daß er sich an das richtet, was ist. Der Mythos vom göttlichen Urheber im *Timaios* begründet das geometrische Bild der *Politeia.* Einst gab es zum einen die intelligible Welt, die sich in ihrer unwandelbaren Reinheit erhielt, und zum anderen den »Mischkrug«, ein verworrener Ort, in den sich unendliche Wandlungen ergießen. Den Göttern befahl der Weltenschöpfer, sich die Welt der Wesen zum Vorbild zu nehmen und nach deren Bilde den unbegrenzten Werkstoff zu formen. Das Werk wurde so gut als möglich verrichtet: jene sinnliche Wirklichkeit, die unsere, ist das Ergebnis. Es ist gemischt: der geformte Baustoff, der dem Entstehen und dem Vergehen unterworfen ist, sträubt sich gegen die göttliche Gestaltung; er widersetzt sich ihr beständig und zerstört sie . . . Hier unten zerfasern und verlieren sich die Formen.

Der Status der Idee

Die Idee ist also – wenn wir diesen Komplex von Texten schematisieren – gleichzeitig eine *logische Kategorie*, die das Urteil ermöglicht, ein *Modell* und auch eine *Ursache.* Sie ist das zugleich logische, epistemologische und wirkliche Prinzip der Intelligibilität. Platon läßt sich keineswegs von den Dunkelheiten verlocken, die seine Auffassung von der »Teilhabe« von Wesen und Erscheinung bietet. Im *Parmenides* zwingt sogar der alte Philosoph den jungen Sokrates, bis zu den letzten Implikationen der Theorie zu gehen, die er vorschlägt: man muß annehmen, um rigoros zu sein, daß jeder sinnlichen Gegebenheit eine Idee entspricht, die deren Ursache und Grund ist, daß jede dunkle Beziehung zwischen »Dingen« eine ideale durchsichtige Beziehung zum Vorbild hat, kurz, daß ein intelligibles, geordnetes, vereinheitlichtes Duplikat der phänomenalen Unordnung existiert. Es wäre also nötig, daß es eine – schöne, klare und ins System des Guten integrierte – Idee von Haaren, Kot und Schmutz gibt.

Aristoteles, um es noch einmal zu sagen, nimmt diese Problematik auf und schließt, daß man auf die Theorie von den abgetrennten Ideen verzichten muß. Das Bewundernswerte an der platonischen Auffassung ist, daß sie sich von dieser abstrakten Alternative nicht einfangen läßt, daß sie an der Schwierigkeit festhält und versucht, deren Konsequenzen auf den verschiedenen Ebenen, auf denen sie sich darstellt, zu entwickeln.

Die Dialoge, die als Dialoge der Reifezeit bezeichnet werden, der *Theaitetos,* der *Parmenides,* der *Politikos,* der *Timaios,* der *Kritias* und der *Philebos,* legen das »Unlogische« an der Theorie der »Teilhabe« dar und übernehmen die Verantwortung dafür. In Wahrheit scheint sich eine doppelte Bewegung zu vollziehen: auf der einen Seite führt die Besorgnis, die der Philosoph haben muß, sich im Sinnlichen wiederzufinden, ihn dazu, dieses als ein »Gemisch« zu betrachten – ein Gemisch, kein unbestimmtes Durcheinander –, in dessen Innerem die Spuren des Intelligiblen, die Ursache und das Vorbild, entdeckt werden können; auf der anderen Seite zwingt ihn die Notwendigkeit, dem philosophischen Wissen, das analogisch und formal ausdrücklich von der *Politeia* definiert ist, einen wirklichen Inhalt zu verleihen, dazu, dem Intelligiblen eine größere Beständigkeit zu geben, die neue Wissenschaft *stofflich* zu entfalten, um sie dem falschen Wissen, das auf Meinung beruht, besser entgegenzusetzen; zugleich gründet sich ein anderes »Gemisch«, das äußerlich das Aussehen der Diskurse von Gelehrten hat, das aber seine Legitimität nachweist.

Das Sinnliche ist nicht mehr der Nicht-Intelligibilität ausgesetzt, die es dennoch charakterisiert; das Intelligible reduziert sich nicht auf einen reinen Formalismus, der dennoch weiter zu seinem Prinzip gehört. Die Teilhabe-Trennung des Theoretischen (der Philosophie) und des Empirischen (des alltäglichen Daseins) verweist auf wahre Fragen, das heißt, Fragen und Antworten, die berechtigt, zumindest korrekt formulierbar sind.

In bezug auf die erste Bewegung, die versucht, das zu *assimilieren,* was in der phänomenalen Gegebenheit dem Wesentlichen ähnelt, scheint der *Philebos* ein gutes Beispiel für das platonische Vorgehen zu liefern. Das Problem, das gestellt wird, ist »konkret«: es geht um die Lust als Kriterium des Urteils und des Verhaltens. Die Subtilität der Argumentation, die Fülle von Verweisen deuten an, wenn das noch nötig war, daß die Angelegenheit wichtig ist. Die Intellektuellen diskutieren unaufhörlich darüber; der neue Mensch hat sich von den engen Verboten der Religion befreit; eine neue revolutionäre Positivität hat eingesetzt, die die »Rechte« der Natur gegenüber den traditionellen Vorschriften geltend macht; muß man deswegen meinen, »die Lust sei uns das Vorzüglichste im Leben, und die Neigungen der Tiere [...] gültigere Zeugen«?[1] Gerade hier erweist die platonische Methode – die Dialektik – ihre Überzeugungskraft: mehr noch als in den sokratischen Dialogen spielt der Text nacheinander geeignete Beispiele des »Konkreten« durch, Schlußfolgerungen, terminologische Reprisen; er vermengt Widerlegungen der »Disputierer« und logische Analysen. Im Schluß weist er der Lust ihren Platz dort zu, wo er ihrer eigenen Intelligibilität nach sein muß, wenn man als Grundlage die Hypothese der Ideen akzeptiert. Lächerlich und einseitig sind die Hedonisten, ganz genauso wie die Frommen; man muß die Lust ihrem Wesen nach definieren, ein Verfahren, das nur dann einsetzen kann, wenn man bereit ist, die »gewöhnliche Vorstellung« von Lust zu kritisieren, eine Vorstellung, auf deren Grundlage die Erörterungen und Praktiken der Lust sich bisher auf eine verworrene Art entwickelt haben ...

Der *Philebos* löst eine moralische Frage. In einer analogen Sichtweite stellt der *Theaitetos* ein Problem, das die Erkenntnistheorie betrifft. Gewiß hatten die sogenannten sokratischen Dialoge Fragen dieser Art schon angeschnitten: gewiß waren sie kaum »schlüssiger« als der *Theaitetos.* Dennoch tut sich hier ein neuer Aspekt auf, der eigentlich dialektische Aspekt. Jene begnügten sich damit, die *Meinung* in der Falle ihrer Widersprüche zu fangen; mit dem nun ausgearbeiteten logischen Instrument versehen, widerlegt dieser Dialog die Thesen der Theoretiker, die schon über diese Frage reflektiert haben. Hier wird insbesondere die

1 Philebos, 676.

Kritik, die der *Protagoras* schon entwickelte, an der Auffassung, nach der »der Mensch das Maß aller Dinge ist«, wiederaufgegriffen; aber diesmal wird sie auf ihre Grundlage bezogen, die laut Platon die heraklitische Vorstellung von der universalen Bewegung ist: wenn man tatsächlich zugeben muß, daß es dem Menschen, so wie er seiner empirischen Wirklichkeit nach ist, überlassen ist zu urteilen, was gut ist und was schlecht, was wahr ist und was falsch, so deswegen, weil das gesamte Sein vom unaufhörlichen Strom des Werdens fortgerissen wird, und weil jede Aussage, die in einem Augenblick für diesen wahr ist, es nicht mehr für einen anderen ist und im folgenden Moment aufhört, es für irgendeinen zu sein ... Kurz, Platon stellt seine Lehre als »Überschreiten« und als Lösung der schon entwickelten Theorien dar: nicht nur jener der Sophisten und der Parteigänger des traditionellen gesunden Menschenverstandes, sondern auch derer, die er jeweils mit Heraklit und mit Parmenides in Zusammenhang bringt, dem Verfechter der unbegrenzten Bewegung und jenem der ewigen Unwandelbarkeit; er zeigt dialektisch durch eine Analyse des Wissensbegriffs selbst, daß die einen wie die anderen es sich letzten Endes versagen, überhaupt ein gültiges Urteil zu fällen. Er folgert nicht, aber er begründet klar, was das Wissen nicht ist, nicht sein kann: weder Wahrnehmung, noch einfach wahres Urteil (im Sinne der *Meinung*), noch auch wahres Urteil, das von seiner Rechtfertigung begleitet wird. Die Konstituierung der Erkenntnis setzt keine partielle Umgestaltung der Aussagemodalitäten voraus, sondern eine völlige Veränderung des Geistes. Darauf deutet im *Theaitetos* das Wiederaufgreifen des berühmten, im *Sophistes* aufgestellten Gegensatzes zwischen den »Erdgeborenen«[1], die es nicht schaffen, sich von den Leidenschaften freizumachen, und den »Freunden der Ideen«[2], die kein anderes Ziel haben, als in sich das göttliche Prinzip zu entfalten ...

Diese beiden Texte, der *Philebos* und der *Theaitetos*, machen, wie es scheint, die erste Aufgabe der platonischen Lehre, nachdem sie ihre Grundsätze definiert hat, überaus deutlich. Es geht zunächst darum, die Wirksamkeit der Ideenlehre gegen diejenigen zu beweisen, die, nicht mehr nur Sophisten, sondern auch »Philosophen«, meinten, darauf verzichten zu können, und das

1 Sophistes, 247 c. (A.d.Ü.)
2 Sophistes, 248 q. (A.d.Ü.)

im sinnlichen Bereich selbst, jenem der Lust als Anleitung des Verhaltens und der Wahrnehmung als Kriterium der Wahrheit. Diese Art von Problematik wird die spätere Metaphysik ausführlich entfalten: die Frage nach der Beziehung zwischen dem Sensiblen und dem Intelligiblen, der Empirie und dem Begriff, wird eines der Hauptprobleme darstellen. Die wird sie, in der zeitgenössischen Epoche, als die entscheidende Frage der »Erkenntnistheorie« erörtern. Vom Universalienstreit bis zu den gegenwärtigen Debatten über die Funktion der »Erfahrung« in der Bildung von Kenntnissen ist es stets die Natur dieser Beziehung, die man zu erhellen sucht.

Aber zugleich (was je nach den Theorien heißt, in Gemeinschaft oder im Wettstreit) gesellt sich zu dieser Arbeit, die danach strebt, die Philosophie auf die sinnliche Probe zu stellen, die Verpflichtung, den »wissenschaftlichen Corpus« selbst auszuarbeiten. In dem Augenblick, wo man die Wissenschaft angesichts der *Meinung* oder der unzulänglichen Philosophien rechtfertigt, empfiehlt es sich, sie zu konstruieren, das heißt, Systeme von Aussagen zusammenzustellen, die streng definierte Gebiete betreffen und dort die höchste Intelligibilität einführen.

Die Kosmologie

Die Struktur des *Timaios* ist in dieser Hinsicht sehr aufschlußreich. Der Dialog enthält nicht nur den Mythos von der »Erschaffung«, den wir schon angeführt haben, sondern auch eine Erzählung über die frühgeschichtliche Situation Athens; er enthält vor allem eine allgemeine Deutung des Universums, dieses lebenden und sichtbaren Gottes, der »zu dem sichtbaren, das Sichtbare umfassenden Leben, zum Abbild des Denkbaren als ein sinnlich wahrnehmbarer Gott, zum größten und besten, zum schönsten und vollkommensten [wurde] dieser einzige Himmel, der ein eingeborener ist.«[1] Hier vollzieht Platon eine wirkliche Deduktion. Sein Ausgangspunkt ist nicht mehr eine Kritik des Sinnlichen und der Überzeugungen, die es hervorbringt. Von den allgemeinen Prinzipien der Intelligibilität ausgehend stellt er fest, wie aus diesen letzteren sich auf Grund ihres Seins selbst, die Wirklichkeit als

1 Timaios, 92 c.

solche konstituiert, wie sie sich dem kundtut, der durch die Dialektik aufgeklärt ist. Er legt damit auch Rechenschaft von den Vorgängen des Universums ab (das lebendig ist, sphärisch, eins und unteilbar und dennoch aus vier Elementen zusammengesetzt: dem Wasser, der Erde, der Luft und dem Feuer); dieses Universum hat auch eine Seele, Harmonie des Selben und des Anderen, Quelle der Bewegung und des Zeitzyklus, die in ihrer schöpferischen Spontaneität die Lebewesen hervorgebracht hat (»der Götter himmlisches Geschlecht [...] das geflügelte, die Lüfte durchschneidende, [...] die im Wasser hausende Art, [...] die dahinwandelnde und auf dem Festland lebende«[1]). Er analysiert bei dieser Gelegenheit den Mechanismus und den Zweck der Sinnesorgane; er begründet die Organisation des menschlichen Körpers. Er erläutert die Ordnung der unbelebten Materie unter anderem durch den Vergleich mit Artefakten: so erfahren wir, wie der Weltenschöpfer aus dem »Mischkrug« heraus, dem anfänglichen Chaos, die verschiedenen Formen der Materie bildete, Formen, die immer komplizierter werden, wie diese ihre sinnlichen Qualitäten erhielten, wie der göttliche Arbeiter den Menschen formte, ein Gemisch von Materialität und Seele. So werden die menschliche Anatomie, Physiologie und Pathologie abgeleitet; daraus ergibt sich eine Therapeutik, die sowohl körperlichen wie ethischen Wert hat.

Ein solcher Text ist für uns erstaunlich. Vierundzwanzig Jahrhunderten von Kommentaren ist es nicht gelungen, ihn zu erhellen. Wir können hier nicht so tun, als würden wir neue Einsichten bringen. Es kommt vielmehr darauf an, drei wichtige Aspekte hervorzuheben. Der erste betrifft die Methode: die sogenannte absteigende Dialektik – das Wiederabsteigen des Philosophen in die Höhle – sollte nicht als einfache Anwendung des Intelligiblen auf die sinnliche Praxis verstanden werden; sie sichert ebenso die theoretische Deduktion des Sinnlichen selbst. Wenn es zunächst nötig ist, den Phänomenen zu entfliehen, dann, um sie um so besser retten zu können; und sie retten, heißt nicht nur – wie wir sehen werden – in dem Bereich, wo sie ihre Herrschaft ausüben, zu handeln, es heißt auch und vor allem, sie von ihrer ursprünglichen Inkohärenz zu befreien und Modelle der Intelligibilität zu konstruieren, die sie denkbar machen. Mit ganz anderen Vorausset-

1 Timaios, 39 c–40 a.

zungen und Zielen definiert Platon hier eine Auffassung, die sich in ihrer methodologischen Bedeutung keineswegs so sehr von dem unterscheidet, was wir seit dem XVII. Jahrhundert *Wissenschaft* nennen. Vergessen wir nicht, daß sich Galilei zunächst als Platoniker verstand.

Der zweite Aspekt steht mit Platons kosmologischer Analyse selbst in Zusammenhang. Aristoteles und die Doxographen beharrten auf der Bedeutung, die die Mathematik für die Akademie besaß; sie haben bei dieser Gelegenheit auf die Existenz einer esoterischen Lehre Platons hingewiesen – welche keine Schrift, die uns erhalten geblieben ist, auch nur angedeutet hat –, worin das Wesentliche an der pythagoreischen Lehre entfaltet und vertieft worden sei. Es gab in Griechenland in der klassischen Epoche religiöse Sekten (eine Religiosität, deren Beschaffenheit wir uns nur mit Mühe vorstellen können), deren Tätigkeit sehr umfassend war und sich bis auf pädagogische und politische Gebiete erstreckte. Die geheime Ausbildung, die diese Bruderschaften weitergaben, wurde durch Initiationsriten unterstrichen, in denen sich vermutlich Theorie und Praxis, Sakrales und Positives vermischte. Die bedeutendsten dieser »Denkgesellschaften« – darunter die pythagoreische – überzogen mit ihrem Netz sämtliche Gebiete, in denen Griechisch gesprochen wurde, von den Ufern des Bosporus bis nach Süditalien und dem östlichen Teil Nordafrikas. Waren nun der Platonismus und seine Institution – die Akademie – in eins dieser Netze integriert? Man hat die Hypothese energisch unterstützt. Ernster zu nehmen ist bei unserem Informationsstand die Ansicht, daß Platon, gegen die Sophisten, gegen die empirischen Politiker, aber auch gegen die Handwerker (»Physiker«, »Ärzte«, »Schausteller der natürlichen Wunder«), der mathematischen und physikalischen Forschung eine sehr große Bedeutung beigemessen hat, und daß er es vorzog, die Teilergebnisse nicht unter das Volk zu bringen, so sehr fürchtete er, daß die *Meinung* sich ihrer bemächtigen und sie töricht verschleißen würde, so wie sie den Sinn der sokratischen Lehre töricht zerstört hatte. Der *Timaios* enthüllt die Grundlagen und die Methode dieser Forschung. Die Verlegenheit, in welche er das Denken setzt, ist nicht minder groß als die, welche jede vertiefte kosmologische Untersuchung bereitet.

Es gibt einen dritten Gesichtspunkt: in einem solchen Text überlagern sich beständig Beweisführung, Rückgriff aufs Imaginäre und mythische Erzählungen. Die platonische Methode ist *beweisführend,* und ihr Werkzeug ist die »Kunst« der Dialektik. Dennoch stützt sich der logische Diskurs häufig auf Bilder oder auf Allegorien; häufig mündet er in mythische Erzählungen. Zu den induktiven und deduktiven Methoden gesellen sich also Verfahren, die auf dem Ausdruckswert von Analogie oder Metapher beruhen. Weshalb macht Platon davon auf diese Weise Gebrauch? Was ist in seinem System die Funktion des Mythos? Gewisse Interpreten wollten um jeden Preis die platonische Methode vereinheitlichen, die einen, indem sie den Mythos auf die Dialektik reduzierten, die anderen, indem sie auf dem mythischen Charakter der Dialektik selbst bestanden. In Wahrheit, und um die Sache einfach zu betrachten, erklärt sich der Rückgriff auf den legendären Fundus, ob er nun als solcher verwandt wird oder in den Dienst der eigentlichen Ziele der Lehre eingespannt ist, aus der Tatsache, daß der Philosoph selbst zum Teil sein eigener Philosoph ist, und daß er sich an Nichtphilosophen wendet. Im Höhlengleichnis wird der Gefangene, der sich von seinen Ketten befreit hat und es bis zur Betrachtung der wahren Wirklichkeit bringt, geblendet von der großen Sonne des Guten. Er gewöhnt sich nur unter Schwierigkeiten an die Klarheit des Intelligiblen. Und wenn er wieder zu seinen Kameraden hinuntersteigt, ist es diesmal die wieder vorgefundene Dunkelheit, die ihm Schwierigkeiten bereitet und ihn in seiner Ausdrucksweise und seinem Verhalten so ungeschickt macht. In den beiden Fällen ist auch die Sprache des Wissens zum Teil unfähig zu *sagen,* was *ist.* Auf zweifache Weise: zu sehr ans Sinnliche gebunden, mißlingt es ihr, die höchste Wirklichkeit ganz auszusprechen; zu weitgehend von ihm losgelöst, hat sie Mühe, das verständlich zu machen, was sie »dort oben« erfahren hat. Das Bild, der Mythos gleichen dieses Ungenügen aus; sie gleichen sie freilich, wenn man so sagen darf, in einem positiven Sinne aus: die Sagenerzählung bereichert die Dialektik, vermehrt ihre Energie und ihre Ausdruckskraft; sie widerspricht der Logik nicht; sie fügt zur Logik der Beweisführung eine metaphorische Logik hinzu.

Die »Geschichtsphilosophie«

Diese Funktion des Mythos offenbart sich am deutlichsten in der Analyse des Schicksals der Menschheit innerhalb des *Kosmos.* Die *Politeia,* der *Politikos,* der *Timaios,* der *Kritias,* die *Nomoi* (die Gesetze) fragen nach den höchsten Zielen der Menschheit, nach der angemessenen Organisation der Gesellschaften, nach den Beziehungen, die zwischen den Problemen, die das individuelle Verhalten stellt, und jenen, die die politische Wirklichkeit impliziert, bestehen. Die platonische Ontologie ergänzt ihre Naturphilosophie um eine »Geschichtsphilosophie«. Präzisieren wir jedoch, daß der hier angeführte Begriff von Geschichte sozusagen nichts mit dem zu tun hat, den wir heute gebrauchen. Im Grunde verfügten die Griechen über gar keinen Zeitbegriff, der ihnen erlaubt hätte, die Aufeinanderfolge von Begebenheiten als einen dramatischen und bedeutungsvollen Ablauf zu begreifen, der ursprüngliche Ereignisse hervorbringt. Das bevorzugte Bild, das ihre Zeitvorstellung beherrscht, ist das der Sternenumläufe: ihre »Historiker«-Phantasie ist nicht vom Schema des ausgerichteten Vektors beherrscht, der von den Ursprüngen zum »Ende der Zeiten« führt, sondern von der Kreisbewegung. Das will jedoch nicht sagen – wie man sehr häufig behauptet hat –, daß die griechische Kultur dem Faktum der Historizität gegenüber verschlossen war. Werke wie die des Herodot und des Thukydides zeugen von dem Interesse, das sie für den Sinn der politischen Zusammenstöße, für die Kämpfe hatten, die die Städte, die Reiche sich gegeneinander wenden ließen. Später schaffen die *Politik* und *Die Verfassung Athens* von Aristoteles Sammlungen von *Verfassungsgeschichte.* Und Platon fragt sich seinerseits nach der Möglichkeit, welche das menschliche Handeln im Kampf mit dem Werden birgt.

Die platonische »Geschichtsphilosophie« enthält drei artikulierte Momente. Buch VIII der *Politeia* untersucht die Modalitäten des Verfalls; es verdeutlicht die negativen Auswirkungen des verderblichen Werdens; es enthüllt den Prozeß, durch den sich diese Verderbnis vollzieht, und verweist damit auf die Mittel, mit denen man sie bekämpfen kann. Der *Politikos,* der *Timaios* und der *Kritias* stellen in mythischer Form die Einfügung des Menschen in das Werden dar, die Folgen, die diese hatte haben können, und die Lehren, die man daraus ziehen kann. Die *Nomoi* entwerfen eine Stadt »zweiten Ranges« und unterbreiten vielleicht den endgültigen Stand der politischen Lehre des Platonismus.

Buch VIII der *Politeia* beginnt mit einem sehr dunklen Text: Platon erläutert hier die Ursachen, die unfehlbar die Auflösung der idealen Polis nach sich ziehen müssen, vorausgesetzt, es ist geglückt, sie zu errichten: die Verwaltungsbeamten werden aus Unachtsamkeit vergessen, die Regeln einzuhalten, die über die Eheschließungen, das heißt die Zeugungen wachen. Das Ergebnis wird sein, daß sich in die führende Klasse »Charaktere von Silber« mischen werden, die mehr darauf bedacht sind, ihren persönlichen Wert als Krieger zur Geltung zu bringen, denn über das Wohl des Staates zu wachen. An die Stelle der Aristokratie des Wissens setzt sich allmählich eine timarchische Oligarchie, die Herrschaft einer Minderheit, die allein dem Prinzip der militärischen Ehre gehorcht. In diesem Stadium ist der Schutz der Stadt noch gesichert: die Ordnung herrscht, aber die Grundlage der Ordnung beginnt, sich aufzulösen.

Die herrschenden Krieger – die Anspielung auf Sparta ist deutlich – werden Beute anhäufen; aber in ihrer Ehrbegeisterung werden sie dieses elende Produkt ihrer Tapferkeit verbergen. Die Söhne dieser Menschen werden durchaus nicht dieselben Skrupel haben: sie werden von den Vorteilen, die der Reichtum gewährt, profitieren wollen. Auf die Timarchie wird die plutokratische Oligarchie folgen. Der Staat wird in zwei Klassen geteilt: die Reichen, Abkömmlinge der Krieger und Eroberer, und die Armen. Das Verlangen nach Genuß wird so stark sein, daß die ersteren immer offensichtlicher ihre Macht zur Schau tragen, während die zweiten immer unerträglicher im Elend ihrer Lage versinken; bis zu dem Augenblick, da das Volk über das Elend und die Leiden außer sich gerät, sich erhebt, über die von Vergnügungen geschwächten Regierenden triumphiert und anarchisch zur Aufteilung der Güter schreitet.

An die Stelle der Plutokratie setzt sich dialektisch (im Hegelschen Sinne) die Demokratie. Platon genießt es, die ihm zufolge aufgeblasene und sittenwidrige Staatsform zu beschreiben, die Sokrates umgebracht hat und sich weigerte, auf seine Lehre zu hören. Eigentlich enthält die Demokratie keine Verfassung: so wie sie jedem, gleichgültig wem, die Macht überträgt, über alles, gleichgültiger was, zu entscheiden, wie sie die Regel der *Kompetenz* mißachtet, ist sie eine »Trödelbude von Staatsverfassungen«[1]. Jeder interpretiert das Gesetz nach seinem Belieben; die indivi-

1 Politeia, 557 d. (A.d.Ü.)

duelle Leidenschaft setzt sich durch; die Unordnung wird zur Norm. Die Gemeinschaft zerfällt in einander widersprechende Interessen; der Staat ist im Begriff unterzugehen . . .

Die Gefahr ist so groß, daß das Volk, das der schrankenlosen Zügellosigkeit überdrüssig ist, sich einem Manne ausliefert, dem es die Aufgabe überträgt, die Einheit wiederherzustellen. Die Folge der Demokratie ist die Tyrannei. Auf die – ohnmächtige – Macht aller folgt die Macht eines *einzigen,* der aufs Geratewohl den Umständen nach ausgewählt wurde. Es gibt keine Ordnung mehr, es gibt kein Gesetz mehr, sondern nur noch den Willen eines Individuums, das nach seinen Interessen (und denen seiner Freunde), nach seiner Laune entscheidet. Die Tyrannei ist der Gipfel der Irrationalität: das chaotische Werden hat gesiegt. Das Wissen wird ausgeschlossen: der Tyrann ist der genaue Gegensatz zum Verwalterphilosophen. Jener schafft das Gesetz nach seinem Willen; dieser will, was das – in das Intelligible eingeschriebene – Gesetz fordert.

Dieser Diskurs über den Verfall ist, wie man sieht, eine Lektüre, die zugleich eine institutionelle Analyse mit einer psycho-sozialen Interpretation verbindet. Er konfrontiert den Bürger mit den Problemen, die notwendigerweise in den sinnlichen Staaten, die dem zersetzenden Wirken des Werdens unterworfen sind, auftauchen. Aber was hat es mit diesem Werden selbst auf sich? Wie und weshalb wirkt es? Wählen wir, um der Klarheit willen, aus den verschiedenen Versionen, die Platon zu diesem Problem liefert, die Formulierung des *Politikos.* Einst, vor sehr langer Zeit, als die Welt sich »in die richtige Richtung bewegte«, wurden die Menschen direkt von den Göttern regiert. In diesem Goldenen Zeitalter war eine politische Verfassung überhaupt nicht nötig: die göttliche Eingebung kam dafür auf. Die Jahreszeiten waren so gemäßigt, die Natur war so günstig, daß alles im Überfluß vorhanden war; und zugleich gab es keinen Konflikt, weder zwischen den Menschen und Tieren, noch zwischen den Menschen untereinander. Im Zeitalter des Kronos – der Gottheit, die nach diesem Sagenbericht damals herrschte – war die Transparenz vollkommen: die Kommunikation zwischen der Natur, den Tieren und der Menschheit erfolgte ohne Hindernis.

Nun geschah es, daß »der Steuermann des Ganzen gleichsam den Griff des Ruders fahren[ließ] und [. . .] sich in seine Warte zurück[zog]. Die Welt aber bewegte nun wiederum rückwärts das

Geschick und die ihr eingepflanzte Begierde«[1]. Daraus folgte eine Umkehrung der Welt; ein tiefgreifender Stoß durchschüttelte sie; ganze Arten wurden vernichtet; das Prinzip der Materialität gewann die Oberhand; die Unbestimmtheit seiner Unordnung zwang der Forderung nach Ordination ihre Kräfte auf. Die Menschen – die die Umwälzung überlebten – wurden in die Animalität zurückgeworfen: in der Not mußten sie sich neu organisieren, Prinzipien des Zusammenlebens erfinden, sich gegen eine fortan feindliche Natur wehren. Die Götter, die nicht ganz abwesend waren, schenkten ihnen das Feuer und das Gewerbe. Aber nun mußte sich die Menschheit auf sich selbst verlassen um zu überleben.

Die Philosophie und der Entzug der Götter

Was besondere Techniken betrifft – wie die des Landwirts und des Schmieds – halfen sie sich selbst aus der Verlegenheit. In der politischen Kunst, der wesentlichen Kunst, von der alle anderen abhängen, hatten sie keinen solchen Erfolg. Denn es ist leider nicht wahr, daß die Gottheit, wie Protagoras behauptet, jeden auf diesem Gebiet befähigt. Die Wirren, die Konflikte, die seit dem Zeitalter des Zeus die Städte zerreißen, beweisen es.

Was gedacht werden muß, ist der Entzug des Gottes, die Distanz, die seither den Menschen von seiner Eingliederung in den Kosmos entfernt. Der *Kritias* beschreibt die Kämpfe, die unlängst – zu Beginn der Herrschaft des Zeus – Atlantis, das von einer strengen aber abstrakten Rationalität beherrschte Königreich, und Athen, das damals von den Regeln der richtigen Proportionalität regiert wurde, miteinander konfrontierten; die Bücher III und IV der *Politeia,* der *Timaios* und das Buch III der *Nomoi* analysieren das Entstehen der politischen Gesellschaft.

Der Sinn dieser verschiedenen Texte ist, wie es scheint, wenn man das Wesentliche aus ihnen herauszieht, daß es keiner Lehre, keiner Praxis bisher gelungen ist, den Entzug des Gottes auszugleichen. Die Aufgabe der »wahren Philosophie« ist gerade, von diesem Versagen und seinen Ursachen genaue Kenntnis zu nehmen und einen Diskurs zu konstruieren, vermöge dessen es theoretisch und praktisch, so weit es geht, möglich wird, die Fortdauer

1 Politikos, 272 e.

des Göttlichen im Menschen, das heißt, die Macht der Rationalität zu sichern. Das Buch VIII der *Politeia* ist gleichsam eine Lektion in politischer Technik: in jedem Entwicklungsstadium, und wie es mit der zersetzenden Kraft des Werdens (der Welt »im üblichen Sinne«) auch aussehen mag, lassen sich zwischen den Zeilen die institutionellen Vorkehrungen herauslesen, die gut informierte Regenten treffen müßten. Der *Politikos* verfährt nicht anders. Und die *Nomoi,* nach deren Modell der Staat »ersten Ranges« von der *Politeia* errichtet wurde, erforschen sorgfältig die tatsächlichen Bedingungen für das Überleben einer Polis.

Es ist eine Stadt »zweiten Ranges«. Diejenigen, die sie regieren, sind im Besitz des Wissens; die Regierten – in der Hypothese, die Platon aufstellt: die Gründung einer Kolonialstadt – sind nicht ausgewählt worden. Kleinias, der Kreter, Megillos, der Spartaner, und ein anonymer Athener unterhalten sich über die beste Verfassung eines solchen Staates. Das wesentliche Prinzip der *Politeia* wird beibehalten; es geht darum, in Übereinstimmung mit der Vernunft, das heißt, mit der Gerechtigkeit, eine Einheit einzurichten, die aus verschiedenen Elementen (Geschlechtern, Charakteren, Berufen) zusammengesetzt ist. Der Zweck dieser Organisation ist, die Fortdauer der Gemeinschaft zu sichern und sie, indem man sie beständig stärkt, tugendhaft zu machen. Angesichts der Beschaffenheit der Bürger ist es nicht möglich, die funktionelle Gleichberechtigung von Mann und Frau, den Kommunismus des Besitzes und den der Frauen und Kinder vorzuschreiben. Eine Mischform muß geschaffen werden, die auf die Erfordernisse der Rationalität und auf die sinnliche Natur Rücksicht nimmt. Eine Mischform, die kein *Gemisch* wäre. Die Demokratie liefert das unerfreuliche Bild eines Gemischs; die tyrannische Macht, jene zum Beispiel, die bei den Persern herrscht, erzwingt gewiß die Einheit; aber diese beruht auf einem empirischen Prinzip. Man muß über jenen abstrakten Gegensatz zwischen der Macht aller – die das Fehlen von Ordnung ist – und der Macht eines einzigen – die zufällige Ordnung ist –, hinausgehen. Genau das bestimmt die Verfassung der *Nomoi.* Die Macht des Magistrats umgibt sich mit Sakralität; sie ist verantwortlich für die sorgfältige Regelung des Daseins eines jeden. Die Formel der *Nomoi* ist einfacher als die der *Politeia:* sie berücksichtigt die Verschiedenheit; sie ist dabei nicht weniger gebieterisch. Die zwölf Bücher dieses unvollendeten Werkes bilden eine politische und institutionelle Summe von überraschender Präzision.

Es ist hier in keiner Weise von Interesse, auf die Einzelheiten dieser politischen und moralischen Vorschriften einzugehen. Es genügt, daran zu erinnern, daß das in der *Politeia* aufgestellte Prinzip der »technokratischen Verstaatlichung« beibehalten wird. Es kommt vor allem darauf an, vermöge dieses Textes, der die Anwendung der Theorie auf einen empirischen Fall darstellt, die Rolle hervorzuheben, die Platon der Philosophie inmitten der kosmischen Wirklichkeit zuschreibt. Diese Wirklichkeit läuft, um die Metapher des *Timaios* wiederaufzugreifen, läuft nunmehr »rückwärts«, und obschon sie göttlichen Ursprungs ist, verdirbt die »Materialität« beständig das Werk des Demiurgen. Die Götter haben sich zurückgezogen. Das Werden reißt die Welt unaufhörlich mit sich fort, und keiner der von den Menschen erfundenen Lösungen ist es bisher gelungen, sich der zersetzenden Gewalt entgegenzustellen. Einst konnten zweifellos die patriarchalischen Gesellschaften »die Verwüstungen in Grenzen halten«, da sie den sinnlichen Forderungen nur einen minimalen Zugriff boten. Die Menschheit konnte und wollte sich jedoch nicht an dieses bescheidene Geschick halten. Sie sehnte sich nach »der Zivilisation«; und als sie sich in diese hineinstürzte, begann sie gleichzeitig, deren unselige Folgen zu spüren; sie wollte sich dagegen schützen: Dichter, Priester, Wahrsager, Politiker, »Physiker«, Techniker aller Art gaben vor, Probleme zu lösen, zu deren klarer Formulierung eine entkräftete Tradition nicht einmal mehr gelangen konnte. All jene Praktiker haben versagt: das unglückselige Los Griechenlands bezeugt es.

Die »wahre Philosophie« nimmt nun die Stelle der abwesenden Götter ein. Die Inspiration, die jene, zu den Zeiten, als sie noch da waren, den Menschen eingaben, ersetzt sie durch die Unterweisung; das Einverständnis *mit* der Realität ersetzt sie durch die Erkenntnis *über* diese Realität; da die unmittelbar gerechte Praxis jetzt nicht mehr realisierbar ist, definiert sie den *theoretischen Umweg,* durch den das, was es an Göttlichem gab, geschützt, verstärkt werden kann. Gewiß muß man eine lange Reise unternehmen und die *Utopie*, jene intelligible Welt, akzeptieren, die weder hier noch jetzt ist, die kein Mensch vermißt oder besitzt, und die mißt und richtet. Man muß zugestehen, daß es die Ideen gibt, daß sie im Sinnlichen präsent sind, wie in dem Jenseits, das vom Sinnlichen nachgeahmt wird; daß der Sinn und die Rede ihre Wahrheit im universalen Diskurs haben; daß die Bosheit Unkenntnis des Selbst und der anderen, des Seins selbst ist; daß die Ungerechtigkeit die fundamentale Unvernunft ist, das heißt, mehr als Irrtum, *Dummheit*. Wenn es so ist, ist es unmöglich, den Menschen vom Tier zu unterscheiden, und die Rede ist nichts als Lärm.

Der Philosoph, der den Platz der Götter einnimmt, weist dem Menschen seinen Platz zu: den, der einem Tier zukommt, das spricht.

Die Kraft der Vernunft

Der Schluß aus dem Platonismus ist die Geschichte der Philosophie selbst, das heißt jener Kulturgattung, die durch die Vermittlung der gehobenen Religionen, der in der Renaissance erfundenen Wissenschaft, der politischen Revolutionen sich am Ursprung der heute siegreichen Zivilisation findet. Die platonische Lehre kann auf zweifache Weise angefochten werden. Sie ist historisch bedingt: wir hätten nachweisen können, daß zum Beispiel die ideale Stadt der *Politeia* oder der Kolonialstaat der *Nomoi* in ihrer Organisation »ersten« oder »zweiten Ranges« nur imaginäre Verwirklichungen dessen sind, was die griechische Polis hätte sein sollen (und was sie, wenn man ihren empirischen Status betrachtet, nicht sein konnte); oder auch, daß die platonische Metaphysik von einer Physik und einer Mathematik abhängt, von denen wir jetzt sehr wohl wissen, daß sie als Physik und als Mathematik sehr primitiv sind. Es ist leicht, den Platonismus zu »widerlegen« – oder umgekehrt, dessen Gültigkeit übermäßig zu bewundern, – wenn man ihn in die progressive (oder regressive) Ordnung der Geistesentwicklung setzt. Man kann auch – auf die Hinweise von Platon selbst hin – die Verwirrungen, die Unsicherheiten, sogar die Widersprüche des Systems ausfindig machen; dies ist der offensichtliche Ausgangspunkt der aristotelischen Reflexion; die ganze Metaphysik hat sich seither von dieser Art des Infragestellens genährt; die Kritik des platonischen Idealismus – im ontologischen und epistemologischen Bereich wie in dem der Politik – war (und bleibt) eine der Triebfedern philosophischer Reflexion.

Deren Übungen sind nicht schlecht für die Bildung des Denkens. Sie unterschlagen nur folgendes: daß jede »Widerlegung« Platons, ob sie nun aufgrund des Verweises auf die historische Situation durchgeführt wird, oder aufgrund seiner logischen Unzulänglichkeiten, den Platonismus selbst voraussetzt. Man muß, wie wir seit dem Beginn dieses Kapitels angedeutet haben, sehr viel weiter gehen, will man Platon widerlegen: man muß sich fragen, ob es irgendeinen Sinn hat, zu meinen, es gäbe Göttliches im Menschen und dieses Göttliche manifestiere sich als Vernunft (definiert als diskursive Universalität).

Man muß die Kühnheit besitzen – die, jeder auf seine Weise, Marx und Nietzsche hatten –, im Namen der unnachsichtigsten theoretischen Existenz das Primat der Philosophie zu befragen.

Jean Bernhardt

Aristoteles

Wenn man in Sokrates den Weisen erkannt hat, in Platon den Meister, welche Rolle soll man dann dem zuletzt Gekommenen, der letzten Gestalt in diesem illustren Dreigespann zuerteilen? Zweifellos die des Professors. Und in solcher Gesellschaft liegt in der Bezeichnung eher Tadel als Lob oder zumindest vom Ressentiment geminderter Respekt eher als verständnisvolle Bewunderung. Mit welch einem Gewicht hat nicht das aristotelische System, so sagt man uns, den Fortschritt der modernen Erkenntnis gehemmt. Welch eine Widerstandskraft haben nicht die Vorurteile des gesunden Menschenverstandes und der gewöhnlichen Wahrnehmung dadurch gewonnen, daß sie sich bei Aristoteles mit Hilfe der umfassendsten und genauesten Reflexion organisierten. Muß man nicht diesen didaktischen Hang nach technischen Unterscheidungen selbst für eine ganze vernünftelnde und formalistische Tradition ohne Leben und ohne Fruchtbarkeit verantwortlich machen? Er ist es nicht, auch nicht in der bevorrechtigten Bedeutung der heidnischen Lehre innerhalb einer Kirche, die nicht dazu beiträgt, ihr in den Augen vieler das verschlossene Angesicht von Dogmen zu verleihen, in denen alles schon im voraus gelöst scheint, durch Kunstgriffe, die die Mühe ersparen und die Hoffnung auf alle neue Bemühung auf Diskussion und Forschung bannen. – Denn das Erstaunlichste an diesem Porträt des spießigen und insgesamt grundsätzlich konformistischen Professors des vernichtenden Dogmatismus ist, daß es vollkommen falsch ist. Gewiß hat man das Recht, andere große Philosophen vorzuziehen, und sogar zu meinen, daß es tiefsinnigere gäbe. Man muß jedoch, um mit Sachkenntnis die Gestalt dieses Denkers zu beurteilen, mit der Revision seiner Legende beginnen.

Die Legende

Zunächst einmal ist es offenkundig, daß es dem Aristotelismus niemals gelungen ist, sich im westlichen Denken ein Monopol zu verschaffen und so auf dauerhafte und umfassende Weise die anderen Strömungen zu unterdrücken, die seinen Hauptpositionen häufig sehr entgegengesetzt waren. Die thomistische Adaptation, die aus ihm für die Kirche die *philosophia naturalis* des menschlichen Geistes macht, verleiht ihm eine hervorragende Stellung, aber das geschieht erst – man scheint das manchmal vollkommen zu vergessen – im XIII. Jahrhundert, sein Studium wird erst ein Jahrhundert später Vorschrift für das Lizentiat, und noch später erst, auf dem 1545 eröffneten Tridentinischen Konzil, wurde die *Summa theologica* (Summe der Theologie) von Thomas von Aquin auf dem Altar der Heiligen Schrift zur Seite gestellt; indessen hatte sich die Diskussion der aristotelisch-thomistischen Thesen, die sich nebenbei bemerkt, häufig platonisch-thomistisch nennen könnten, in ungeheurer Breite und Kühnheit entwickelt. Es ist also schwierig, eine vorgebliche Verzögerung der modernen wissenschaftlichen Revolution dem Aristotelismus zur Last zu legen, oder auch sie den mittelalterlichen Universitäten und ihren gelegentlich dekadenten Disputierern anzulasten. Mehr noch, es hieße, sich eine sonderbare und, wir wollen es ruhig sagen, ziemlich veraltete Vorstellung von der Galileischen Revolution machen, wollte man deren Möglichkeit dem Zufall der Jahrhunderte zuschreiben und sie einzig durch die Existenz oder Abwesenheit, welche selbst auch wieder nur unglücklichen oder günstigen Zufälen zu verdanken sind, eines vorgeblich dominierenden Denkregimes bestimmen, und sich damit weigern, sie in der Geschichte der gesellschaftlichen Totalitäten anzusiedeln. Wenn wir eine vorgebliche scholastische Blockierung der Revolution des Wissens beklagen, so wiederholen wir in Wahrheit nur aus Trägheit und Konformismus jene polemischen Argumente, die die Neuerer des XVII. Jahrhunderts nötig hatten, um sich gegen den Konformismus und die Trägheit der gedankenlosen Funktionäre der zeitgenössischen Scholastik zu verteidigen.

Wie steht es mit der Unterwerfung unter die gängigen Vorurteile und mit der naiven Wahrnehmung, durch die sich der Aristotelismus in mißlicher Weise der kritischen Kühnheit der modernen Wissenschaft widersetzt? Ohne auf den Schwierigkeiten zu beharren, denen man bei dem Versuch, die gängigen Vorurteile und selbst die gewöhnliche Wahrnehmung auf eine haltbare und ahistorische Weise zu definieren, begegnen wird, wollen wir zum einen festhalten, daß eine Philosophie keineswegs um so besser und lebendiger ist, je entschiedener sie sich den Intuitionen, Gefühlsweisen und Bedürfnissen eines jeden widersetzt, und zum anderen, daß die spitzfindige Systematisierung der »gewöhnlichen« Erkenntnisse sich niemals ohne eine wirkliche Verwandlung vollziehen könnte, die alle Arten von Umarbeitungen, Korrekturen und Erfindungen neuer Begriffe umfaßte, wollte man nicht nur das unvermeidliche Durcheinander und das Mißverhältnis der zugelassenen Inhalte präzisieren und ordnen. Aber auf diesem in einem gewissen Sinne ziemlich aristotelischen Weg bei Einzelrichtigstellungen stehenzubleiben, ist unmöglich, und Aristoteles zögert nicht, die Gegenrichtung zu den grundlegenden Evidenzen des gesunden Menschenverstandes einzuschlagen, insbesondere was die Bewegung und den Fall der Erde betrifft. Man stellt sich in der Tat zu häufig vor, daß die Alten die Erde spontan im Ruhezustand wähnten, während schon Thales einen solchen Ruhezustand nur als Resultat eines Ausgleichs betrachtete, der die Tendenz zu stürzen neutralisierte: seit den Anfängen der Naturphilosophie waren es die Verfechter der Unbeweglichkeit und Stabilität der Erde, denen es oblag, ihre These zu rechtfertigen, gegen den allgemeinen Glauben an den unendlichen Sturz der schweren Erdmasse. Aristoteles findet sich jedoch nicht mit dem gesunden Menschenverstand ab wie Thales, er widersetzt sich ihm in den Kapiteln über die Erde der Abhandlung *Über den Himmel* mit einer eindrücklichen Beweisführung, die sich gewiß auf die sinnliche Erfahrung stützt, aber in keiner Weise schlicht und einfach akzeptierten Gegebenheiten vergleichbar ist: der Entscheid wird durch den rationalen Fahrstrahl empirischer Beweise notfalls gegen jeden gewöhnlichen und partiellen Ansatz und gegen jede Einzelwahrnehmung, so eindrucksvoll und vertraut sie auch erscheinen mögen, erlangt. Die aristotelische Behandlung der Sonnenbewegung liefert ein klares Beispiel für die Disqualifizierung der Wahrnehmung: auch diesmal wieder im Gegensatz zu dem, was man sich gewöhnlich vorstellt, nahmen die Alten die Sonne als unbewegt am Himmel und in Rotation um sich selbst wahr; es war durchaus möglich, ohne Fernrohr durch die Nebel der Morgen- und Abenddämmerung die Bewegung der größten Sonnenflecken zu beobachten. Aristoteles zieht diese Beobachtung in Betracht, um sie auf eine Illusion zu reduzieren, die er durch die Entfernung erklärt: »Die Sehkraft nämlich, die sich auf einen so großen Weg erstreckt, zittert aus Schwäche. Das ist vielleicht auch der Grund, warum die Fixsterne funkeln, die Planeten dagegen nicht.«[1] Diese

---

1 Aristoteles: Über den Himmel, Buch II 290 a (Gohlke). Die Übersetzung bezieht sich im wesentlichen auf die deutsche Aristoteles-Gesamtausgabe, hrsg. v.

Interpretation erlaubt der Abhandlung *Über den Himmel,* die Sonne dem allgemeinen Gesetz der Sterne zu unterwerfen, die »fest mit den Kreisen mitgeführt werden«[1]. So verfuhr der Philosoph, den man uns so oft als einen vorstellt, welcher die naive Wahrnehmung idealisiert: er wußte ganz im Gegenteil sehr wohl die unwiderleglichen Gegebenheiten des Empfindungsvermögens von den Interpretationen zu unterscheiden, die dem Irrtum und der Erörterung unterworfen sind, er wußte vom Sinnlichen die anfechtbaren Bedeutungen zu trennen, mit denen ein verschleiert gewohnheitsmäßiges Urteil es überzieht.

Kann man schließlich Aristoteles die Ausarbeitung einer Logik vorwerfen, die erst bei den späten Scholastikern, die sich mehr auf die Feinheiten der Theologie richteten als auf das Studium der Natur, deren leidenschaftlicher Beobachter Aristoteles war, dahin tendierte, sich fern vom Leben formal zu komplizieren. Und das, ohne in Rechnung zu stellen, daß sich die Feinheiten eines Formalismus in keiner Weise auf eine sinnleere Turnübung reduzieren; unsere Epoche ist eher als die anderen in der Lage, eine wesentliche Verpflichtung diesem Aspekt der aristotelischen Tradition gegenüber anzuerkennen. Und das ist nur *ein* Aspekt: dem, der sich die Mühe macht, die Werke des Philosophen zu lesen, können sein Reichtum und seine Kraft wahrhaftig nicht entgehen, die vielleicht auf gewisse allzu fügsame Geister überwältigend und sterilisierend wirken, gewissen allzu anders gerichteten Denkern auch lästig sein mögen, jedoch für die größten auf die eine oder andere Weise sichtlich fruchtbar waren. Der Logiker inspirierte Kant, der Biologe Darwin, der Ökonom Marx, um nur die Meister zu nennen, deren Denken noch sehr lebendig unter uns ist, und die alle Aristoteles als einen Stern von bedeutendster Größe betrachteten. Selbst diejenigen, die seine Lehre scharf bekämpfen mußten, haben häufig die schöpferische Kraft seines Denkens gespürt und aus dem Nutzen gezogen, was sie an ihm bekämpften. So Galilei: der Abstand zwischen einer These und jener, die sie negiert und sich durch diese einfache Negation unmittelbar setzt, ist ziemlich gering.

H. Flashar, Berlin/Darmstadt 1965 ff., (wenn sie auch um des französischen Originals willen in der Terminologie zum Teil abweicht). Zitate aus Werken, die in dieser Ausgabe noch nicht erschienen sind, wurden der deutschen Aristoteles-Gesamtausgabe, hrsg. v. Paul Gohlke, Paderborn [2]1957, entnommen. Die Herkunft der jeweiligen Zitate wird ausgewiesen. (A.d.Ü.)

1 Aristoteles: a.a.O., Buch II, 289 b (Gohlke). (A.d.Ü.)

Denn ohne die Originalität des Vaters der modernen wissenschaftlichen Revolution herabsetzen zu wollen, ließe sich leicht nachweisen, wenn das hier am Platze wäre, daß die Hauptkonzeptionen des Mechanismus fast direkt die Gegenpositionen zu jenen der aristotelischen Physik einnehmen. Viele der theoretischen Elemente dieser für die Gesellschaft unserer Zeit entscheidenden Wahl sind schon bei dem ehrfurchtgebietenden Feind gegenwärtig, wenn auch mit einer geringeren Bedeutung und einem anderen Sinn.

Die Arbeiten, die ein ganzes Spezialistenheer heutzutage Aristoteles widmet, scheinen immer mehr dahin zu tendieren, hinter der Gestalt des dogmatischen Professors die Schwierigkeiten, die Bemühungen, die Schattierungen, die Methoden individueller und kollektiver Arbeit eines großen Forschers wieder zu beleben.

Das Werk und seine fortschreitende Ausarbeitung

In diesem Geiste hat man versucht, die Etappen seines Denkens wiederherzustellen, das sich uns in dem massiven Block des zur Zeit Ciceros in Rom herausgegebenen *Corpus* präsentiert. Merkwürdig ist das (romaneske?) Abenteuer, das zu dieser Edition führte: mit ihr taucht ein Aristoteles wieder auf, der, wie es scheint, in der Schule des Lykeion schnell in Vergessenheit geraten war, der von einem Privaterbe ins nächste überging, nicht ohne Schaden zu nehmen, zum Schutz gegen gewisse Begehrlichkeiten in einem Keller von Skepsis in Troas vergraben wurde und schließlich durch die Bemühungen des Sulla von Rom nach Athen überführt wurde. Abgesehen von einigen in Athen und Alexandria bekannten Schriften, war jener technische und »esoterische« Aristoteles – Notizen und Lehrwerke – sehr verschieden von dem, den man bis dahin verwandte: dem der platonisierenden Dialoge und der eloquenten Stücke in der Manier des Isokrates. Man verlor allmählich das Interesse an jenem »exoterischen« Werk, das Cicero bewunderte, und es blieben davon nur einige magere Fragmente erhalten. Der *Corpus* selbst, der es auf diese Weise ersetzt hat, ist, wenn man den Alten Glauben schenken darf, weit davon entfernt, uns die Gesamtheit der technischen Arbeiten von Aristoteles zu bieten; man wird indessen unbesorgt sein, wenn man die wirkliche Bedeutung der Sammlung erwägt und zugleich die Tatsache, daß die drei Werkverzeichnisse, die uns überkommen sind, nahezu ihren Inhalt umfassen. Das vorausgeschickt, stellt sich nicht nur das Problem zu erfahren, wie sich die beiden Aristoteles miteinander verbinden, sondern auch wie der *Corpus* ausgearbeitet wurde, ein weitläufiger Komplex, der nicht immer frei ist von inneren Widersprüchen oder Divergenzen, die man in einer historischen Entwicklung zu verteilen und aufzulösen suchte. Man muß zugestehen, daß die Ergebnisse nicht auf der Höhe des Interesse stehen, welches jener Versuch darstellt, es fehlt an Mitteln analog jenen, die der Text Platons autorisiert, dessen ausgearbeitete Abfassung und organische Ausführung die Anwendung formaler Kriterien, die vom philosophischen Inhalt unabhängig sind, zulassen. Wir werden weiter unten die wahrscheinlichsten großen Linien skizzieren und sie in die allgemeine Biographie des Philosophen, die bekannter ist, einfügen.

Aristoteles, der 384 v. Chr. in Stageira, einer ionischen Kolonie der Chalkidike (des heutigen Tessalonien) geboren wurde, gehörte einer griechischen Familie an, die im Dienste des Königs von Mazedonien stand: sein Vater Nikomachos war der Arzt Philipps. Mit achtzehn Jahren kommt er in die Kulturmetropole Athen, wo er der rhetorischen Lehre des Isokrates die Ausbildung der Akademie vorzieht; er begegnet Platon zum erstenmal nach der Rückkehr von der zweiten Reise nach Syrakus, 365, und verläßt die Akademie nicht mehr bis zum Tode des Meisters etwa siebzehn Jahre später. Damit läßt sich eine erste Periode umgrenzen, die trotz gewisser Uneinigkeiten und einer wachsenden Originalität von einer eindrucksvollen Treue gekennzeichnet ist. Seine ersten bedeutenden Werke sind zweifellos der *Eudemos,* ein Dialog über die Unsterblichkeit der Seele, und der *Protreptikos,* ein Diskurs, der (gegen die Gebrauchsrhetorik des Isokrates) zur wahren Philosophie, zur Kontemplation anregen soll, beide um die dreißig geschrieben. Ein in seinen dualistischsten Thesen verhärteter Platonismus schlägt sich darin nieder, bald jedoch (vielleicht gleichzeitig) interessiert sich Aristoteles mehr für die Systematisierung der Verfahrensweise von Frage und Antwort, die in der Akademie gebräuchlich ist, um eine neue Methode der Dialektik zu konstituieren, die mehr als die Platons auf die Möglichkeit baut, das Wahre aus den allgemein gefaßten Meinungen zu ziehen. Es ist die *Topik,* der zweifellos eine erste Skizze unserer *Kategorien* folgt. Eine Abhandlung *Über Ideen* stellte die platonische Theorie dar und kritisierte sie, indem sie sich wahrscheinlich von den

Diskussionen der Schule leiten läßt, im selben Geiste wie der *Parmenides.* Muß man dieses Werk eher der folgenden Periode zuordnen, ebenso wie die dialektische Untersuchung, die das Buch II der *Politik* bildet, und die Theologie, die in der Abhandlung *Über Philosophie* enthalten ist? Es ist ziemlich schwierig, darüber zu entscheiden. Die ersten beiden Bücher der *Physik* stammen ebenfalls aus derselben Epoche, aus der Zeit um den Tod Platons und den Weggang des Aristoteles.

Der Hauptgrund dieses Weggangs bringt noch mehr die Treue des Aristoteles zum Geiste des Platonismus zur Geltung, wenn es wahr ist, daß Aristoteles allein mit dem neugewählten Meister an der Spitze der Akademie, Speusippos, hat brechen wollen, dessen allzu technisch mathematische Tendenzen er wenig schätzte. Er nimmt die Einladung an, sich einem anderen platonischen Wirkungskreis anzuschließen, dem von Assos in Troas, nördlich von Lesbos; der Philosophentyrann Hermeias von Atarneus, der Herr der Gegend, setzt ihn neben seinen lokalen Reformern Erastos und Koriskos ein. Eine Periode besonders intensiver Forschung und Lehre beginnt nun und setzt fort, was die vorangehende versprach. Nachdem er als Leiter der Schule drei Jahre in Assos verbracht hat, darauf zwei in Mitylene auf der Insel Lesbos, wird Aristoteles 343/342 Erzieher Alexanders; er widmet sich nun hauptsächlich Untersuchungen über die Literatur, vor allem über Homer, die traditionelle Basis der griechischen Erziehung, aber seit 340 wird sein Schüler zu einem aktiveren Leben berufen (er wird im Alter von sechzehn Jahren Regent), und Aristoteles verläßt zweifellos die mazedonische Hauptstadt Pella, um sich, vom Prinzen unterstützt, mit dem Wiederaufbau von Stageira zu beschäftigen, das einige Jahre zuvor von den mazedonischen Streitkräften geschleift worden war; er soll dort bis 335 geblieben sein, nachdem er auch das Werk des Gesetzgebers in seiner Geburtsstadt verrichtet hat. Zu jenem Zeitpunkt ist Alexander König und gibt Griechenland mit äußerstem Nachdruck zu verstehen, daß er an den Eroberungen seines Vaters festhält. Aristoteles beschließt, nach Athen zurückzukehren, aber diesmal, um dort eine Schule zu gründen, die sich deutlich von der Akademie unterscheidet, deren neuer Scholarch seit 340 sein alter Gefährte Xenokrates ist, der kürzlich wie er in Troas aufgenommen worden war. So entstand das Lykeion, in der Nachbarschaft des Apollon Lykeios, später der Peripatos genannt. Diese zweite Periode des Aristoteles, die sich von seinem fünfunddreißigsten Jahr bis zum fünfzigsten erstreckt, ist besonders in ihrem Beginn während der Aufenthalte in Assos und Mitylene sehr fruchtbar, wo sich die biologischen Beobachtungen ansammeln (*Tierkunde, Über Teile der Tiere*, mit Ausnahme vielleicht des Buches I, das möglicherweise ein sehr viel späteres ist, etc.), und wo die *Analytiken* geschrieben wurden (allgemeine Logik und Wissenschaftstheorie), fast die gesamten Schriften zur Physik (die *Physik,* die vielleicht früher begonnen wurde, *Über den Himmel, Über Entstehen und Vergehen*), eine Abhandlung über Moral, die *Eudemische Ethik,* ein Teil der *Metaphysik,* (vor allem die ersten drei Bücher) und ein Teil der *Politik,* (ein Werk, das besonders schwer zu datieren ist). Die Zeit seines Erzieheramtes und seines Aufenthaltes in Stageira hinterließ, bescheidener, einen letzten Dialog *Über Dichter, Homerfragen,* eine Abhandlung *Über das Königtum* und *Verfassungen von 158 Städten.* Ein erster Teil des Scholarchats in Athen kann jener Periode angefügt werden: bis 330 etwa scheint sich Aristoteles tatsächlich damit zufriedenzugeben, seine Kurse von Troas mit, im allgemeinen nebensächlichen, Überarbeitungen zu wiederholen; er ergänzt jedoch seine Schriften zur Physik um die *Meteorologie,* vollendet seine *Politik,* überdenkt seine Ethik neu und verleiht ihr durch die *Nikomachische Ethik* mehr Klarheit und arbeitet seine *Poetik* und seine *Rhethorik* aus (diese letztere ist sehr schwer zu datieren). Vor allem organisiert er das Lykeion zu einem umfangreichen Forschungsinstitut unter der Beihilfe Mazedoniens, die im übrigen vielleicht überschätzt wird, und mit Hilfe spezialisierter Mitarbeiter; so befaßt sich zum Beispiel Theophrastes von Lesbos, sein Hauptschüler und Nachfolger, mit botanischen Studien und zugleich mit der Sammlung von Meinungen, die mit der Physik in Zusammenhang stehen, Eudemos von Rhodos, der Herausgeber der ersten Ehtik, beginnt mit der Geschichte der Mathematiken, etc. Zum erstenmal entsteht im modernsten Sinne eine wirkliche Universität.

Das vorherrschende Kennzeichen dieser Periode, die sich vom Tod Platons bis 330 erstreckt, ist, den qualifiziertesten Interpreten zufolge, eine Art von biologischem Animismus, der sich vor allem für die Einheit der lebenden Welt interessiert und dabei auf allen Ebenen des Lebens den Seelen, den vom Körper unterschiedenen Lebensprinzipien, eine leitende Rolle zuerkennt; das wird begleitet von einem sehr lebhaften Interesse an der irdischen Welt, der praktischen Moral und der Politik, während ein Problem, das, wie es scheint, implizit präsent ist, niemals aufgeworfen wird, nämlich das der Transzendenz der menschlichen Seele über den Körper, dessen sie sich bedient, das Problem eines Teils unserer selbst, der radikal unterschieden ist vom biologischen und praktischen Leben, welches der theoretischen Erkenntnis nicht genügend Unterstützung bieten kann, ja, sich nicht einmal auf seiner eigenen Ebene voll rechtfertigen kann, da die Seelen ohne Erklärung als von der belebten Materie unterschieden dargestellt werden. Es wäre deswegen falsch, um 330 einen wirklichen Einschnitt anzusetzen. Aristoteles greift vielmehr seine erworbenen Kenntnisse wieder auf, um sie zu vertiefen und in äußerster Bemühung zu erneuern. Er verleugnet nichts von der Breite und Vielfalt seiner Interessen: die *Verfassung Athens* (am Ende des XIX. Jahrhunderts wiedergefunden) datiert aus diesen letzten Jahren, ebenso das Werk über die Logik, das unter dem Titel *Hermeneutik* bekannt ist; das Buch I von *Über Teile der Tiere* legt das Studium der »weniger edlen« Lebewesen dar, Studien *Über den Schlaf* und *Über Träume,* die in der vorangegangenen Periode begonnen wurden, werden vollendet, und es kommen andere hinzu, *Über das Gefühl, Über das Gedächtnis.* Aber eine neue Theorie über die Beziehungen zwischen der Seele und dem Körper kommt zum Durchbruch, die Anwendung eines Spiels von allgemeinen Begriffen, Form und Materie, Akt und Potenz, welches Aristoteles schon seit langer Zeit, seit des Aufenthaltes in Troas, beherrschte: es ist die »hylemorphische« Theorie des lebenden Körpers, welche jede substantielle Unterscheidung zwischen dem Körper und der Seele als Prinzip des Lebens unterdrückt, während eine neue Unterscheidung zwischen jener Einheit und dem verstandesbegabten Teil unserer selbst aufkommt, dem absolut immateriellen und ewigen Intellekt (Abhandlungen *Über die Seele* und *Über Zeugung der Tiere*). Gleichzeitig werden schließlich die letzten Bücher jenes Komplexes, den man die *Metaphysik* nennt, ausgearbeitet: die Theorie der Wesenheiten oder Substanzen und des ursprünglichen Wesens, Gottes, des rein aktualen Intellekts.

Aristoteles ist nicht in Athen gestorben. Mitten im Jahr 323 gelangt dorthin die Nachricht vom Tod Alexanders, und die Revolte, die Griechenland unter dem Regenten von Mazedonien, Antipatros, überzog, bricht wieder aus. Obwohl Aristoteles mit der Politik Alexanders wenig zufrieden war, in der man, wie es scheint, allzu voreilig einen grandiosen Universalismus erblickte, statt einer Teilung der Hegemonie zwischen Mazedoniern und Persern und damit eine Art anstößiger Rache der »Barbaren« für Marathon und Salamis an den Griechen, war er nichtsdestoweniger immer der Schützling Mazedoniens gewesen und sogar, genauer, der enge Freund des Antipatros. Er muß vor einer Anklage wegen Gottlosigkeit fliehen und rettet sich auf die Insel Euböa nach Chalkis, der Heimat seiner Mutter. Dort, weit fort von jenem Wirkungskreis von Forschung und Lehre, der seit dem Ende seiner Jünglingszeit den beständigen Rahmen seiner Tätigkeit bildete, stirbt er gegen Ende des Jahres 322 im Alter von zweiundsechzig Jahren. Er hatte gerade noch Zeit, von der Konfrontation Athens mit Antipatros und der Niederwerfung Athens zu hören. Seine letzten Monate der Krankheit, der relativen Einsamkeit und gewiß des Unvermögens, den unaufhaltsamen Niedergang des klassischen Hellenismus zu begreifen, stehen im Einklang mit den letzten melancholischen und enttäuschten Äußerungen, die von ihm überliefert sind. Wenn man sich auch hüten muß, eine Legende durch eine andere zu ersetzen und ein romantisches Porträt von ihm zu pinseln, so kann man doch meinen, daß es nicht schlecht wäre, dieses wenig triumphale Bild im Geiste zu bewahren, um es als symbolisches Gegengift dem hartnäckigen Bild vom Professor entgegenzuhalten, der immer auf alles Antwort gab, gibt und geben wird.

Aristoteles und Platon

Die ersten Forscher, die die geistige Biographie des Aristoteles haben zusammenfügen wollen, bemühten sich, wie wir erinnert haben, gewissen inneren Widersprüchen und Divergenzen Rechnung zu tragen: sie wußten, wie Aristoteles selbst, daß man ein und demselben Gegenstand nicht *zur gleichen Zeit* entgegensetzte Qualitäten zusprechen kann. Aber im vorliegenden Falle laufen die Widersprüche beständig Gefahr, nichts weiter zu sein als inadäquate Äußerungen unzulänglicher Lektüre, welche sich vorübergehend Geltung verschaffen, und in deren Gesichtskreis die Möglichkeit einer Versöhnung, einer höheren Einheit gewahrt bleiben muß. Darüber hinaus, und umgekehrt, ist nicht sicher, ob die eventuell unüberwindlichen Widersprüche gewisser Texte, die Zeichen von Disparatem und Unabgeschlossenem tragen (besonders die der Metaphysik), eher mit aufeinanderfolgenden Überzeugungen des Philosophen in Zusammenhang gebracht werden müssen, als mit einer Forschung ohne Brüche oder Meinungsumschwünge. Unter solchen Aspekten scheint das Interesse der historischen Forschungen mehr und mehr darin zu bestehen, die Untersuchung einer fortgesetzten Entwicklung und Vertiefung zu unterstützen, Züge, die das Denken des Aristoteles wahrhaft zu dem eines Platonschülers machen, das heißt, eines freien Denkers, der zugänglich und umsichtig ist und immer bereit, seine Entwürfe wieder in Arbeit zu nehmen. Man behauptet häufig, unsere Situation in bezug auf Aristoteles sei umgekehrt wie die in bezug auf Platon: von diesem hätten wir fast nur »exoterische« Manifeste, vom zweiten nur »esoterische« Vorlesungen. Was uns betrifft, so glauben wir nicht an die Wahrheit dieses umgekehrten Verhältnisses, oder zumindest scheint uns, daß es eine wichtigere Ähnlichkeit verstellt: der eine wie der andere ist von uns durch eine gewisse Distanz getrennt, im einen Fall durch die Distanz des Dialogs, in dem Platon niemals das Wort in seinem eigenen Namen ergreift, im anderen Fall durch die Distanz, die das Durcheinander und die Unabgeschlossenheit des aristotelischen Corpus geschaffen hat. Es ist jedoch bezeichnend, daß uns ein solcher Abstand nicht der Möglichkeit beraubt, die Bedeutung des Platonismus wahrzunehmen, und wir gehen sogar so weit zu behaupten, daß sich Platon uns, trotz unserer gewiß bedauerlichen Unwissenheit über seinen Unterricht in der Akademie, in seinen Dialogen ganz offenbart. Selbst wenn man, vor allem wegen der chronologischen Unsicherheiten, im Hinblick auf Aristoteles etwas weniger optimistisch sein muß, ist man doch noch, wie wir meinen, in der Lage, sein Denken in seinen grundlegenden Intentionen und seiner substantiellen Einheit darzustellen, vorausgesetzt, man wird sich seiner Originalität bewußt.

Die Begabung des Aristoteles ist grundlegend anders als die seines Meisters, und sehr früh schon schlägt er einen anderen, obschon von den empfangenen Lehren stark gekennzeichneten Weg ein.

Von Platon entlehnt Aristoteles unzweifelhaft die Wurzel seines Ideals der Weisheit und der Wissenschaft, wobei er diese beiden Begriffe eng miteinander verbindet und die Wissenschaft als die wahre und gewisse Erkenntnis definiert, deren vollkommene Festigkeit sich den Schwankungen der unmittelbaren Erfahrung und der Meinungen entgegensetzen muß, oder, was auf dasselbe hinausläuft, als rationale Erkenntnis des Notwendigen, deren vollkommene Klarheit über die ungewissen Feststellungen hinausgehen und den Grund der Dinge aufzeigen muß. Damit ist der Intellektualismus von Sokrates und Platon erhalten, und zwar auf eine sehr bewußte Weise: vergessen wir nicht, daß dasselbe Wort, *eidos*, das bezeichnet, was wir, wenn es sich um Platon handelt, lieber mit *Idee* übersetzen, und das wir in der aristotelischen Unterscheidung zwischen Form und Materie regelmäßig mit Form übersetzen. Aristoteles, der immer darauf bedacht ist, sich in die Fortsetzung früherer Lehren einzufügen, versteht sich bewußt als Fortführer dessen, was wir in einem im Hinblick auf ihn zu einschränkenden Sinne »die Ideenphilosophie« nennen: er gibt vor, diese Philosophie zu vollenden oder zumindest zu vervollkommnen, indem er die Irrtümer seiner Vorgänger eliminiert und die Züge, die er dagegen für gedanklich gut hält, weiterentwickelt. Er billigt Sokrates die Suche nach dem Allgemeinen und der Begriffsbestimmung zu, richtet aber zugleich eine Kritik gegen ihn, die ganz im Sinne Platons ist: Sokrates hatte unrecht, sich auf das Gebiet der Moral zu beschränken. Tatsächlich knüpfte Platon, über Sokrates hinweg, wieder an die frühere Naturphilosophie an, wobei er sie natürlich grundlegend umformte. Das Prinzip dieser antisokratischen Erweiterung des Sokratismus fand die volle Zustimmung des Aristoteles. Nichtsdestoweniger beging Platon in seinen Augen einen entscheidenden Fehler, von dem Sokrates seinerseits frei war: »Den Anstoß zu dieser Entwicklung gab, wie wir schon früher sagten, Sokrates mit seinen Begriffsbestimmungen, nur trennte er diese nicht von den Einzeldingen. Und er tat recht daran, sie nicht zu trennen, wie aus den Tatsachen klar wird. Ohne die Allgemeinbegriffe nämlich kann man keine Erkenntnis gewinnen, aber die Abtrennung ist der Grund für die sich über die Ideen ergebenden Schwierigkeiten.«[1] Diese schwerwiegend irrige Abtrennung erklärt sich folgendermaßen: Platon stand in seiner Jugend unter dem Einfluß des heraklitischen Mobilismus und hatte infolgedessen niemals in der sinnlichen Welt selbst die stabilen Elemente finden können, die die Wissenschaft zu ihrem Gegenstand macht.

Aristoteles versteht sich also platonischer als Platon; er be-

1 Aristoteles: Metaphysik, Buch XII, 1086 b (Gohlke). (A.d.Ü.)

richtigt den Platonismus und nähert sich in gewisser Hinsicht dem Sokrates, um den rechten Weg der wahren Ideenphilosophie zu zeichnen. Es ist genau richtig, daß die Wissenschaft sich auf das Notwendige und Allgemeine richtet, aber in dieser Welt und nicht in der Fiktion einer zweiten, von der sinnlichen Welt unterschiedenen, muß sie es suchen. Wir erfassen so die Originalität des Aristoteles, wie Aristoteles sie selbst begreifen konnte. Aber wie es auch immer mit der Gültigkeit seiner Kritik stehen mag, die man nicht, wie es häufig geschieht, allzu übereilt für naiv erklären sollte, so kann man sich doch nicht mit ihrem Wortlaut zufrieden geben, um den Gegensatz dieser beiden Denker zureichend zu bestimmen. Es ist nicht ein verfehlter Aristoteles, den wirklich in seinem Meister der wirkliche Aristoteles bekämpft; man muß eine Divergenz in Betracht ziehen, die auf der Ebene der grundsätzlichen Vorhaben liegen.

Wenn man tatsächlich eine ideale Genese annimmt, das Voranschreiten von einer absoluten und einzigartigen Quelle, die von oben gebietet, zu einer radikalen Unbestimmtheit der hierarchisierten Bestimmungen von abnehmender Solidität und Präzision, wenn man dieses Schema im Zentrum der Reflexion Platons annimmt, wird man verstehen, daß es auf eine Frage antwortet, die sich Aristoteles nicht stellt. Es ist die Frage, weshalb die Welt das ist, was sie ist, mit all den Bestimmungen, die man im Sinnlichen beobachtet (nicht in der Absicht, sie zu ignorieren), und sie impliziert, daß die Welt nicht ihren eigentlichen Sinn in sich selbst hat: um ihn zu verstehen, muß man daraus nach Platon die Konstitution eines höheren Prinzips der Existenz und der Gesetzmäßigkeit ableiten oder abzuleiten suchen. Bei Aristoteles wäre im Gegensatz dazu die Frage nach dem Ursprung überflüssig, und die Welt genügt sich selbst; mehr noch, es ist zunächst jeder Teil der Welt und jeder Aspekt der Realität, die für sich genommen unteilbare Gegebenheiten sind, autonom, ohne äußere Existenzberechtigung, und unmöglich aus einem anderen, was es auch immer sei, ableitbar. »Suchen, weshalb eine Sache sie selbst sei, heißt überhaupt nichts suchen.«[1] In den Augen des Aristoteles ist die Weltordnung eine höchste Gegebenheit, die an sich evident und an sich notwendig ist in ihrer Unwandelbarkeit: es geht nur darum, sie wahrzunehmen und zu analysieren. Was es zu durchdenken gilt,

1 Da das Zitat ohne Nachweis ist, wurde es nach Bernhardt übersetzt. (A.d.Ü.)

um zum Wissen zu gelangen, sind nunmehr die Differenzen, die Bestandteile, die Beziehungen und Korrespondenzen, immanente Zusammenhänge der einzigen jemals denkbaren Welt, vielschichtige und ineinander geschlungene Strukturen, deren Unvereinbarkeit mit dem einheitlichen System der zweiten platonischen Welt offenkundig ist. Allein ein solcher Gegensatz verleiht der aristotelischen Kritik an der Lehre von den »abgetrennten« Ideen Profil: für sich allein genommen, ist diese Kritik kaum mehr als eine Wiederholung von Einwänden, die von Platon wohlbekannt sind und eher anregen als ungültig machen; ebenso wäre man nur dann im Unrecht, wollte man schwerwiegende Unzulänglichkeiten in der platonischen Einteilungsmethode aufweisen, wenn man sich im voraus, mit Aristoteles, dem widmet, was Platon untersuchte, der Bestimmung der Arten und Gattungen, und wenn man methodisch auf dem Boden des Aristoteles bleibt, dem des Ordnens der Erfahrung, während die platonische Einteilung, unter dem Vorbehalt, daß sie zunächst den Sinn eines Spiels hat, das geschmeidig machen und ehren soll, sich nur auf der Ebene der rein intelligiblen Verhältnisse vollzieht. Und gerade dieses In-Bewegung-Setzen der Ideen, fern von der Welt in der reinen Abgeschlossenheit der Seele, bleibt den wesentlichen Beschäftigungen des Aristoteles fremd und gegensätzlich.

Ein gutes Mittel, diesen fundamentalen Gegensatz zu illustrieren und fühlbarer zu machen, wäre eine Untersuchung, mit welchen Änderungen des Sinnes gewisse platonische Themen vom freien Schüler aufgegriffen werden. Wir werden zwei Beispiele auswählen. Zum zweiten Buch der Abhandlung *Über die Seele,* das von der Zeugung spricht, wird Aristoteles sehr wahrscheinlich von der entsprechenden Passage aus dem *Symposion* Platons angeregt, in der Sokrates sich von Diotima erzählen läßt, wie die Zeugung es einem sterblichen Leben ermöglicht, sich durch die Erneuerung der Generationen der göttlichen Unsterblichkeit zu nähern, die es nie erreichen kann. Diese Auffassung fügt sich von vornherein so gut in den Aristotelismus, daß man sich manchmal gefragt hat, ob sie nicht zumindest die Negation jeder Möglichkeit des Zugangs zu dem, die Welt im Werden transzendierenden, Absoluten impliziert. Wenn man jedoch den Text sorgfältig liest, so sieht man, daß darin das Problem der Existenz der Seele selbst und die Quasi-Immortalisierung des Lebens nur ein vorbereitendes Thema bilden, das, von ihren bescheidensten Äußerungen angefangen, eine Sehnsucht nach Ewigkeit hervortreten lassen soll, die sich stärken und reinigen muß, bis sie die Grenzen der Welt des Werdens durchbricht, um zugleich den unvollkommenen und spontanen Drängen des Lebens ihren vollendeten Sinn zu geben.

Erst bei Aristoteles erlangt das Thema der Quasi-Immortalisierung sozusagen seine Unabhängigkeit: die Zeugung geht dort vergeblich aus einem Verlangen hervor, »nach Vermögen am Ewigen und Göttlichen Anteil (zu) haben«[1] und impliziert so einen Verweis auf den höchsten Pol, sie bildet keine Stufe, die man überschreiten muß, um sich zur ewigen Seligkeit zu erheben; ihre Sehnsucht nach dem Göttlichen verschanzt sich in den Grenzen der Fortsetzung der Arten und befriedigt sich darin vollauf, eine typische Illustration der Beständigkeit der nicht abgetrennten Formen im Werden. Das zweite Beispiel wird noch deutlicher zeigen, daß sich im Aristotelismus keinerlei Aufstieg zu irgendeiner absoluten Quelle des Seins und der Intelligiblität vollzieht. In einem Fragment der Abhandlung *Über Philosophie,* also in einem frühen Text, erinnert ein Bild an die Höhle, die zu verlassen Platon die Menschen anhält, damit sie zum Licht des Wahren gelangen: Aristoteles stellt dort die Hypothese von Menschen auf, die immer unter der Erde gelebt hätten, und die eines schönen Tages an das Sonnenlicht hinausgegangen wären. Die Ähnlichkeit mit der berühmten Passage aus der *Politeia*, die ausreicht, um die Abstammung zu erweisen, geht nicht weiter. Aristoteles evoziert nicht eine Höhle elender Sklaven, sondern »schöne Wohnungen [...] ausgestattet mit Bildern und Gemälden«[2]; nichts treibt die Menschen, zu versuchen, dort auszubrechen, und anstatt mühevoll den Hang zu erklimmen, der zum Eingang der Höhle führt, verlassen sie ihren unterirdischen Palast nur, weil sich zu einem gewissen Zeitpunkt der Boden über ihnen öffnet. Sie bemühen sich also nicht, wie bei Platon, um eine schwierige Wandlung, die sie dazu brächte, ihr Sehen, das von der sinnlichen Welt beherrscht ist, aufzugeben, um ein anderes anzunehmen, das von einer intelligiblen Welt beherrscht wäre. Allerdings beabsichtigt Aristoteles, seine imaginäre Hypothese im Interesse einer These zu nutzen, die ziemlich platonisch bleibt: er entnimmt daraus die Bestätigung einer göttlichen Demiurgie. Aber um sich davon zu

1 Aristoteles: Über die Seele, Buch II, 415 b. (Flashar). (A.d.Ü.)
2 Aristoteles: Über Philosophie, 12, Fragmente (Gohlke). (A.d.Ü.)

überzeugen, stützen sich seine Höhlenmenschen auf die vertraute Welt der unterirdischen Erfahrung und erfassen durch Analogie zu ihrer Kunst die göttliche Kausalität an der Quelle der an der Oberfläche sichtbaren irdischen und himmlischen Wunder. Wesentlich ist, daß aller Geisteswandel in einer simplen Erweiterung der Erfahrung verschwindet; wenn man noch von einer aufsteigenden Bewegung sprechen kann, so genügt diese Bewegung sich selbst und gründet sich auf ihren Ausgangspunkt, in einer Weise, daß man sich nichts dem Geist der aufsteigenden Dialektik Platons Gegensätzlicheres vorstellen kann. Und die Götter, zu denen diese Überlegung gelangt, können höchstens die großen Brüder der menschlichen Schöpfer sein. In diesem Stadium des Denkens von Aristoteles ist die Ableitung der Welt aus einem transzendenten Absoluten schon kompromittiert durch eine neue Denkweise, die, ohne die hierarchische Weltordnung zu leugnen, die Autonomie jeder ihrer Ebenen respektiert und danach strebt, deren Bestandsaufnahme zu artikulieren.

Diese Suche nach einem Ausgleich zwischen Einheit und Verschiedenheit muß uns vor der Vorstellung bewahren, daß Aristoteles seinen Meister für allzu sehr von der Transzendenz eingenommen hielt, und daß die Kritik an der zweiten platonischen Welt danach strebt, die Philosophie auf eine ein wenig sokratische Weise wieder vom Himmel auf die Erde herabsteigen zu lassen. In Wirklichkeit bekunden der Meister wie der Schüler ein gleiches, wenn auch nicht identisches Interesse für die Probleme auf dieser Erde, und weder der eine noch der andere beschränkt seine Reflexion darauf. In den Augen des Aristoteles besteht der schwere Irrtum Platons darin, daß er sich in der Falle der Worte habe fangen lassen und einen ungeheuren Pleonasmus begangen habe: die Andersheit der zweiten Welt hat bei Platon eben den Fehler, daß sie sich auf eine verdoppelte Identität reduziert, sie ist ein verbales Double der Welt, die sich unseren Sinnen bietet. Aristoteles wirft Platon vor, was die Rationalisten später dem Aristotelismus vorwerfen: die Erklärung durch die verbale Verdoppelung. Aber daraus resultiert bei Aristoteles keineswegs eine Ablehnung der Transzendenz: ganz im Gegenteil, die Hierarchie der autonomen Ebenen impliziert eine Vielzahl an Gradstufen, die einander in der Einheit der Welt transzendieren, und vielleicht schließlich einen besonders klaren Einschnitt zwischen allen materiellen Wirklichkeiten und dem Göttlichen. Auf diesem Gipfel läßt der reine Akt aller Materie meinen, daß die Transzendenz der platonischen Ideenwelt sich durch ihre Reduktion auf die vollkommene Einmaligkeit schließlich realisiert, indem sie sich von den *Duplicata* der sinnlichen Welt befreit. Mehr noch: die Transzendenz der höheren Ebenen über die niedrigeren findet sich durch das Fehlen jedes Geneseverhältnisses so sehr und so weitgehend verstärkt, daß die unteren Ebenen weit mehr als bei Platon Gefahr laufen, entwertet zu werden. Dennoch ist es allerdings Aristoteles, der sich mit äußerster Freiheit für die bescheidensten Realitäten interessiert, denn wenn die genetische Einheit der platonischen Welt schließlich dahin tendiert, deren sämtliche Ebenen zu retten, so kommt eben die Unabhängigkeit jeder einzelnen bei Aristoteles noch besser zum selben Ergebnis. »Denn in allem Natürlichen stecken Wunder«[1] verkündet das erste Buch der *Teile der Tiere.*

Letzten Endes restauriert Aristoteles auf anderen Grundlagen das von Platon festgesetzte Gleichgewicht und die Komplementarität zwischen der Theologie und dem Sinn der Erde, und wenn man seine theologischen Interessen hat verkennen oder für unvereinbar mit seiner Wissenschaft von der sinnlichen Welt halten können, dann nur, weil er sich unmittelbarer für die sinnliche Welt interessieren kann als Platon, aber in einer einzigen Bewegung hebt er die Transzendenz des Göttlichen hervor, während er sich an dem Studium der sinnlichen Welt begeistert. Das Ganze ist die subtile Einheit einer gegebenen Verschiedenheit.

Bewegung, Diskurs, grundlegende Unterscheidungen und Entsprechungen

Jedes Sein, das unserer Erfahrung angehört, hat nur eine zusammengesetzte Einheit, oder bleibt sogar unfähig, eine Kluft zwischen sich selbst zu überwinden, eine innere Gespaltenheit, die für das Werden charakteristisch ist. Jedes Sein mit sich selbst zu vereinigen, festzustellen, wie sich seine Differenzen zusammenfügen, diese Arbeit kommt zum Ausdruck und artikuliert sich im menschlichen Diskurs in direkter Verbindung mit der Unterscheidung und Hierarchisierung der Seinsarten, zur gleichen Zeit wie die vergänglichen Lebewesen entstehen und vergehen in der Be-

1 Aristoteles: Teile der Tiere, Buch I, 45 a (Gohlke: Die Glieder der Geschöpfe). (A.d.Ü.)

wegung des Werdens, deren Gesetz der menschliche Diskurs auch unterworfen ist. Diese Verbundenheit, die nicht, wie man manchmal geglaubt hat, durch einen spontanen Abdruck im Register der Philosophie, einer Grammatik mit zufälligen Strukturen, erlangt wurde, manifestiert vielmehr die relative Homogenität der Welt der Mobilität, so wie sie einem Denker erscheinen konnte, der überzeugt war, daß das Denken fähig sei, durch die Sprache hindurch die Dinge adäquat ins Auge zu fassen. In jenem Geiste muß das große Prinzip der Non-Kontradiktion verteidigt werden, das notwendig von jedem wirklichen Wissen respektiert wird, und das die Konsistenz ausdrückt, welche jedes Sein durch seine Differenzen hindurch in sich bewahrt. Aristoteles begnügt sich nicht damit, die Evidenz dessen unmittelbar zu setzen, er versucht, sie gegen die Angriffe der Sophisten zu begründen. Begnügen wir uns zunächst damit, das Prinzip als eines zu definieren, das die Achtung vor der intellektuellen Kohärenz fordert. Aristoteles gab sich mit einer so vagen Formulierung nicht zufrieden, aber sie genügt als eine erste Annäherung angesichts der direkten Angriffe, in denen der Sophist sich bemüht, nach seinem Geschmack vom Für zum Wider zu gehen und jede beliebige Behauptung vorantreibt, ohne daß es einem gelingt, etwas dagegen einzuwenden, und zwar aus der simplen Tatsache heraus, weil er sich entschlossen hat, das Prinzip zu verwerfen und sich folglich jeder kohärenten Argumentation entzieht. Es gibt einige, sagt Aristoteles »die es für möglich erklären, daß dasselbe sei und nicht sei, und die selbst daran glauben«[1]. Es kommt offensichtlich nicht in Frage, eine demonstrative Widerlegung zu versuchen, denn man würde sich damit einer Petitio principii schuldig machen. Aber eine doppelte Rechtfertigung ist möglich. Aristoteles weist in der Haltung des Sophisten eine Ablehnung des Dialogs nach, den Willen, die Bezeichnungsfunktion der Sprache auf Verbalismus zu reduzieren: die Ablehnung des Prinzips, die theoretisch unüberwindlich ist, bekennt ihre Schwäche, indem sie praktisch den Dialog zerstört. Der Sophist ist es, der selbst sein eigenes Unternehmen negiert, indem er der sprachlichen Kommunikation ihren Sinn entzieht. Diese dialektische Widerlegung genügt sich selbst in gewissem Sinne: der Sophist kann nur noch schweigen, da er sich durch die Haltlosigkeit seiner Wahl selbst aus dem Spiel gebracht hat. Aber

1 Aristoteles: Metaphysik, Buch III, 1006 a. (Gohlke). (A.d.Ü.)

im Buch III der *Metaphysik,* in dem sich jene »Exekution« befindet, läßt Aristoteles ihr eine Art Auf-die-Probe-Stellen des Prinzips in der Einsamkeit und Immanenz der Reflexion vorausgehen: »Es ist nämlich nicht möglich, daß irgend jemand vom gleichen Gegenstande annehmen kann, er sei, und zugleich, er sei nicht, wie die Herakliteer behaupten. Was nämlich jemand wirklich denkt, braucht nicht aus seinen Worten hervorzugehen.«[1] Hier gründet sich der Satz vom Widerspruch auf eine Unmöglichkeit, die durch das Denken in seinem unmittelbaren Vollzug nachgewiesen ist: die Möglichkeit der Inkohärenz, welche eher Fehlen von Denken als perverses Denken ist, enthält tatsächlich die absolute Unmöglichkeit, die das Denken als solches erweist, nämlich sich im Widerspruch zu vollziehen. Diese glückliche Unfähigkeit bedeutet, daß das Denken *in seinem Sein* Kohärenz ist und seine Gegenstände, die Seinsarten, nicht anders denken könnte als gemäß der Kohärenz. Das Sein des Denkens genügt also, um das Prinzip der Non-Kontradiktion zu entfalten und zu rechtfertigen. Von dorther begreift man besser die Schwäche des Sophisten, dessen falsches Verhalten aus einer Unmöglichkeit des Denkens resultiert: ganz wie sein Meister Heraklit sagt der Sophist mehr darüber, als er sich vorstellen kann.

Die Angriffe der Sophisten und der ihnen verwandten Philosophen haben manchmal eine hinterhältige Richtung angenommen, die darin besteht, das Prinzip dem Schein nach zu akzeptieren, wobei sie es völlig verwandelten und es, derart deformiert, dazu verwandten, einmal mehr jede Kommunikation und jeden Diskurs zu zerstören. Bald legt man einem Subjekt verschiedene Attribute zu und stellt sie alle auf dieselbe Ebene, was nicht verfehlt, sie zu pulverisieren; der »Sophismus des *Verschleierten*« illustriert jenes Verfahren in den *Sophistischen Widerlegungen:* vor einem verschleierten Menschen behaupte ich, ihn nicht zu kennen; aber sobald der Schleier gelüftet ist, bin ich gezwungen zuzugeben, daß ich ihn kenne, denn es ist Koriskos; also kenne ich und kenne nicht denselben Mann. Zu Beginn hält man es für nötig, damit der Reichtum an Attributen, die der Diskurs einem Sein beilegen kann, nicht Widersprüche nach sich zieht, keines davon zu bevorzugen und sie alle in gewisser Weise im gleichen Abstand von dem Sein zu halten, das sie qualifizieren. Aber dieses Sein verliert so schließlich

1 Aristoteles: Metaphysik, Buch III, 1005 b. (Gohlke). (A.d.Ü.)

alle Konsistenz, die Attribute verlieren entweder jeden Attributionszusammenhang, oder aber ballen sich widersprüchlich in einem Subjekt zusammen, das nicht allein der verschleierte und nicht verschleierte, der bekannte und unbekannte Koriskos sein wird, sondern das einzige Subjekt aller Attribute, die man nur wollte . . . Sobald man aber umgekehrt mit der megarischen Schule überzeugt ist, daß das Prinzip jede Attribution ausschließt, so stellt man sich die Welt vor als ein Herumstreuen von punktuellen Realitäten, die jeder Beziehung verlustig gegangen sind, oder aber man gelangt, wenn man die Logik des Verfahrens bis an ihr Ende treibt, zur absoluten Einheit des parmenideischen Seins. Reichtum und Armut an Attributen führen so, in kaum unterschiedener Form, zum selben Versagen. Im ersten Falle ist das, was fehlt, ein Fixpunkt, ein höchstes Subjekt, das heißt, das Wesen oder die Substanz, das Sein, das jedes Sein in sich selbst ist, die *ousia,* die in ihrer eigenen Konsistenz jede andere ausschließt, aber fähig ist, von ihr unterschiedene Attribute zu empfangen. Im zweiten Fall nimmt die *ousia* den ganzen Raum ein, und was fehlt, ist das Anerkennen der Attribute als einer gewissen Art von Realität, die von der der Wesen unterschieden ist. Man hatte nach und nach in der Verwechslung des Wesens mit seinen Attributen das Wesen verschwinden lassen, in der Reduktion der Attribute auf Wesen jedes Attribut unterdrückt. Die gemeinsame Wurzel dieses doppelten Irrtums ist eine ungerechtfertigte Ausweitung des Begriffs des Widerspruchs, die durch zu einfache Vorstellungen vom Sein ermöglicht wird: es gibt keinen Widerspruch zwischen dem Wesen und dem Attribut, und zwar aus dem einfachen Grund, weil man diese verschiedenen Termini vereinigt, denn sie sind nicht verschieden, wie es ein Wesen von einem anderen ist, oder ein Attribut von einem anderen derselben Gattung; sie gehören verschiedenen Gattungen an, und die *Kategorie* des Wesens setzt sich bei Aristoteles den anderen Kategorien entgegen, den Kategorien aller Attribute oder Akzidentien im eigentlichen Sinne.

Diese große Teilung des Seins ist von höchster Bedeutung: sie gibt dem Prinzip der Non-Kontradiktion sein richtiges Maß und setzt das Urteil der Attribution wieder in seine Rechte ein, deren spontane Ausübung schon die Möglichkeiten der Kohärenz bezeugte. Da das Denken beweist, daß es sich im Widerspruch nicht vollziehen kann, sieht darüber hinaus Aristoteles jenen in seinem Sein unmöglichen Widerspruch zwischen den Attributen jenes

Wesens, das das denkende Subjekt ist, und nicht zwischen einem Attribut und einem Wesen: zwei kontradiktorische Urteile sind zwei unvereinbare Attribute in der wesentlichen Einheit desselben Denkens. So verankert sich im Sein das erste Prinzip des Wissens, dessen genaue Formel die folgende ist: »Ein und dasselbe [kann] demselben Gegenstande und in derselben Bedeutung nicht zugleich zugesprochen und abgesprochen werden«.[1] Was besagt, daß zwei kontradiktorische Urteile, (von denen das eine unter den präzisierten Bedingungen die Zugehörigkeit des Attributs zum Subjekt bejaht, das andere verneint) weder alle beide wahr noch falsch sein können: in Attributionstermini klar formuliert, erhellt das Prinzip die spontane Praxis des menschlichen Diskurses und trennt formal das Wahre vom Falschen, das Sein vom Nichts.

Aristoteles meint so, die Bemühungen Platons fortzusetzen und richtigzustellen. Nachdem Platon sich in der *Politeia* der korrekten Formulierung des Prinzips der Non-Kontradiktion schon sehr genähert hat, wußte er nicht das Sein des Wesens vom Sein der Akzidentien zu unterscheiden, so daß er, indem er alle Dinge auf eine genetische Einheit reduzierte, nicht anders konnte, als das Prinzip zu überschreiten und sich damit abzufinden, die Widersprüche im Denken und im Sein zu dulden. Als letzte Darstellung der Teilhabe, deren Begriff das Durcheinander des Selben und des Anderen, des Einen und des Vielzähligen, des Seins und des Nichtseins impliziert, offenbart die Gemeinsamkeit der Gattungen im Grunde den Sieg des Sophisten im Dialog dieses Namens; man kann darin sogar die zwei Irrtümer der Sophisten und der megarischen Schule finden, denn die großen Gattungen des *Sophistes,* die alle derselben Ebene angehören, treten zueinander in Beziehung, ohne irgendeine Unterscheidung zwischen dem Wesen und dem Akzidens, und das Sein, das nur eines von ihnen ist, zieht sich auf eine einzige Bedeutung von parmenideischem Geiste zurück. Trotz der Reduktion des Nichtseins auf die Andersheit waren von daher die Widersprüche unvermeidlich: allein die Unterscheidung der zwei Bedeutungen des Seins erklärt aus der Sicht des Aristoteles klar das Prinzip der Non-Kontradiktion und läßt es präzis funktionieren.

Es besteht beständig die Gefahr, daß die Unterscheidung zwi-

---

1 Aristoteles: Metaphysik, Buch III, 1005 b. (Gohlke). (A.d.Ü.)

schen Wesen und Akzidens ihrerseits Schwierigkeiten bereitet, was zu einem anderen bedeutenden Begriffspaar führt. Das Wesen und das Akzidens dürfen nicht getrennt werden: ein Akzidens existiert nur, insoweit man es einem Wesen beilegt, und wenn die Seinsweise des Wesens oder der Substanz die Subsistenz an sich ist, die Unabhängigkeit, so ist die des Akzidens abhängige Subsistenz, untergeordnetes Sein. Diese Abhängigkeit ist nicht allein eine Tatsache der Akzidentien im eigentlichen Sinne, das heißt, jener, die zufällig und vorübergehend an das Wesen gebunden sind, zum Beispiel das Akzidens »verschleiert«, wenn gesagt wird, daß Koriskos verschleiert ist, sondern auch die wesentlichen Attribute, die sich notwendig und beständig vom Wesen ableiten, vermischen sich mit ihm ebensowenig, wie zum Beispiel der genaue und konstante Wert der Winkelsumme im Dreieck. Man kann sich allerdings fragen, ob diese Unterscheidung zwischen Wesen und wesentlichen Attributen bei Aristoteles streng durchgehalten ist, sie besteht jedoch zumindest darin weiter, daß sich der in gewisser Weise unteilbaren Einheit des Wesens wesentliche Attribute in ihrer Vielfalt entgegensetzen. Ob es sich also um Akzidentien im eigentlichen Sinne oder um wesentliche Attribute handelt, die für Bestandteile des Wesens gehalten werden oder nicht, so taucht dieselbe Gefahr des Widerspruchs auf, die notwendig ebenso evoziert wäre, wenn man allein das Wesen betrachtet hätte, eine auf jeden Fall zusammengesetzte Einheit, wenn sie positiv bestimmbar ist. Es gibt also sogar eine Verbindung, eine Einheit und eine Identität zwischen dem Wesen und seinen Eigenschaften im weitesten Sinne, wenn es auch durch seine Konsistenz deutlich anders ist als jede von ihnen und gegenüber ihrer Vielheit unteilbar ist. Der Fortschritt, der sich durch die Sophistik und den megarischen Geist verwirklicht hat, ist damit kompromittiert, und man kann in Versuchung geraten, zu den destruktiven Entscheidungen zurückzukehren, die man gerade disqualifiziert hat. Im Gegensatz zu dieser reaktionären Versuchung kann man jedoch die erworbenen Vorteile bewahren, wenn man im Sein außer Wesen und Akzidens den Akt, *energeia*, und die Potenz, *dynamis*, unterscheidet.

In ihrer umfassendsten Bedeutung fordert diese Unterscheidung dazu auf, sich vorzustellen, wie zwei verschiedene Seinsarten zueinander in Beziehung treten können, wie die eine auf die andere wirken kann und die andere sich der Einwirkung der ersten unterzieht: jedes Verhältnis zwischen ihnen wäre ebenso unmöglich, wie jede Veränderung innerhalb einer jeden, wenn sie auf die megarische Weise als in sich abgeschlossene Monolithen in Erscheinung treten müßten. Die Bedingung für eine Aktion, eine bestimmte Wirkung, ist von seiten des Objekts, in dem diese Wirkung eintritt, eine gewisse entsprechende Rezeptivität, eine Disposition, die Wirkung aufzunehmen; ebenso ist von seiten des Agens, selbst bevor es agiert, die Fähigkeit zu agieren, diese Wirkung hervorzurufen, notwendig. Diese Dispositionen sind Potenzen, die eine passiv, die andere aktiv, deren Zusammenwirken die tatsächliche Verwirklichung einer Bestimmung, des Aktes, ermöglicht. Eine Potenz ist also die Fähigkeit, anderes zu werden, das heißt, schon im voraus von sich aus in gewisser Weise Träger einer Bestimmung zu sein, die indessen nicht effektiv vorhanden ist; oder weiter, ohne wirkliche Bewegung, der Vereinigungsmodus einer aktiv oder passiv bestimmbaren Basis mit einer von ihr unterschiedenen Bestimmung. Die aktive Potenz ist zweifellos dem Akt näher als die passive Potenz, denn sie ist nichts anderes als eine Virtualität, die, wenn sie auf kein äußeres Hindernis trifft, in den Akt übergeht, während die passive Potenz, die, jedoch ohne irgendein Realisationsvermögen, auf den Akt gerichtete Möglichkeit, durch sich selbst weniger bestimmt bleibt und als passive Möglichkeit der Aktualisierung selbst im Innersten die entgegengesetzte Möglichkeit, die wirkliche Bestimmung nicht aufzunehmen, trägt. Daraus geht hervor, daß die zwei Arten von Potenzen, die eine wie die andere, Vermittlungen zwischen Identität und Andersheit, zwischen absolutem Nichtsein und aktualem Sein bilden und damit der Veränderung und der Zusammensetzung ihren Status verleihen. Man kann behaupten, daß das Wesen potentiales Akzidens sei, entweder als passive Potenz, die das Agens, welches das Akzidens verursacht, bestimmt, oder als aktive Potenz, die einer passiven Potenz Bestimmungen auferlegt. Was die Zusammengesetztheit des Wesens betrifft, so gerät sie nicht mehr in Widerspruch zu seiner Einheit: der Begriff der Potenz ist relativ, was im Verhältnis zu einem bestimmten Akt potential ist, ist im Verhältnis zu einer untergeordneten Potenz aktual, so daß die verschiedenen Bestimmungen eines Wesens Akt-Potenz-Beziehungen eingehen, in denen sie ihre Einheit finden. Die Dualität von aktiver und passiver Potenz kann folglich ein und demselben konkreten Sein innewohnen, allein die von der menschlichen Kunst verwirklichten Wesen sind von ihren äußerlichen, aktiven Potenzen abhängig, wie zum

Beispiel das Wesen eines Hauses. Es wird deutlich, in welch einem Maße die Seinsarten der aristotelischen Welt von sich selbst entfernt sind, und wie sehr der Philosoph sich zu schaffen machen muß, um einen kohärenten Diskurs über sie zu halten.

Die Grenzpunkte des Problems, nämlich auf der einen Seite die Artikulationen von Erfahrung und auf der anderen Seite die Selbstdestruktion jeder zu starren Logik, führen Aristoteles dazu, den Begriff der Potenz zu verwenden: es ist dies keine ruhmreiche Lösung, aber ein Versuch, die gewöhnliche Fremdheit der Erfahrung zu übersetzen, ohne die Kohärenz des Diskurses in Gefahr zu bringen. Auch ist die Unterscheidung zwischen Akt und Potenz, trotz der Breite ihrer Anwendung, nicht dazu geschaffen, jedes Beliebige zu jedem Beliebigen in Beziehung zu setzen, und stets muß man vom entsprechenden Akt ausgehen, um eine exakte Potenz bestimmen zu können. Das Prinzip der Non-Kontradiktion ist auf zwei Weisen geschützt. Auf der einen Seite versöhnen sich das Eine und das Vielfältige, Dasselbe und das Andere, indem sie sich der Unterscheidung gemäß aufteilen. Wenn auf der anderen Seite eine Potenz zwei entgegengesetzte Aspekte umgreift, wenn Sein-Können und Nicht-Sein-Können zusammengehen, so setzen sich diese beiden Aspekte gemeinsam der Impotenz entgegen, und das auf einem bestimmten Gebiet: die Möglichkeiten, jene Bestimmung sein zu können, und die, sie nicht sein zu können vermischen sich nicht, die *Gegensätze* setzen sich gemeinsam der entsprechenden Impotenz entgegen, um mit ihr ein Paar von *kontradiktorischen* Attributionen zu bilden, Affirmation und Negation, die sich im Zusammenhang mit einem selben Subjekt klar gegenseitig ausschließen. Das Prinzip der Non-Kontradiktion weicht so vor den Schwankungen und der Unschlüssigkeit der Seinsarten zurück, und das ist für es das Mittel, deren gemäßigten Charakter zu erkennen und schließlich dadurch respektiert zu werden, daß es die Potenzen umschreibt, ohne sich zu bemühen, sein Gesetz in die innerste Ambiguität jeder einzelnen eindringen zu lassen.

Es ist jedoch nicht die einzige Funktion der Unterscheidung von Akt und Potenz, diese Versöhnung zustande zu bringen. Wichtig ist, zu betonen, daß das potentiale Sein sich niemals in der Bestimmung, die es aktualisiert, aufhebt, und daß es ein Substrat für diese Bestimmung bleibt, ein *hypokeimenon*, ohne das sich keine Bestimmung aktualisieren könnte: dem Paar von Akt und passiver

Potenz steht das von Form und Materie nahe; sie würden sich sogar vollkommen decken (da die Form auch der Virtualität der aktiven Potenz entsprechen kann), wenn nicht das zweite Paar, während das erste Paar auf den Bedingungen eines Übergangs beruht, den Polen einer Beziehung und der Vereinigung eines Zusammengesetzten, vielmehr auf statische Weise die Bildung des Seins vorsieht, besonders des vollständigen und konkreten Seins des *synolon*, des Wesens oder der Substanz im realistischsten Sinne. Die *ousia* als *synolon* ist eine Zusammensetzung aus Form (*morphe, eidos*) und Materie (*hyle*). Es ist klar, daß man ohne diese Beständigkeit des Substrats wieder zur platonischen Philosophie der abgetrennten Ideen zurückkehren würde. In der Tat ist die Form als Struktur der Substanz, als wesentliche und einende Bestimmung, das intelligible Element der Zusammensetzung. Aber die Materie reduziert sich nicht auf das Sinnliche, und ihr Begriff entspricht nicht einfach einer Absicht des Realismus; die Materie, die doppelt relativ ist, wie die passive Potenz, das heißt, relativ zu einer Form, aber auch relativ in ihrer Unbestimmtheit, die nur auf der niedrigsten Stufe, der des »Urmaterials« absolut ist, könnte kaum in einem allgemeinen Sinne anders als auf abstrakte Weise erfaßt werden, oder, wie Aristoteles in einem solchen Fall häufig sagt, »logisch«. Der tiefgründigste Sinn der Unterscheidung Form-Materie ist der eines hierarchischen Verhältnisses, das sich, abstrakt sich selbst gleich, vom Bestimmtesten bis zum am wenigsten Bestimmten, vom Vollkommensten bis zum Unvollkommensten auf den vielzähligen Stufen der Leiter des Seins wiederholt.

Dies sind die drei Hauptunterscheidungen des Aristotelismus: Wesen-Akzidens, Akt-Potenz, Form-Materie. Die Funktion von allen dreien ist, als Schemata von Intelligibilität der Darstellung einer geordneten Welt von autonomen Wirklichkeiten im Werden zu dienen. Man kann daran auch die Theorie der vier Ursachen oder Erklärungsfaktoren festmachen, das heißt in den üblichen Termini, die Theorie von den vier »Gründen«: die materielle Ursache (causa materialis) entspricht der Rezeptivität der Materie, während die drei anderen verschiedenen Aspekte an der Rolle der Form entsprechen. Die Formursache (causa formalis) identifiziert sich in der Tat mit der Form, insofern als die Form die Eigenschaften darlegt, die sich notwendig daraus ergeben; die Zweckursache (causa finalis) ist die Form, insofern als sie als Ziel und Vollendung vom Prozeß Rechenschaft ablegt, der dahin führt; die Wirkursache (causa efficiens) ist auch wieder die Form, diesmal als Agens, oder Ursache im modernen Sinne, der Prozesse, die das Hervortreten einer identischen Form bedingen (die Form ist das Agens ihrer eigenen Wiederholung). Aristoteles sagt selbst, daß sich »häufig formale, finale und wirkende Ursachen auf die Einheit zurückführen lassen«.[1] Die berühmte Theorie von den vier Gründen ist also nichts anderes als eine Präzisierung der grundlegenden Korrelation von Form und Materie. Wichtiger gewiß als der Vierercharakter dieser Einteilung ist das Verhältnis der Kausalität oder erläuternden Beziehung zu den oben angeführten Begriffen: Aristoteles gelangt zu einer großen Feinheit der Analyse, indem er den Grund an sich oder wesentlichen Grund unterscheidet vom akzidentellen Grund und den aktualen Grund vom potentialen Grund. Die Unterscheidungen, die wir eben evoziert haben, bilden bei Aristoteles sehr wohl ein organisches Ganzes.

Das Werden des Seienden und das System der Welt

Zu Beginn der *Meteorologie* werden Hinweise auf die Ordnung gegeben, in welcher man die Fragen hinsichtlich der Welt im Werden behandeln sollte: man beginnt mit den allgemeinen Prinzipien (die Bücher I–II der Schriften der *Physik*), von dort geht man über zur Untersuchung der natürlichen Bewegung im allgemeinen; (die Bücher III–VIII); dann untersucht man die Gestirne und, im Zentrum der Welt, die Erde (die Bücher I–II *Über den Himmel*), die Erzeugung und Vernichtung der einzelnen Seienden (*Über Entstehen und Vergehen*), bevor man zu den »Meteoren« kommt, das heißt, zu den Veränderungen, die sich in der Atmosphäre ereignen, und die die Analyse der komplexen Realitäten einleiten (*Meteorologie*); es bleibt also noch, von den Lebewesen zu handeln, den Tieren und Pflanzen, im allgemeinen und die einen »gesondert« von den anderen, das heißt, von den spezifischen Besonderheiten (die verschiedenen Werke, die den Tieren und Pflanzen gewidmet sind, lassen sich kaum dieser Unterscheidung nach einteilen, aber es gibt dennoch eine Ordnung der Lektüre, die, wenn man die einfache Faktensammlung, welche die *Tierkunde* darstellt, beiseite läßt, von der Abhandlung *Über die*

---

1 Da das Zitat nicht nachgewiesen ist, wurde es übersetzt nach Bernhardt. (A.d.Ü.)

Teile der Tiere über jene *Über Bewegung der Tiere* und *Über die Seele* etc, bis zu der *Über Zeugung der Tiere* geht). Skizzieren wir die Hauptmomente jenes Verfahrens, das vom Allgemeinsten zum Besonderen geht.

Der Ausgangspunkt ist die Evidenz einer bewegten Vielheit, eine Erfahrungsangelegenheit, die sich nicht beirren lassen sollte von Vernünftelei, welche blind ist gegen Unterscheidungen, die, wie wir gesehen haben, notwendig im Sein und in der Einheit getroffen werden müssen; eine Untersuchung der Prinzipien des Werdens ist also gerechtfertigt. Darüber hinaus ist deutlich, daß das Werden nicht derart ungeordnet ist, daß es einem Chaos gliche, und daß alles aus einem beliebigen anderen entstünde. Wenn man auf das merkt, was die Sprache enthüllt, so wird man sich bewußt, daß die Pole einer Veränderung, der Ausgangspunkt und der Endpunkt, einer wie der andere unterschiedliche Wirklichkeiten aufdecken. Man kann sagen, daß »ein Mann gebildet wird«, daß »aus dem ungebildet gebildet wird« oder daß »aus einem ungebildeten Mann ein gebildeter Mann wird«. Dazu ist, wie die Tradition wußte, ein Gegensatzpaar nötig, aber das genügt nicht, denn als solche stoßen sich die Gegensätze nur ab, und die Sprache selbst deutet die Notwendigkeit eines Substrats an, das den gemeinsamen Punkt der beiden Pole bildet und die Beständigkeit, welche unterhalb der Differenz und der Opposition die Einheit und die Kontinuität sichert. Die drei Prinzipien, das heißt, die beiden gegensätzlichen Bestimmungen auf der einen Seite, auf der anderen Seite das Substrat, das keinem der beiden Gegensätze angehört, bilden ein vollkommenes System: die Gegensätze benötigen ein Subjekt, ein existentes Substrat, und das genügt, damit sie in Beziehung treten können; umgekehrt bedarf das Substrat nur zweier Gegensätze, um von der Differenz der Veränderung gekennzeichnet zu werden. Es blieben nur noch für den Schwierigkeiten, der sich mit dem Problem der Attribution belastet, wo Substrat und Bestimmung zugleich eines und mehreres sind; wir haben bereits gesehen, wie Aristoteles diesen Widerspruch löst, und wie das Substrat der Potenz der Gegensätze Ausdruck verleiht, welche die Materie charakterisiert. Also sind die Gegensätze nicht gleichwertig, denn die Potenz der Gegensätze teilt sich mit in einer positiven Bestimmung, zu der die Materie als der Verwirklichung einer Form Vorgeordnetes strebt, und auf der anderen Seite als das, was nur Fehlen der positiven Bestimmung ist, derer die Materie zunächst ermangelt: die beiden Gegensätze sind Form und Mangel, zum Beispiel »gebildet« und »ungebildet«, oder »weiß« und »schwarz«, »heiß« und »kalt«, etc. Das Werden läßt sich also nach den drei inneren Prinzipien des Substrats, der Form und des Mangels analysieren. Man kann sogar das, was über die Qualitätsveränderung gesagt ist, auf das Entstehen von Substanzen ausdehnen: wenn hier auch an die Stelle des Widerspruchs (zwischen Sein und Nichtsein) der Gegensatz (zwischen Sein und Sein) tritt, so bleibt doch eine Opposition und die Notwendigkeit eines Substrats. Im übrigen gibt es selbst in den Qualitätsveränderungen einen Übergang vom Nichtsein zum Sein, in dem Sinne, daß der Mangel, der das Substrat berührt, akzidentelles Nichtsein ist (und gleichfalls Übergang von Sein zu Sein, als der Form ermangelndes Substrat akzidentelles Sein ist) im Verhältnis zum neuen Sein, das die Form mit sich bringt.

Während Aristoteles so vom Werden im allgemeinen handelt, setzt er den Akzent sowohl auf die haltbaren Bestimmungen, die jede Veränderung begrenzen, als auch auf deren Spezifizität, die es verbietet, die verschiedenen Typen von Veränderung in der Abstraktion einer Art von universellem Fließen aufzulösen. Das Werden hat immer ein Ziel, eine Richtung, die der Natur der Seienden im Werden entspricht, und während die Modernen eher an die universale Natur denken, als an die Natur der einzelnen Seienden oder zumindest der besonderen Typen, nehmen die Alten im allgemeinen die entgegengesetzte Haltung ein. Der Begriff der Natur nimmt bei Aristoteles erst seinen nachdrücklichen Sinn an, wenn er Besonderheit und Differenz impliziert und sich auf die Veränderung bezieht: *physis* bezeichnet im Griechischen zunächst »Tätigkeit des Erzeugens, des Hervorbringens, des Ins-Leben-Rufens«, und Aristoteles definiert seinerseits den Terminus als »Prinzip der Bewegung und der Ruhe«, genauer als »Prinzip und Ursache der Bewegung und der Ruhe, welches in dem, worin es sich befindet, unmittelbar gegenwärtig ist«[1]. Alles in der Natur begreift in sich ein solches Prinzip, eingeschlossen die künstlichen Gegenstände, die als solche leblos sind, aber natürliche Gegenstände bleiben, an denen die Techniken nicht die Potenz der Veränderung unterdrücken: ein Bett aus Holz hat keine Natur als

---

1 Da das Zitat nicht nachgewiesen ist, wurde es nach Bernhardt übersetzt. (A.d.Ü.)

Wesentliches, aber es hat als Holz eine akzidentelle. Eine Natur im wesentlichen Sinne haben die Elemente Feuer, Luft, Wasser, Erde, die unbelebten Zusammensetzungen wie der Stein und das Holz, die Organe der Lebewesen, schließlich die lebenden Organismen: diese Ordnung wachsender Komplexität ermöglicht es, die natürlichen Realitäten in großen Komplexen zu klassifizieren und vor allem zu zeigen, daß der Begriff der Natur als einer verstanden werden muß, der sich auf mehrere Ebenen bezieht. Zum Beispiel liegt es in der Natur der Erde, in die Tiefe zu streben. Nun geht die Erde in die Zusammensetzung der Lebewesen ein, die also selbst auch schwer sind, wenn auch nicht »unmittelbar« und aufgrund ihrer eigenen Natur. Es gibt also eine Beziehung zwischen der Natur und dem Paar Materie-Form, das, wie die Natur, sein Schema auf mehrere Ebenen wiederholt, während es, wie sie, zugleich an das Problem der Veränderung gebunden ist. Aristoteles fragt sich, ob die Natur in der Materie besteht oder in der Form; die Frage stellt sich hauptsächlich, weil es schwierig scheint, wenn die Natur per definitionem den Übergang vom Mangel zur Form ermöglichen muß, sie nicht mit der Materie zu identifizieren, die jedoch nur passive Potenz ist, welche gewiß der Form vorgeordnet und unerläßlich ist, jedoch unfähig, daraus die uneingeschränkte Bestimmung hervorzubringen. Die Natur ist letzten Endes die Form und nicht die Materie, aber die Form in Relation zu einer zu formenden Materie (die Form ist also Prinzip der Bewegung), oder zu einer geformten Materie (die Form ist also das Prinzip der Ruhe). Im ersten wie im zweiten Falle ist es vergebens, wenn sich die Form dem natürlichen Sein, das sie bestimmt, noch so stark aufdrängt, es bleibt dennoch zwischen ihr und der Materie eine Dualität, die nicht ohne Analogie zu der sichtbareren und brutaleren Dualität der künstlichen Realitäten ist, so daß die artifizialistischen Schemata zweifellos im Aristotelismus eher den Vorrang beanspruchen können als die Schemata mit sogenanntem biologischen Gepräge, denen man häufig diese Ehre vorbehält. Diese Dualität schlägt auf den Status der Form selbst zurück, die bald aktive Potenz ist, bald Akt in seiner vollkommenen Wirkung, Kraft, die zu ihrer eigenen Entfaltung drängt und normalerweise schließlich jenen Endpunkt erreicht, welcher eine Art friedlicher und strahlender Übereinstimmung zwischen der intelligiblen Bestimmung und der Materie, die von ihr zu organisieren ist, darstellt. Der Begriff der Natur, der *physis*, bezeichnet, daß die Form nicht wirklich sie selbst ist, solange sie nicht zu ihrer vollen Erfüllung in einer vollkommen angeeigneten Materie gelangt ist.

Die Bewegung im allgemeinen Sinne, die Veränderung, erfordert ihrerseits Präzisierungen, denn wenn man sie zwischen ihrem Beginn und ihrem Ende einschließt, so setzt man sich der Gefahr aus, den Übergang als solchen zu vernachlässigen. Durch ein Vertiefen eher denn durch ein Infragestellen seiner Unterscheidung zwischen Akt und Potenz definiert Aristoteles die Bewegung als »Akt dessen, was als solches potential ist«[1], was heißen soll, daß die Potenz in der ihr eigenen Aktualität der Potenz als Akt betrachtet werden kann, und daß so beschaffen die Bewegung ist, »unvollkommener Akt«. Zwischen der Potenz als reiner Potenz und dem vollständigen und vollkommenen Akt gibt es ein Intervall der Aktualisierung, in dem die Potenz in den Akt eintritt, denn sie bleibt stetig gegenwärtig, solange die Aktualisierung nicht vollendet ist, obwohl sie aufgehört hat, reine Potenz zu sein, seit die Aktualisierung begonnen hat. Diese subtile Definition bietet im übrigen nicht mehr und nicht weniger Schwierigkeiten, als der Status der Form an den beiden Grenzen des Intervalls. Aristoteles bringt mit mehr Klarheit zum Ausdruck, was Bewegung ist, als daß er die Implikationen des Begriffes *physis* freilegen würde.

Die Bewegung kann dennoch in verschiedenem Sinne aufgefaßt werden. Man kann diese Bezeichnung der Ortsveränderung oder der lokalen Bewegung vorbehalten, man kann sie auf alle Gattungen des Seins ausdehnen, die einen Gegensatz zulassen, das heißt, auf die Kategorien der Qualität, der Quantität und des Ortes, und selbst bis zu den Widersprüchen gehen, bis zur substantiellen Veränderung, Erzeugung und Vernichtung der Wesenheiten, wobei dieser Fall, wie wir gesehen haben, den anderen nicht absolut heterogen ist. Wenn man auch im Abstrakten die Veränderung im allgemeinen behandeln kann, und wenn auch gewisse ihrer Formen andere implizieren und alle die lokale Bewegung, ist auf alle Fälle klar, daß Aristoteles wie immer den Akzent auf die Differenzen setzt und daß er in keiner Weise eine Reduktion durchzuführen sucht. Auf der anderen Seite erfordert die Bewegung die Erhellung gewisser Begriffe, die an die frühere Forschung, besonders in der Dialektik Zenons und bei den Atomisten, gebunden sind. Man

1 Da das Zitat nicht nachgewiesen ist, wurde es nach Bernhardt übersetzt. (A.d.Ü.)

muß zunächst verstehen, daß das Unbegrenzte, das *apeiron,* das heißt, was frei von Grenze ist, niemals als ein Ganzes dargelegt werden könnte, dessen sämtliche Teile gleichzeitig existieren; es existiert wohl auf eine gewisse Weise, so daß man ohne es weder die Zeit- noch die Zahlenfolge, noch die Teilbarkeit der Größen verstünde, aber es existiert nur potential, in Affinität und nicht in Opposition zur Bewegung (deren *Finalität* eine *finitistische* Weltanschauung impliziert). Ebenso existiert sehr wohl der Ort, *topos,* denn die verschiedenen Körper können der Reihe nach denselben Ort haben, und überdies streben die Elemente, nach der Natur eines jeden, nach verschiedenen Regionen der Welt, zum Beispiel das Feuer in die Höhe; dennoch ist der Ort nur die Grenze des unbewegten und an das, was er umschließt, grenzenden Behälters, wie ein Gefäß, das man nicht verschieben kann, denn wenn ein Körper sich verschiebt, so läßt er nicht hinter sich einen Teil daraufhin leeren Raumes zurück.

Es wird deutlich, daß Aristoteles, der immer von dem Verlangen beseelt ist, die einzelnen Seienden zur Geltung zu bringen, sich keineswegs allzu sehr darum bemüht hat, eine einheitliche Theorie des Raumes aufzubauen: der Ort eines Körpers ist einfach die Abgrenzung des Platzes, den jene ihm lassen, die ihn umgeben, woraus namentlich resultiert, daß jedes Ding in der Welt immer an seinem Ort ist, außer der Welt selbst, die niemals von etwas umgeben wird. In engem Zusammenhang mit der Frage der örtlichen Bewegung rührt die des Ortes gleichzeitig an die des Leeren, dessen Wirklichkeit den Atomisten als eine notwendige Bedingung der Bewegung erschien. Nach Aristoteles ist das nicht so, denn im Vollen kann die Bewegung durch Wirbel entstehen; im Leeren dagegen gäbe es nicht die geringste Differenz, die fähig wäre, die Bewegung eher in die eine Richtung zu lenken als in eine andere, oder sie eher hier zu vollziehen als dort; die Verdichtung und die Verdünnung erfordern keine leeren Zwischenräume in den Körpern, sie erklären sich als Intensitätsgrade im Vollen, und man kann allenfalls zur Not eine Quasi-Existenz des Leeren als Potenz gelten lassen, die dann dem Unendlichen ähnlich wäre, da es keine Grenze der Verdünnung gibt. Nachdem die Leere so wieder ihrer Nichtigkeit zurückerstattet wurde, wird man sich bei der Untersuchung der Zeit weniger denn je von der Analyse der Veränderung entfernen, wenn sich die Zeit auch nicht mit den vielzähligen und mehr oder weniger raschen Veränderungen vermischen kann, sie, die eins und einförmig ist. Ein Zeitraum läßt sich in der Bewegung an der Unterscheidung zwischen einem Vorher und einem Nachher erkennen, an der Unterscheidung zweier »jetzt«, die ein Intervall umgrenzen; das »jetzt«, potentielle Permanenz, das verschiedene Ereignisse eines nach dem anderen begleitet, sichert zugleich die Kontinuität der Zeit und die Abgrenzung ihrer Abschnitte, indem es sich auf die Potenz gründet, die nacheinander Attribute erhält, das heißt auf das permanente Substrat, auf die Materie des Seins in Bewegung, welche als erste die Kontinuität und die potentiellen Differenzen kennzeichnet. Auf diese Weise skandiert die Zeit das Werden des Seienden und kann sich definieren als »Gliederung der Bewegung in eine Anzahl von aufeinanderfolgenden Phasen«[1]. Alle diese Begriffe tragen das Zeichen jener Aktualität der Potenz als Potenz, jener unvollkommenen Aktualität, derer sich Aristoteles bediente, um die Bewegung zu definieren. Im selben Sinne widerlegt er die dialektischen Argumente des Zenon, indem er zeigt, daß alles Kontinuierliche bis ins Unendliche teilbar ist, und daß umgekehrt im Unendlichen die Teilbarkeit des Ausgedehnten, jene der Bewegung und der Zeit impliziert sind.

Es bleibt in Hinsicht auf die Bewegung im allgemeinen eine wesentliche Frage, die nach ihrem Ursprung; eine Frage, die allerdings schon geklärt scheint, wenn man die Definition der *physis* wörtlich nimmt. Aber die Natur ist keine absolut erste Quelle der Bewegung. Sie ist nur Prinzip vom Gesichtspunkt einer inneren Analyse des Werdens aus, das von außen wirkender Kräfte bedarf, um je nachdem die natürlichen Seienden zu erzeugen oder zu ernähren und so ihre natürlichen Bewegungen zu bedingen. Auf der anderen Seite weist Aristoteles die Ewigkeit der Bewegung im allgemeinen nach: seine Argumentation bedient sich wieder in ihren tiefsten Momenten der irreduziblen Unvollkommenheit, der irreduziblen Unfertigkeit des Paares Akt-Potenz; die beiden Termini sind zu eng verbunden, und sie sind zur gleichen Zeit zu unterschiedlich, als daß man in der chronologischen Ordnung, sei es eine erste Potenz, sei es einen letzten Akt annehmen kann. Aber die Bewegung ist gerade unfähig, sich selbst in dieser unvollkommenen Ewigkeit zu erhalten, oder vielmehr die

---

1 Aristoteles: Physikvorlesung, Buch IV., Kap. XI, 219 b (Flashar). (A.d.Ü.)

Spaltung, die das Paar Akt-Potenz kennzeichnet, kann nur dann jemals, und auch das nur vorübergehend und niemals absolut vereinend, unterdrückt werden, wenn sich eine treibende Kraft einer anderen Ordnung am letzten Ursprung jener Aktualisierungen, deren Erfahrung wir machen, findet. Die Unvollkommenheit der Bewegung bekundet sich vor allem darin, daß jedes bewegte Ding durch ein anderes bewegt ist: es ist also notwendig, einen ersten Grenzpunkt zu setzen, der der Mobilität der Körper, der Dualität von Akt und Potenz entzogen ist (wobei ein infiniter Regreß natürlich nichts klären würde, denn der absolute Ursprung könnte sich dabei per definitionem nur endlos entziehen; auch ist selbstverständlich, daß sich die örtliche Bewegung, die alle Formen der Veränderung implizieren, nicht, wie einige unter ihnen, durch eine reziproke Kausalität ausreichend erklären ließe). Unkörperlich, ewig, rein aktual, unbewegt ist der Erste Beweger also der Gegenstand einer, von unserer Erfahrung der sinnlichen Welt aus, notwendigen Interferenz. Wie sind seine Natur und sein Wirken zu verstehen? In ihm koinzidieren auf absolut vollkommene Weise Form und Akt: die Idee, das Intelligible sind darin unumschränkt Herr ihrer selbst, befreit von aller Materie, also von aller Ungleichheit mit sich selbst; Gott ist stetig gleichbleibendes Leben des geistigen Erfassens und des Intelligiblen, welche eines dem anderen identisch sind. Von daher kann man sich eine Vorstellung von der Natur seines Wirkens machen: als höchstes, und allerhöchstes, Intelligibles erhält er die kosmische Ordnung durch seine Anziehungskraft und speist die Energie, die sich darin entfaltet. Ein Vergleich im ersten Buch von *Über Werden und Vergehen* erhellt die Untersuchungen des letzten Buches der *Physik* und des Buches V der Metaphysik: »Manchmal sagt man ja, der Trauernde rühre uns, ohne daß wir auch jenen rührten.«[1] Der unbewegte und unkörperliche Beweger, der also nicht berührt werden kann, der auch gewiß nicht anders lokalisiert werden kann, als durch eine Metapher, ist die Zweckursache, die durch die Liebe, die sie hervorruft, bewegt. Es besteht die Gefahr, daß diese Liebe, *eros*, falsch verstanden wird und uns wieder einmal auf die irrige Suche nach einem Ursprung der Bewegung inmitten der Welt führt. Hier

1 Aristoteles: Über Werden und Vergehen. Buch I, Kap. 6, 323 a. (Gohlke). (A.d.Ü.)

ist Aristoteles dem Platon sehr nahe, für den höchstes Ziel und erste Quelle alles Wirkens zusammenfallen, so daß der Antrieb des Eros und jener Reichtum, der in ihm mit dem Mangel verbunden ist, nur von oben ausgehen kann: die Liebe entspricht nicht einer Vision durch eine Initiative, sie besteht in einer Anziehung, die man erfährt, und deren Zweckursache zugleich die Wirkursache ist. Aristoteles unterscheidet sich nur insofern von Platon, als er die Transzendenz des höchsten Prinzips betont (der einzigen, oder nahezu einzigen Idee, die er vom Platonismus unberührt bewahrt, um daraus die Hauptstütze seines eigenen Systems zu machen). Aber wenn der reine Akt des Schülers noch offenkundiger unerreichbar ist, als das Gute Platons, und zwar in einem solchen Maße, daß man ihn als der Welt gegenüber fremd bezeichnen könnte, deren Unvollkommenheit ihn tatsächlich in keiner Weise »rühren« könnte, ihn, dessen Vollkommenheit sich in sich selbst verschließt, so geht es nicht allein um Differenz. Der Gegensatz zwischen den beiden Autoren wird offenkundig aufgrund dieses Aufgebens jeder Perspektive einer ontologischen Genese, dessen Bedeutung bei Aristoteles wir schon hervorgehoben haben. Man kann das Warum der Formen, denen Gott die Bewegung mitgeteilt hat, welche ihnen gestattet, sich zugleich unsicher und ewig im Sein zu erhalten, nicht finden, und es besteht kein Grund, es bei Gott zu suchen. Selbst die Ordnung nach der Hierarchie, in der die Mitteilung der aktualisierenden Energien niedersteigt, folgt nur der spontan geordneten Hierarchie der dem Kosmos immanenten Formen. Gott ist also nur der erste Grenzpunkt einer Anordnung, die er ignoriert. Auch ist es nicht erstaunlich, daß er, der höchstes Ziel aller erscheinenden Dinge ist, vielmehr einer Art organisatorischer Gesamtabsicht ähnelt, unter der die einzelnen und autonomen Finalitäten, jede auf ihrer eigenen Ebene, aufeinander folgen. Wir haben gesehen, daß die Zeugung, wenn sie sich dumpf auf den höchsten Pol bezieht, nicht mehr erreicht als die Fortsetzung der spezifischen Formen. Der Ewigkeit, dem reinen Akt, wird auf einer niedrigeren Ebene in gewisser Weise von jenen auf immer erhaltenen Formen Konkurrenz gemacht, ebenso wie seiner Unbewegtheit auf einer niedrigeren Ebene durch ihr Aufblitzen, durch ihr plötzliches Auftauchen am Ende der Aktualisierungsbewegung Konkurrenz gemacht wird.

Skizzieren wir sehr kurz die Welthierarchie in der absteigenden Ordnung. Gott am nächsten bauen sich die Sphären der unvergänglichen Körper stufenweise auf, ewige Lebewesen, die von der der Unbewegtheit am nächsten liegenden Bewegung bewegt werden, nämlich von der gleichförmigen Kreisbewegung ohne Abnahme noch Zunahme, ohne Beginn noch Ende. Der erste Himmel ist die bewegte Sphäre der Sterne, die den Kosmos einhüllt, deren fixes Zentrum der natürliche Ort der Erde ist, die Sphäre im Ruhezustand. Ein komplexes System konzentrischer Sphären, nach der Anregung des Eudoxos von Knidos, dem großen Mathematiker und Astronom, einem Freund Platons, versucht die sichtbaren Bewegungen der Sonne, des Mondes und der Planeten zu zergliedern. Da jede ewige Bewegung eine ewige Ursache erfordert, erfordern diese verschiedenen Bewegungen, die deutlich unterschieden sind von der einförmigen Bewegung der Sphäre der Fixsterne, eine Vielzahl an unbewegten und unkörperlichen Bewegern, deren Verhältnis zum Ersten Beweger im übrigen ein schwieriges Problem aufwirft, das unsere Texte in der Schwebe lassen. So ist die »supralunare« Welt beschaffen (deren Bezeichnung ziemlich unglücklich ist, da der Mond Teil dessen ist), die sich unserer »sublunaren« Welt entgegensetzt, wie sich die Region der ewigen Körper, die mit einem Minimum an Bewegung und Materie behaftet sind und dem Ersten Beweger am nächsten oder unter seinem direktesten Einfluß stehen, der Region der Physik im eigentlichen Sinne entgegensetzt, wo die Unvollkommenheit zunimmt, und wo die Vielzahl der vergänglichen Körper, welche von den am wenigsten unvollkommenen bis zu den niedrigsten einen immer schwächeren Anteil der Energie von oben erhalten, unter dem Einfluß des Himmels eine gewisse Art von Ordnung nur durch sehr viel Unordnung und sogar Konflikte hindurch aufrechterhalten. Das Entstehen eines bestimmten Seienden erfordert die Vernichtung eines bestimmten anderen, und die natürlichen Bewegungen des einen tun leicht der Natur eines anderen Gewalt an, um mit den Elementen zu beginnen. Diese werden durch sinnliche Qualitäten bestimmt, die je zwei Gegensatzpaare bilden, heiß und kalt, trocken und feucht, und sich zu einem heißen und trockenen Element (Feuer) zusammensetzen, das nach oben strebt, und als Gegensatz dazu zu einem kalten und trockenen Element (Erde), das nach unten, dem Zentrum der Welt zu, strebt, dann als Vermittler den anderen beiden möglichen Kombinationen nach zu warm-feucht und kalt-feucht, beziehungsweise Luft und Wasser. Daraus ergibt sich eine fortgesetzte Reihe, die eine zirkuläre Umwandlung in beide Richtungen zuläßt: deren Bewegung ist ohne Ende dank der Neigung der Ekliptik, die die Jahreszeiten hervorbringt, das heißt, das wechselnde Vorherrschen der entgegengesetzten Qualitäten. Die vier Elemente liegen allem, was die sublunare Welt umfaßt, zu Grunde, sie sind die materiellen Ursachen, das heißt, die äußerst unzureichenden aber notwendigen Bedingungen aller komplexeren physischen Realitäten. Das uns bekannte Schema, Form und Materie, Akt und Potenz, wiederholt sich vom Vollkommensten bis zum Unvollkommensten, von den höchsten Bestimmungen des Lebens bis zu den elementaren Kombinationen, deren Umwandlungen die Existenz der Urmaterie implizieren, die allein absolut ungestaltet, unbestimmt ist und nicht Akt sein kann, der ja einer niedrigeren Potenz entspräche.

Eines der Hauptinteressen von Aristoteles ist die Welt der Lebewesen (deren Studium dem Volumen nach fast ein Drittel des *Corpus* einnimmt). Die Lebewesen sind die komplexesten, die am reichsten bestimmten Seienden der sublunaren Welt. Wir wollen hier die Einzelheiten beiseite lassen, die meistens in ihrer Präzision und Exaktheit bemerkenswert sind und ebensowohl auf persönliche Beobachtungen und Dissektionen gegründet sind wie auf Umfragen bei den Jägern, den Fischern etc.; halten wir hier die Methoden und Gesamtauffassungen fest. Zunächst ist es dieses Gebiet, auf dem die Priorität des Aktes über die Potenz und der Form über die Materie am deutlichsten wird, ob man nun die Entstehung des Einzelorganismus betrachtet oder das Wirken seiner Seele. Bei der Entstehung wirken die spezifische Bestimmung der Form und die Energie, die ihr von oben zukommt, zusammen, wenn der Mensch in diesem Sinne auch »von der Sonne« gezeugt ist, so ist es dennoch »der Mensch«, der herangewachsene Mensch in der Entfaltung seiner Form, der »den Menschen zeugt«, das heißt, die Form als aktive Potenz des Samens, als potentialer Herangewachsener. Das Leben ist sozusagen eine höhere Technik, durch welche eine Form, indem sie sich dank einer angeeigneten Bewegung einer angeeigneten Materie mitteilt, fähig ist, ihrem *Duplicatum* das aktive Vermögen zu bewahren, das die menschliche Kunst niemals auf ihre Produkte übertragen kann. Vom Zustand des Samens an entwickelt die fortschreitende Entfaltung der Form in einer bestimmten Ordnung eine Reihe von Funktionen. *Physis,* Natur, genannt, wenn es sich um einfachere Realitäten handelt, ist die aktive Potenz der Form, die Seele der Lebewesen, das heißt, »im Sinne der Form des natürlichen Körpers, der seiner Möglichkeit nach Leben hat«[1], genauer, »die vorläufige Erfüllung des natürlichen mit Organen ausgestatteten Körpers«[2], folgt man den sukzessiven Formulierungen der Abhandlung *Über die Seele,* die zu einem großen Teil eher ein Werk über die allgemeine Biologie darstellt, als das, was man heutzutage Psychologie nennen würde. Diese Definition besagt, daß die Seele als vollendete Bestimmung des spezifischen Typus die vollkommene und unvergängliche Form und die aktive, an die passive Potenz des Organismus, die ihr entspricht, angepaßte Potenz ist: als solche ist die Seele die *Lebensfähigkeit,* die vollauf in Kraft treten *kann,* wenn sie ihren Körper »beseelt«, dessen sämtliche Funktionen sie in der Tat lenkt, um sich seiner als Instrument zu bedienen; die Seele ist Form-, Wirk- und Zweckursache der Entwicklung, der Erhaltung und der Betätigung des Körpers, an den sie gebunden ist. In diesem Sinne kann man so viele Argumente aufbieten, wie man nur hat, um im Denken des Aristoteles eine Evolution zu erkennen, die, in der Biologie, von einer Art instrumentistischem Animismus zum Hylemorphismus der Abhandlung *Über die Seele,* gegangen sei, so wie wir weiter oben berichtet haben: am Ende bewahrt die Seele eine absolute Priorität über den Körper, selbst wenn sie sich von ihm nicht mehr in der Weise eines numerisch von einem anderen Seienden Verschiedenen unterscheidet und fährt fort, ihn als natürliches Instrument zu benutzen. Ob die Form die Materie bearbeitet, um an ihr ihren Akt zu entfalten, oder, weitergehend, um sich darin zu reproduzieren, ihre glänzende Überlegenheit tritt in dieser Hypertechnik des Lebens zutage, durch welche die Arten ihre Erhaltung in unendlich wiederholten Wachstums- und Zeugungszyklen sichern.

Die verschiedenen Funktionen des Lebens sind nicht alle in jedem Typ von Lebewesen gegenwärtig, sodaß die Funktion der Ernährung und Erzeugung zum Beispiel, die es bei allen Lebewesen gibt, zum einen die notwendige Bedingung, die materielle Ursache der höheren Funktionen ist, zum anderen eine Gruppe von Lebewesen eingrenzt, die nur mit einer nährenden Seele versehen sind, nämlich die Pflanzen. Die Hierarchie der Funktionen entspricht einer klassifikatorischen Hierarchie der großen biologischen Grup-

---

1 Aristoteles: Über die Seele, Buch II, Kap. I, 412 a (Flashar). (A.d.Ü.)
2 Aristoteles: a.a.O. 412 b (A.d.Ü.)

pen. Im Detail der Klassifikation hat sich Aristoteles bemüht, die Gattungen mit Hilfe der Ähnlichkeit der Struktur und sozusagen der Konstruktion zu erkennen; jede Art resultiert aus der formalen Bestimmung einer Gattung durch eine Vielzahl von Differenzen, die sie so von der Potenz zum Akt übergehen lassen. Man wird sehen, daß Aristoteles, der empfänglich ist für die Kontinuität, für Entwürfe und Präfigurationen, für interspezifische und intergenerische Entsprechungen, entschlossen und absolut fixistisch ist: es könnte in seinem System nicht die geringste Möglichkeit eines Übergangs von einer Art in eine andere geben, da die spezifischen Formen sich durch das allgemeine Gleichgewicht des Kosmos, das der Erste Beweger erhält, wie durch ihren Status als seinem Beispiel entsprechend unauflöslich finale und wirkende Ursachen mit Sicherheit als solche in alle Ewigkeit reproduzieren. Es genügt nicht, daß man mit Wort und Blick von einem Maul zu einem Schnabel übergehen kann, oder daß man die Homologie zwischen einem Arm und einem Flügel erkennt, um ein Evolutionist und ein Transformist zu sein: nach Aristoteles sind die Arten in einer feststehenden Hierarchie angeordnet, welche, von oben nach unten betrachtet, durch einen immer deutlicheren Abstieg hindurch eine intelligible Einheit offenbart. Der Mensch, an der Spitze, besitzt eine aufrechte Haltung, und die Nahrungsaufnahme vollzieht sich bei ihm von oben; die Tiere sind zur Erde gebeugt und verlieren den Drang zum Himmel; sie haben einen zu schweren Brustkorb; mit den Pflanzen steht es noch viel schlimmer, denn wenn sie auch den Anschein erwecken, die menschliche Vertikalität wiederzufinden, so einfach deswegen, weil sie auf dem Kopf stehen, den Mund nach unten, und damit die von den Tieren angedeutete Rückentwicklung vollenden und die Reihe beschließen. Aber das, was der Geist so überschaut, ist an sich unveränderlich.

Die sublunare Welt ist jedoch nicht vollkommen geregelt. Man versteht, daß sich darin sinnleere Geschehnisse ereignen, angefangen bei der Vernichtung und dem Tod, was die vernichteten und toten Seienden betrifft. Was für dieses Seiende natürliche Kausalität ist, ist zugleich für jenes andere mechanische und gewaltsame Kausalität (das ganze Problem des experimentellen Eingriffs in der Biologie ist damit aufgeworfen). Die mechanische Kausalität kann sich überdies auf einen Zweck richten, der sich von jenem unterscheidet, welchen die natürliche Ursache (oder auch die intentionale und menschliche Ursache), deren andere Seite sie nur ist, verfolgte. Sie kann auch, wie es bei den Lebewesen der Fall ist, für viele individuelle Abwandlungen innerhalb der Art indifferent sein, oder bedauerlich, wenn sie Monster produziert. Zweifellos sind solche Auswirkungen ziemlich selten, ebenso wie die Urzeugung, eine Erfahrungstatsache für Aristoteles, nur die niederen Arten betreffen kann. Aber im Grunde ist es in unserer sublunaren Welt schwierig, eine klare Grenzlinie zwischen Gelingen und Mißlingen, zwischen erreichtem Ziel und verfehltem Ziel, zwischen Form und Deformation, zwischen dem vollendeten und dem unvollendeten Seienden zu ziehen. Vergleicht doch Aristoteles die Tiere zugleich mit Kindern, die auf allen Vieren gehen, und mit Zwergen. Animalität, Unreife und Monstrosität gehen in der sublunaren Relativität von Akten und Potenzen ineinander über, oder doch nahezu.

Die Organisation der Erkenntnis und das Problem des Seins

Der Mensch, der Höhepunkt der sublunaren Hierarchie, ist das einzige ihrer Glieder, das nach Wissen strebt. Wir haben erwähnt, wie Aristoteles das intellektualistische Erbe von Sokrates und Platon übernahm. Wir sahen weiter, nach welchen Hauptlinien er sich die Welt vorstellt. Aber Aristoteles glaubte sich nicht dispensiert von einer aufmerksamen Analyse der organisierten Prozesse und Strukturen der Erfahrung, und eine lange Tradition, die von den qualifiziertesten modernen Logikern gestützt wird, hält das *Organon,* das sein Autor selbst als sehr neuartig einschätzte, für den dauerhaftesten und lehrreichsten Teil dieses ganzen so weitläufigen und mannigfaltigen Werkes. Wie dem auch sei, wir können hier nicht auf dem technischen Detail beharren, das allein jene Wertschätzung ausreichend bestätigt, um ihr ganzes Gewicht wiederherzustellen, oder jeden einzelnen davon zu überzeugen. Wesentlich erscheint es zunächst, hervorzuheben, daß die Wissenschaft in den Augen des Aristoteles nur in der dogmatischen, vollkommen und definitiv organisierten Entwicklung ihrer zwingenden und im buchstäblichen Sinne dieses Begriffs indiskutablen Beweise wahrhaft die Wissenschaft ist. Dieses Ideal ist, wohlverstanden, ein Endpunkt, ein Ziel, dessen einzige konstruktive Funktion höchstens noch die einer letzten Verifizierung wäre; die aktuale Wissenschaft erlangt eine Art Immobilität.

Man kann die notwendigen Zusammenhänge, deren rationale Erkenntnis die Wissenschaft ist, im allgemeinen studieren und die Bedingungen, denen die Prinzipien der Beweisführung genügen müssen: so verfahren die *Analytica.* Eine notwendige Beziehung macht eine Wirkung von einer Ursache und eine Konsequenz von einem Prinzip abhängig; man bildet ein Urteil, das von zuvor aufgestellten oder anerkannten Sätzen ausgehend auf die Notwendigkeit des Verhältnisses schließt: in diesem Deduktionsdurchgang enthüllt sich die Notwendigkeit, und man stellt darin den Grund oder die Ursache für die unwandelbare Abhängigkeit fest. Der Schluß, im Griechischen Syllogismos, ist das Instrument der Wissenschaft. Für Aristoteles handelt es sich immer um Verhältnisse vom Typ Prädikat-Subjekt: zum Beispiel, wenn ein Prädikat A von jedem Subjekt B behauptet wird, und wenn B seinerseits ein Prädikat ist, das von jedem Subjekt C behauptet wird, dann muß notwendig A von jedem C behauptet werden. Das verhält sich so, weil jedes C B ist; B, der Mittelbegriff, der den Übergang von den Prämissen zum Schluß vollzieht, ist der Grund oder die Ursache der gefolgerten Notwendigkeit. Man findet in der *Ersten Analytik* eine Formalisierung und Systematisierung der verschiedenen Typen attributiver Urteile, die heute als eine restringierte und nicht elementare Theorie erscheinen, aber, ebenso wie das Werk Euklids auf dem Gebiet der Mathematik, vorrangig sind. Aristoteles hat nebenbei den Syllogismus, der auch bei Platon am Werke ist, zum Beispiel im Unsterblichkeitsbeweis des *Phaidros,* nicht erfunden, aber er hat das vollständige und genaue System der Syllogismustypen aufstellen wollen, so daß sie klar und rational zwingend würden und von daher frei wären von jeder subjektiven und mehr oder weniger ungenügend zu rechtfertigenden Wahl. Unter dem Vorbehalt, daß der Satz vom Widerspruch übertreten wird, schließt der Syllogismus *vi formae,* durch das Vermögen seiner Form, man möchte fast sagen, durch seine Mechanik. Es versteht sich von selbst, daß sich hier die Form in ihrer leeren Allgemeinheit einem Inhalt entgegensetzt und zu dem *eidos,* das eine Materie formt, keine andere Beziehung hat, als daß sie sich mit jedem eidos unter das gemeinsame logisch-ontologische Gesetz des Widerspruchs stellt.

Deswegen kann auch der Syllogismus nicht auf eigenen Füßen stehen. Für einen beweisenden Schluß, das heißt, einen, der in das Register der Wissenschaft eingeht, ist ein Inhalt nötig, und mehr noch, ein Inhalt, der auf der Ebene der Prämissen bewiesen ist, denn die Kohärenz der Form paßt sich dem Falschen an, solange das Falsche selbst kohärent ist. Man muß über zwei Prämissen verfügen, die zwei notwendige, schon festgelegte Verhältnisse aussagen und einen Mittelbegriff gemeinsam haben: das Vermögen des Syllogismus besteht nur darin, analytisch durch Explizitation des Impliziten, aus ihm das dritte Verhältnis, das notwendig daraus resultiert, abzuleiten. Diese Konklusion ist der einzige Gewinn des Syllogismus, und dieser Gewinn ist für jeden Syllogismus einzig. Wenn man weitergehen will, einen anderen Syllogismus bilden will, muß man zumindest über eine Prämisse verfügen, die sich von einer der beiden, die man gerade angewandt hat, unterscheidet, und wenn man die vorangehende Konklusion verwendet, braucht man sogar eine, die sich von beiden unterscheidet. So muß man also in jeder Etappe im voraus andere notwendige Beziehungen wissen, als die, die man gerade herstellt, so daß es unvermeidlich ist, mit den nicht beweisbaren, den Axiomen und Definitionen zu beginnen, deren Rechtfertigung nicht auf der Ebene des Beweises liegen kann. Die Beweisführung ordnet eine von grundlegenderen Methoden schon erworbene Fülle, zumal das syllogistische Verfahren, das weit davon entfernt ist, nur eine kleine Anzahl an Prinzipien zu beanspruchen, nach der Art der Mathematik, die ihm häufig als Illustration dient, in Übereinstimmung mit dem aristotelischen Pluralismus, dem Feind jeden Versuchs der genetischen Reduktion auf die Einheit, vom Vielen zum Wenigen vorrückt. Es muß hinzugefügt werden, daß die Auswahl der Prämissen, die man in Beziehung setzen will, selbst noch nicht auf der Ebene des Beweises liegt und auf einer Untersuchungsmethode beruht, die per definitionem nichts mit der abgeschlossenen Sicherheit des Beweises zu tun haben könnte. Die artikulierte und kontrollierte Hierarchisierung der wesentlichen Formen und ihrer Eigenschaften ist der höchste Punkt eines Aufstiegs, dessen große Etappen von unten angefangen, nachzuzeichnen sind.

Vom Gesichtspunkt der Erkenntnis aus ist die unterste Ebene die der Empfindung, die für die Tiere und den Menschen in seiner Eigenschaft als Tier charakteristisch ist. Weit bevor sich die menschliche Erkenntnis zur Wissenschaft erhebt, geht sie aus von der Empfindung und könnte sie ebensowenig entbehren, wie die sensitive Fähigkeit oder Seele die nährende Fähigkeit oder Seele entbehren könnte. Es ist dies nur ein Einzelfall in der Kontinuität der Stufen auf der Leiter der Seienden, deren jede Stufe eine niedrigere erfordert, eine ihrem eigenen Akt vorgeordnete und unerläßliche Potenz. Aristoteles zögert nicht, als Evidenzwahrheit zu behaupten, daß »wenn ein Sinn verschwunden ist, damit notwendig auch ein Wissen verschwindet, das nicht wieder angeeignet werden kann«[1]. Und was man von der Empfindung behaupten kann, ist nicht ohne Analogie zu dem, was sich auf die Intellektion selbst bezieht. Um die Erkenntnis zu verstehen, muß man sich eine gewisse Koinzidenz zwischen ihrem Subjekt und ihrem Objekt klar machen können, oder vielmehr, denn diese Begriffe sind zu modern, zwischen dem Menschen und den Dingen. Aristoteles beruft sich im Falle der Empfindung außer auf eine passive Potenz auch noch nicht nur auf eine einzige, sondern auf zwei aktive Potenzen, jene dessen, was erkannt wird, und jene dessen, der erkennt, deren Akt derselbe ist, da die Form des Erkannten ohne seine Materie empfangen wird. Auf diese Weise ist die Veränderung, die in der Empfindung erfahren wird, sehr viel anders als eine gewöhnliche physische Veränderung; eine solche Veränderung ist unerläßlich, das Empfindungsorgan muß in gewissen Grenzen von einem äußeren Agens modifiziert werden und dieselbe sinnliche Qualität erwerben: Aristoteles sagt zum Beispiel, daß das Auge sich beim Schauen färbe. Aber die Empfindung an sich ist etwas anderes: Aristoteles illustriert das in der Abhandlung *Über die Seele* durch das berühmte Bild vom Wachs und vom Siegel, welches in jenem nur seinen Abdruck, nicht aber seine Materie hinterläßt. Und dem Vermögen des sinnlichen Agens entspricht das nicht weniger aktive Vermögen zu empfinden, ohne daß diese Aktionsweise, zu der sich weder die unbelebten Dinge noch die Pflanzen eignen, unmöglich wäre: die Empfindung ist im Empfindenden der gemeinsame Akt des sinnlich Wahrnehmbaren und des Empfindenden. Das Auge färbt sich nicht nur, es sieht die Farbe. Dies ist der Ausgangspunkt aller Erkenntnis.

Fast auf derselben Ebene greift der »allgemeine Sinn« ein, der die Verschiedenheit der Sinne überwindet, die allgemeinen sinnlichen Erscheinungen wahrnimmt (Bewegung, Größe), die Empfindungen koordiniert, indem er sie auf die wahrgenommenen Objekte bezieht, die Bilder, abgeschwächte Empfindungen, be-

---

1 Da das Zitat nicht nachgewiesen ist, wurde es nach Bernhardt übersetzt. (A.d.Ü.)

wahrt und insgesamt die Einheit dessen, was wir Bewußtsein nennen, sichert. Über dem allgemeinen Sinn kommt die Imagination, die in Abwesenheit der entsprechenden Dinge nach Belieben Bilder evoziert; schließlich bildet sich die intellektive Fähigkeit, sei es diskursiv, »dianoetisch«, in der Entwicklung der wissenschhaftlichen Urteile, sei es intuitiv, in der höchsten Tätigkeit des Intellekts, *nous,* in der *noesis,* welche die Prinzipien erreicht, jene Prinzipien, die wir jederzeit benötigen, um die Beweise der Wissenschaft zu organisieren.

Die Frage ist, wie sich diese Progression vollzieht. Wenn Aristoteles im letzten Kapitel der *Zweiten Analytik* sagt, daß man vom Empfinden zum Erinnern gelangt, vom wiederholten Erinnern zur Erfahrung und von der Erfahrung zum Allgemeinen, so will er zeigen, durch welche fortschreitende Stabilisierung der Strom der verschiedenen Empfindungen, einer Armee in Auflösung ähnlich, dahin gelangt, sich zugleich zu reorganisieren und immobilisieren, bis zu jenem Punkte, an dem der Geist Zugang hat zur Ahnung der wesentlichen Formen und aller Prinzipien. Aber wie ist es zu verstehen, daß zum einen die Empfindungen zum, selbst intuitiven, intellektuellen Erfassen unerläßlich sind, und daß zum anderen die wiederholten Beobachtungen von Einzelfällen, aus denen die Induktion eine empirische Allgemeinheit herleitet, diese Allgemeinheit nicht bis zur rationalen Erkenntnis einer wahren Notwendigkeit erheben können? Die Antwort scheint in einer Anwendung des schon zu wiederholten Malen evozierten Schemas zu liegen: es gibt eine Kontinuität von Potenz zum Akt zwischen den unterschiedenen Ebenen der Induktion und des intellektuellen Erfassens, dem empirischen Umgruppieren und der rationalen Intuition. Alle Verfahren, die außerhalb des Apparats der definitiven Beweisführung am Werke sind, alles, was Dialektik, Sammeln und Konfrontieren von Meinungen, Aussage von Schwierigkeiten (»Aporien«) und Problemen ist, hat teil an einer Logik der Entdeckung, die danach strebt, die induktiven Untersuchungen zur äußeren Abgrenzung der wesentlichen Formen und zum Erkennen der Mittelbegriffe zu führen. Wenn diese Untersuchungen eine korrekte Richtung nehmen, so geht die intellektuelle Intuition über sie hinaus, indem sie sie vollendet. Die Empfindung enthielt schon potential das Intelligible; am anderen Ende der Kette enthält der Intellekt es aktual. Empfindung und Intuition sind, jede auf ihrer eigenen Aktualitätsebene, unfehlbar, indem die eine ihr eigenes Sinnliches entdeckt und die andere die Reinheit einer wesentlichen Form. Die große Schwierigkeit besteht darin, sich nicht im Zwischenraum zu verirren, dem Ort der methodischen Anforderungen und des Tastens und Annäherns der Untersuchung. Denn, nach Aristoteles kann man nicht ernsthaft glauben, daß sich die sichersten Grundlagen der Wissenschaft schon von Anfang an, ohne daß wir sie gleich erkennen würden, in unserem Intellekt befänden, und nur in einem Latenzzustand die Gelegenheit abwarteten zu erwachen. Ideell ist der Intellekt potential alles, eine unberührte Tafel (»tabula rasa« nach dem berühmt gewordenen Bild), auf der sich unkörperlich die Formen der Wesen, jedes in seiner organischen Einheit aktual, einschreiben. Das intellektive Vermögen, um es nur in dieser Passivität zu betrachten, genügt nicht, um die Formen zum Akt übergehen zu lassen, die in den Empfindungen allein potential enthalten sind. Ein Agens ist also erforderlich; Aristoteles unterscheidet im dritten Buch der Abhandlung *Über die Seele* von »dem Geist von solcher Art [. . .], daß er zu allem wird«[1], »einen anderen von solcher, daß er alles wirkt«[1], als Fähigkeit, als eine dem Licht ähnliche aktive Potenz, »denn gewissermaßen macht auch die Helligkeit die möglichen Farben zu wirklichen Farben«[1]. Ist also dieses doppelte Vermögen gesetzt, so ist der Intellekt idealiter fähig, alle Dinge zu erzeugen und zu sein, von den Empfindungen und ihrer empirischen Organisation ausgehend, werden die Prinzipien aktual, die Vernunft stützt sich auf die Erfahrung und erhebt sie auf die Ebene dogmatischer Gewißheiten. Man hat alle Bedingungen der Möglichkeit des Wissens vereint. Die leere Form des Syllogismus braucht nur noch den Inhalt der wesentlichen Formen aufzunehmen und die Nachweise der notwendigen Relationen, welche diese Formen mit ihren Eigenschaften verbinden, aufzustellen.

In Wirklichkeit bleiben noch erhebliche Schwierigkeiten, die sich vielleicht schon am Residualcharakter der Argumente erraten lassen, durch die Aristoteles die Prinzipien einordnet: da sie weder angeboren noch beweisbar sind, muß man sie schon aus dem Empfinden und der Induktion herleiten, und, da sie noch mehr erfordern, bleibt über der Induktion nichts mehr als die intellektuelle Intuition. Diese Erfordernis entspricht zwar einer gewissen, zumindest partiellen Realität des schon erworbenen Wissens, welche

1 Aristoteles: Über die Seele, Buch III, Kap. 5, 430 a (Flashar). (A.d.Ü.)

umgekehrt fähig ist zu erweisen, daß diese Forderung wirklich befriedigt ist. Nichtsdestoweniger scheint sich Aristoteles in seiner tatsächlichen Forschung häufig mit einer ein wenig schwankenden und approximativen Universalität zufriedenzugeben, einer, die sich nicht immer und überall in identischer Weise aufrechterhält, und die sich »in der Mehrheit der Fälle« wiederfindet. Weiter bleibt der »gesonderte« Charakter des Intellekts im Menschen, seine Weise, bei der Entstehung »von außen« zu kommen, seine Ewigkeit, die Dualität seiner Kräfte, allein im Licht der Texte, über die wir verfügen, dunkel, und die Bemühungen um Erhellung verkehren sich in einer sehr alten Tradition schnell in den Konflikt von Lehren, die das Denken des Aristoteles in divergente und gleicherweise »mögliche« Richtungen fortsetzen. Im übrigen ist die Leidenschaft, die durch die Jahrhunderte hindurch die Debatten beseelte, deren Gegenstand die Beziehungen der menschlichen Seele zu der zu erkennenden Welt wie zum göttlichen Geist (der manchmal mit dem aktiven Geist identifiziert wird, welchen beim Menschen das Wissen erfordert) angeht, verständlich.

Ein Problem, das diesem ziemlich naheliegt, hat Aristoteles jedenfalls sehr lange beschäftigt: das Problem des Seins. Man hätte erwartet, daß sich auf der Ebene des Seins als äußerstem Begriff, der durch seine Einfachheit und Allgemeinheit jeder Unterscheidung, jeder Beziehung, jeder Notwendigkeit der Einordnung zuwiderläuft, kein Problem stellen könnte. Dennoch hat Platon im Hinblick auf das Sein als »höchste Gattung« die vielleicht tiefste und bedeutendste Frage seiner Philosophie formuliert und im *Sophistes* zu lösen versucht. Bei Aristoteles geht es nicht mehr darum, das Sein in seiner Beziehung zu anderen höchsten Gattungen zu verstehen, was, wie wir gesehen haben, ihm zufolge die übelsten Verwirrungen und Widersprüche mit sich bringt. Aber haben wir, nachdem jede Perspektive einer genetischen Einheit verworfen ist, allen Grund, uns durch die demonstrative Organisation des Wissens vollkommen befriedigt zu fühlen, selbst wenn wir annehmen, daß sie verwirklicht ist, selbst wenn wir zu den Schwierigkeiten und Obskuritäten übergehen, die im nächsten Augenblick aufgehoben sind?

Die Vielheit der Bedeutungen des Seins, die wir seit unserem Eintritt in das System des Aristoteles haben berücksichtigen müssen, die Unterscheidung von Wesen und Akzidentien, die von Akt und Potenz und von Form und Materie, diese für die Kohärenz des Wissens, wie wir gesehen haben, unerläßlichen Differenzen, scheinen nun ein Hindernis zu seiner Vollendung zu bilden. Denn das Sein, die Tatsache, ein »Seiendes« zu sein, ist ein allen Dingen gemeinsamer Zug, und das Wissen strebt folglich nach einer gewissen Gesamteinheit. Aber die beweisende Intelligibilität gebietet im Gegensatz dazu etwas, was man eine Pluralität besonderer Allgemeinheiten nennen könnte, wobei jede Wissenschaft, zur gleichen Zeit, da sie beherrscht ist von Axiomen, die allen »Seienden« gemeinsam sind, ihre eigenen Prinzipien hat und die Grenzen einer besonderen Gattung nicht überschreiten kann. In der Tat kann sich eine Gattung nicht darauf beschränken, Arten zu klassifizieren, ohne andere dabei auszuschließen, so daß sie davon nie, wie wir heute sagen würden, die »Menge aller Mengen« haben kann.

Das Sein, so zeigt Aristoteles, ist keine Gattung, sonst würde es Differenzen zulassen; nun erzeugt die Gattung die Differenzen, die eine Gattung spezifizieren, nicht, noch produziert sie sie durch Teilung, sie aktualisieren von außen die Gattung in Arten und haben immer, jede für sich genommen, ein weiteres Ausmaß nicht nur als jede Art sondern sogar auch als die jeweilige Gattung. Die Differenzen des Seins, als Gattung betrachtet, versinken also im Nichts, und wenn man versucht, aus dem Sein eine Gattung zu machen, gelangt man allein dahin, daß man den ganzen Reichtum der Differenzen, alle Strukturen des Kosmos verwirrt und auslöscht. Und natürlich geschieht dasselbe, wenn man sich für dieses oder jenes einzelne Seiende interessiert und dabei den Gesamtgesichtspunkt der Organisation einer Wissenschaft verläßt. Bekanntlich könnte die in gewisser Weise unteilbare Einheit eines Seienden eine innere Vielfalt nicht ausschließen, deren zehn Kategorien die höchsten Gattungen bilden, welche nicht auf eine einzige zu reduzieren sind (Wesen, Zeit, Ort, Qualität, etc.), wenn sie auch alle per definitionem fähig sind, in eine Attribution einzutreten und folglich schlicht zu *sein.* Das Sein ist eins und zersplittert, »äquivok«, wie man später sagen wird; der Begriff, der, ohne darin aufzugehen, zu dem neigt, was Aristoteles »Homonymie« nennt, das heißt, eine einzige Bezeichnung für Dinge verschiedener Natur, scheint gleichweit entfernt von Genauigkeit wie von Verbalismus.

Gibt es also ein Mittel, um über die distributive Intelligibilität der Beweisführungen hinauszugehen? Das Wissen als Weisheit will, so sagt Aristoteles, zu den höchsten Prinzipien gelangen, und der Weise muß eine Erkenntnis der Gesamtheit besitzen, »das Wissen des Ganzen«. Indem es diese Hinweise vom Beginn der *Metaphysik* präzisiert, verkündet das Buch III, »es gibt eine Wissenschaft, die das Seiende als solches betrachtet«[1]. Es ist möglich, um dahin zu gelangen, ohne auf das Paar Gattung-Art zurückzugreifen, sich an eine andere Klassifikationsweise zu wenden, welche aus ihren verschiedenen Bedeutungen *pros en legomena* macht, das heißt, »in bezug auf« einen Begriff und einen ersten Sinn untergeordnete Begriffe. Man wird so eine geordnete Reihe erhalten, wie man im Falle der Gesundheit gesund sagen kann, und ausgehend von der Gesundheit und mit dem Verweis auf ihre Natur eine Folge verschiedener Realitäten ermittelt, was sie erhält, was sie hervorbringt, was deren Zeichen ist, was fähig ist, sie zu empfangen. Der Ausgangspunkt dieser Methode, und das ist wesentlich, besteht darin, den ersten Sinn sehr genau zu bestimmen, das heißt, nicht sich zu fragen, was die gemeinsame Realität der zu ordnenden Sammlung ist, sondern welches der Begriff der Sammlung ist, der am ehesten die gemeinsame Bezeichnung verdient. Die Frage, die Aristoteles sich stellt, ist folgende: was ist das Sein oder das »Seiende« im vollständigen Sinne? Es geht nicht mehr, wie bei Platon, darum, das Sein zu verstehen, indem man es mit einem anderen als mit ihm in Verbindung setzt (ein für Aristoteles sehr fremdes Verhältnis): man muß die verschiedenen Seinsarten ordnen, ausgehen von einer ersten Seinsweise, vom Sein par excellence.

Zunächst gibt Aristoteles eine provisorische Antwort, die wieder in eine Frage umschlägt: die erste Seinsweise ist die des Wesens oder der Substanz, von der sichtlich die anderen Seinsweisen abhängen, so wie es im sehr bedeutenden Buch VI der *Metaphysik* von Anfang an gesagt wird. Die Frage ist also, was Wesen oder Substanz im vollen und ersten Sinne ist; sie stellt sich, weil die Materie einigen Anspruch auf den Status eines Wesens hat, aber man weiß wohl, daß das Wesen im eigentlichen Sinn nur die wesentliche Form sein kann, das heißt, das, was sich als »ti en einai« oder nach dem Lateinischen als die *Quiddität* definiert: es ist die wesentliche Form, die das Wesen bestimmt und es so im höheren Sinne individualisiert, während die niedere, die numeri-

1 Aristoteles: Metaphysik, Buch III, 1003 a. (Gohlke). (A.d.Ü.)

sche Individualität, welche zwei Seiende von gleicher Quiddität unterscheidet, Sache der Materie ist. Aber die damit erhaltene Antwort ist nicht definitiv: es gibt keine Form »an sich« im platonischen Sinne, keine Idee der Form, wenn man so sagen darf; eine Vielzahl bietet sich also durch den ganzen Kosmos hindurch als Seinsweise par excellence an, und vor allem sind diese Formen untereinander verbunden und hierarchisiert. Von daher wird verständlich, nach dem Buch V der *Metaphysik,* »gäbe es nun kein anderes Wesen als das, was wir in der Natur antreffen, dann wäre die Naturlehre die oberste Wissenschaft, gibt es aber ein unbewegtes Wesen, dann hat dies den höheren Rang und gibt es eine oberste Wissenschaft von ihm, und diese ist allgemein, eben weil sie die oberste ist. Und ihr steht es zu, vom Seienden als solchem zu handeln«[1]. Das Seiende par excellence ist die reine Form aller Materie, der ewige und absolut unbewegte Akt; als Fülle aller übrigen ist es wohl der oberste Begriff der Reihe der Bedeutungen des Seienden: alle anderen Seienden, ob sie nun unzerstörbar oder zerstörbar sind, ordnen sich im Verhältnis zu ihm an und imitieren es, soweit ihre Mittel es erlauben. Das Schema einer absteigenden Reihe versöhnt die Weltordnung mit der Autonomie der besonderen Formen und dem irreduziblen Reichtum der Differenzen. Man hätte es gern gesehen, daß Aristoteles mehr Präzisierungen über diese Anordnung hinterlassen hätte, die von der Theologie zur Ontologie geht, von dem Bereich der vollkommenen Einheit zu jenem des Bruches, auf jeden Fall erblickt man darin die tiefe Einheit der dichten und überladenen Bücher der *Metaphysik,* die Ordnung des Weisen, der das Ganze weiß, ohne alles zu wissen.

Anmerkung zur Ethik und zur Politik

Man wird uns vielleicht verzeihen, wenn wir innerhalb der Grenzen, die dieser Skizze gesetzt sind, nur kurze Hinweise auf die Ethik und die Politik des Aristoteles geben, welche in der *Nikomachischen Ethik* und der *Politik* ziemlich direkt zugänglich sind. Die eine wie die andere fügen sich harmonisch in das Gesamtsystem, wie sich das menschliche Handeln in die Welt der Zerrissenheit fügt, in der es darum geht, zu werden, was man ist,

1 Aristoteles: Metaphysik, Buch V, 1026 a (Gohlke). (A.d.Ü.)

sich auf seiner richtigen Ebene zu vollenden. Derselbe Sinn für die Relativität der Ebenen und die Differenz der Bedingungen jeder Ordnung leitet die Analysen dieser beiden Werke: nichts oder fast nichts ist richtig für jeden beliebigen und zu jeder beliebigen Zeit, sei es nun auf dem Gebiet des individuellen Verhaltens oder auf dem der kollektiven Organisation. Mehr noch, das Risiko des Mißlingens, das jede Handlung in sich trägt, verdoppelt sich zu einem Risiko des Irrtums auf der Ebene der Reflexion, denn in der Ethik und der Politik haben wir es mit zu komplexen Problemen zu tun, als daß es möglich wäre, sie auf die Starrheit von Bücherschemata zu reduzieren. Wie auf anderen Gebieten und mehr noch muß man die gängigen Meinungen und die der als weise Anerkannten sehr stark berücksichtigen, ohne zu versuchen, sich zu einer mathematischen Strenge zu erheben. Da der Mensch von Natur aus gemeinschaftsfähig ist, besteht eine Beziehung und keine Opposition zwischen Moral und Politik. Wie könnte er wirklich glücklich sein? Als »göttliches Tier« könnte er das Glück erfahren, wenn er seine physischen und moralischen Fähigkeiten entwickeln kann und von einem guten Naturell ausgeht, das durch eine entsprechende Erziehung geleitet wird, und wenn ihm nicht zur Übung dieser Fähigkeiten, und besonders seiner intellektiven Fähigkeiten, die erforderlichen äußeren Bedingungen fehlen. Es ist also nicht sehr leicht, zum Glück zu gelangen, und der Anteil des Zufalls (und indirekt auch der Lebensklugheit), den es einschließt, behält in jedem Fall die höchsten Erfüllungen einer kleinen Zahl von Menschen vor, deren Mittlernatur übrigens nicht den Zutritt zum absolut heiteren und zeitlosen Glück der Gottheit gestattet. Was die Mehrzahl der anderen betrifft, ... das Unmögliche wäre nötig, um sie von knechtischer Arbeit zu befreien, es wäre nötig, »daß die Weberschiffchen von ganz alleine laufen«[1] ... Zur Zeit, da die Mußestunden als gähnende Leere erscheinen, die unmöglich befriedigend erfüllt werden kann, sollten wir uns daran erinnern, daß Aristoteles bei dem Gedanken an all die notwendigen Aufgaben verzweifelte, welche ein für ihn auf ewig verzehrendes Tagewerk der übergroßen Mehrheit seiner Zeitgenossen verbot, und ihnen damit auch verbot, ihre Menschlichkeit zu vollenden.

---

1 Da das Zitat nicht nachgewiesen ist, wurde es nach Bernhardt übersetzt. (A.d.Ü.)

Pierre Aubenque

Die hellenistischen Philosophien: Stoizismus, Epikureismus, Skeptizismus

Der Tod Alexanders (323 v. Chr.), der Ausgangspunkt dessen, was die Historiker die Hellenistische Epoche nennen, markiert nicht nur eine Zäsur in der Geschichte Griechenlands. Um weniges gefolgt vom Tod des letzten klassischen Philosophen Griechenlands, fällt er zusammen mit einem ebenso deutlichen Bruch in der Geschichte der Philosophie, ein Bruch, zu dem die historischen Wandlungen, die mit der Eroberung der griechischen Städte durch Mazedonien verbunden sind, beigetragen haben.

Es ist kein Zufall, daß sich der umfangreichste und vollendeteste Dialog Platons die *Politeia* nannte, und daß er darin in dem Rahmen einer Reflexion über den Staat seine philosophische Theorie darlegte. Der Verlust der Unabhängigkeit der griechischen Städte hat auf der geistigen Ebene als erstes zur Folge, daß sich die Einheit von Mensch und Bürger, Philosoph und Politiker, Interiorität und Exteriorität, Theorie und Praxis, kurz, jene »schöne Totalität mit sich« auflöste, die Hegel zufolge das klassische Zeitalter Griechenlands charakterisierte, jene Zeit, in welcher der Mensch sich in der Polis zu Hause fühlte. In dem Moment, in dem der traditionelle Rahmen der griechischen Polis vor einem Imperium vergeht, dessen Beschlüsse sich der Kritik als auch der Beratung seiner Untertanen entziehen, findet sich der Philosoph beschränkt auf die reine Philosophie oder auf die simple moralische Ermahnung, seitdem die Politik, die höchste Form der *Praxis* für die Griechen, nicht mehr von ihm abhängt und der Zuständigkeit eines fremden Gebieters unterliegt. Es ist der Augenblick, in welchem sich die Freiheit des Freien, die bis dahin mit der Ausübung der Bürgerrechte in eins ging, in Ermangelung eines Besseren in innere Freiheit verwandelt; da die griechischen Ideale der Autonomie und Autarkie, die bis dahin nach Befriedigung in der Polis strebten, sich allein auf die geistigen Mittel des individuellen Menschen beschränkt finden; da die Spekulation über die Natur dahin tendiert, nur noch Hilfsmittel für eine Moral zu sein, die vor allem darum bemüht ist, jedem sein inneres Heil zu verschaffen. Aber es ist auch der Moment, in dem die Auflösung der alten politischen Rahmen selbst gleichzeitig mit der Verschmelzung von Völkern in der Folge der Eroberungen Alexanders neue Solidaritäten entstehen läßt: diese Zeit erblickt das Aufkommen des *Kosmopolitismus.*

Die Philosophen der hellenistischen Epoche, die weniger darum bemüht sind, das Sein zu sagen, als die Menschen zu trösten und zu beruhigen, erreichen nicht die theoretische Kraft des Platonismus oder Aristotelismus. Selbst ihre Physik ist häufig entlehnt. Da sie vor allem damit beschäftigt sind, eine sofortige Antwort auf die Adaptationsprobleme zu geben, die sich dem Individuum durch die gesellschaftlichen Veränderungen stellen, haben sie einen betonter »nichtideologischen« Charakter und eine eher »nichtideologische« Funktion, als die Philosophien des klassichen Zeitalters. Auf der anderen Seite wissen sie eine Ebene der Universalität zu erreichen, die genügt, um angesichts der Anforderungen des Lebens verschiedene mögliche Bewußtseinshaltungen darzustellen, die bald als ebenso viele zeitlose Kategorien oder kulturelle Stereotypen erscheinen, welche sich dem Menschen des Okzidents anbieten. Es genügt, die drei großen hellenistischen Strömungen zu nennen: Stoizismus, Epikureismus, Skeptizismus, um gewahr zu werden, daß es sich dabei um drei »Lebenskünste« handelt, die jenseits der historischen Umstände ihres Auftauchens jederzeit unserer Nachahmung offenstehen. Eben in jener hellenistischen Epoche entsteht der populäre Begriff der Philosophie, der eine gewisse, sicher schwierige, aber im Prinzip allen zugängliche Kunst bezeichnet, glücklich zu leben, selbst unter den widrigsten Voraussetzungen. Und auf eine solche Auffassung bezieht sich noch heute der Ausdruck: »die Ereignisse mit philosophischem Gleichmut hinnehmen«.

Nichtsdestoweniger sind die hellenistischen Strömungen untereinander sehr verschieden. Man könnte den Dogmatismus der beiden ersten – Stoizismus und Epikureismus – dem Skeptizismus entgegensetzen, der die dritte konstituiert. Es muß hinzugefügt werden, daß die beiden ersten sich in zwei organisierten Schulen entwickelt haben, während die dritte mehreren Denkern oder Schulen gemeinsam ist.

I. Der Stoizismus

Seine Repräsentanten

Der Stoizismus bezieht seinen Namen von der Stoa, dem Ort in Athen, an dem sich seine Anhänger versammelten. Im Unterschied zum Epikureismus ist er nicht an die unanzweifelbare Autorität eines einzigen Gründers gebunden. Die stoische Lehre hat sich vielmehr fortschreitend durch die sukzessiven Beiträge der drei ersten Leiter der Schule gebildet: Zenon von Kition (332–262), der, nachdem er Schüler des Kynikers Krates war, die neue Schule gegen 300 v. Chr. gründete; Kleanthes von Assos (etwa 312–232) und Chrysippos (277 – etwa 204), dem der Titel des zweiten Gründers des Stoizismus gebührt, da er die Einheit der Schule gegen die Spaltungstendenzen gewisser Schüler und die Angriffe »probabilistischen« Geistes seitens der Neuen Akademie wiederherstellte und festigte. Von da ab übermittelt sich die stoische Lehre mit einer erstaunlichen Kontinuität mehrere Jahrhunderte hindurch. Wenn der mittlere Stoizismus, der im wesentlichen von Panaitios (180–110) und Poseidonius (etwa 135–51) repräsentiert wird, denen das große historische Verdienst zukommt, den Stoizismus in Rom eingeführt zu haben, platonische oder aristotelische Beimischungen verrät, so kennzeichnet der neue Stoizismus oder kaiserliche Stoizismus eine Rückkehr zur Orthodoxie des frühen Stoizismus. Dieser neue Stoizismus, der sich in Rom zur Zeit des Imperiums entwickelte, ist an drei große Namen gebunden: Seneca (geboren um 0, gestorben 65), Epiktet (50 geboren, gestorben zwischen 125 und 130) und Marc Aurel (121–180, 161 Kaiser). Diese drei Denker, deren Werke uns im Wesentlichen erhalten geblieben sind (während die Schriften des frühen und des mittleren Stoizismus uns nur noch durch Zusammenfassungen oder Zitate späterer Autoren zugänglich sind), sind die wahren Verkünder des Stoizismus im Okzident. Über sie kennen Guillaume de Ver, Charron, Montaigne, Corneille, Vigny und viele andere die Lehren der stoischen Weisheit.

Eine Philosophie der Totalität

Die stoische Philosophie ist die erste der Geschichte, die sich als »systematisch« bezeichnete und verstand. Wenn das Wort *systema* schon im Griechischen die Konstitution eines Organismus oder einer Polis bezeichnete, so sind es die frühen Stoiker, die es zum erstenmal auf die Philosophie angewandt haben. Sie wollten damit ausdrücken, daß die Philosophie ein *Ganzes* ist, das man natürlich in Abschnitte aufteilen kann, um den Anforderungen der Lehre nachzukommen, aber unter der Bedingung, zu berücksichtigen, daß jeder Teil den anderen verpflichtet ist, und daß die Preisgabe eines einzigen Teils oder eines Teils von einem Teil den Zusammenbruch des Ganzen nach sich ziehen würde. Diese formale Forderung stützt sich tatsächlich auf die Vorstellung von einem Universum, das bis in seine geringsten Einzelheiten durch das Wirken eines einzigen Prinzips vollkommen organisiert ist, so daß die Kohärenz der Philosophie nur die *Sympathie* – ein weiterer stoischer Terminus – der verschiedenen Teile des Universums reflektiert. Nichtsdestoweniger macht diese totalitäre Forderung zugleich die Stärke und die Schwäche des Stoizismus aus. Die Stärke: denn er verpflichtet sich damit, überall, sei es nun im wahren Urteil, im Naturphänomen oder im rechten Handeln ein und dieselbe Struktur wiederzufinden. Aber auch die Schwäche: denn er verbietet sich jeden Fortschritt, jeden Übergang, nicht nur von einem Teil der Philosophie in einen anderen (denn alles ist in allem), sondern auch von der Nicht-Philosophie zur Philosophie. Der Stoizismus läßt sich nicht erlernen; als »Block-Philosophie«, wie E. Bréhier ihn nannte, kann er nicht Gegenstand gradueller Annäherung sein: derjenige, der sich zur Weisheit vorarbeitet, hat daran ebenso wenig Anteil, wie derjenige, der sich noch nicht zu ihr aufgemacht hat, ebenso wie »derjenige, der im Meer eine Elle unter der Oberfläche liegt, nicht weniger erstickt, als derjenige, der fünf Faden tief versunken ist«,[1] wie Plutarch sagt.

Der Stoizismus ist nichtsdestoweniger gezwungen, zu pädagogischen Zwecken drei Teile der Philosophie zu unterscheiden: Logik, Physik, Moral, und sich zu fragen, in welcher Reihenfolge sie gelehrt werden müssen. Wenn Chrysippos annimmt, man müsse mit der Physik abschließen, da die Theologie das letzte Mysterium ist, in welches die Physik uns einführen muß, sehen die meisten stoischen Autoren in der Moral das Ziel, nach welchem alle philosophische Bemühung streben muß. Indem die Physik uns die kosmische Ordnung enthüllt, deutet sie uns selbst die Ordnung an,

---

1 Plutarch, De communibus notitiis contra stoicos, Kap. X, 1063 a (Aus dem lat. frei übersetzt. A.d.Ü.)

der wir unser Leben anpassen sollen. Was die Logik betrifft, so tragen die stoischen Autoren, besonders die des neuen Stoizismus, wohl Sorge, daran zu erinnern, daß sie nicht vernachlässigt werden darf, jedoch in genau dem Maße, wie die Kunst, gut zu denken, die Bedingung ist für die Kunst, gut zu leben. Die Logik oder Dialektik, sagt Epiktet, hat dreierlei Nutzen: sie allein kann uns lehren, die vernünftigen Vorstellungen von denen zu unterscheiden, die es nicht sind, unsere Kenntnisse vom Guten und vom Bösen auf die Einzelfälle anzuwenden und in unseren Entschlüssen zusammenhängend zu bleiben (*Unterredungen*, I,7).

Man sollte indessen nicht meinen, wie eine flüchtige Lektüre von Seneca, Epiktet oder Marc Aurel nahelegen könnte, daß die stoischen Autoren die Spekulationen zugunsten der Vordringlichkeit der moralischen Ermahnung opferten. Wenn sich ihre Theorie auch in Reaktion auf die breiten platonisch-aristotelischen Ausführungen durch die gewollte Einfachheit ihrer Prinzipien abhebt, so ist sie doch nicht weniger von originellen Auffassungen gekennzeichnet, deren Wert die moderne Philosophie erst erkannte, nachdem sie selbst das Joch der metaphysischen Tradition abgeworfen hatte, die sich auf theoretischer Ebene in gerader Linie von Platon und Aristoteles herleitet.

Eine Logik des Ausdrückbaren

Diese Originalität findet sich zunächst in der stoischen Logik. Wenn Aristoteles mit gutem Recht als der Begründer der Logik gilt, so sind es die Stoiker, denen wir den Gebrauch des Substantivs »Logik« zur Bezeichnung der Wissenschaft vom Wahren und vom Falschen verdanken. Die Tatsache, daß die Logik für die Stoiker eine *Wissenschaft* ist, ist an sich schon eine bedeutende Neuerung. Denn sie war es nicht für Aristoteles, der sie in seiner Klassifikation der Wissenschaften nicht erwähnte, so sehr scheint er überzeugt gewesen zu sein, daß die Logik keine Wissenschaft unter anderen sei, sondern mehr die »Form«, oder das »Instrument« des Wissens im allgemeinen. Wenn die Stoiker aus der Logik zum erstenmal eine »Wissenschaft« machen, so weil sie ihr einen vollkommen bestimmten Gegenstand zuschreiben, welcher das »Bezeichnete« oder das »Ausdrückbare« ist. Man kann die Besonderheit dieses Gegenstandes, der offensichtlich nicht »Natur« im selben Sinne wie ein Stein oder ein Baum ist, nur erfassen, wenn man sich auf die Sprache bezieht (in diesem Sinne sind die Stoiker die ersten, die die Etymologie des Wortes »Logik« ernst nahmen, welches eine Wissenschaft oder eine Kunst der Sprache bezeichnet), und wenn man sich bemüht hat, zu erkennen, daß die Sprache nicht direkt die Dinge trifft, auf die sie zeigt. Um das festzustellen, stützen sich die Stoiker auf eine Erfahrung, die ihrerseits eine neue Vertrautheit mit einer Welt übersetzt, welche sich nicht auf die griechische Welt beschränkt. Nehmen wir an, sagten sie, ein Grieche unterhält sich mit einem Barbaren, der das Griechische nicht kennt, und der erstere spricht zum Beispiel das Wort *kyon* (Hund) aus. Der erste äußert einen *Laut,* den der zweite vollkommen versteht. Zum anderen kennen der eine wie der andere die *Sache* (hier das Tier), welches der erste zu bezeichnen beabsichtigt. Und dennoch verstehen sie sich nicht. Es muß also so sein, daß sich zwischen den Klang und das Ding ein dritter Bereich einfügt, der in gewisser Weise der Ort des Nichtverstehens ist und, im günstigen Fall, der des Verstehens: es ist das, was die Stoiker Signifikat nennen. Im Phänomen der geäußerten und verstandenen Sprache muß man also den Laut (oder den Signifikanten), das Signifikat und die Sache unterscheiden. Wir müssen den Stoikern zugute halten, daß sie als erste (man mußte bis zu Frege am Ende des XIX. Jahrhunderts warten, um diese Entdeckung erneut zu machen) entdeckt haben, daß die Sprache nicht direkt auf die Dinge abzielt, sondern durch einen Bezeichnungsinhalt hindurch (der »Sinn« Freges, das »Signifikat« der Stoiker[1]), der die konventionelle und eventuell zweideutige Weise ist, auf die ein Ding oder ein Zustand bezeichnet sind.

Eine Schwierigkeit blieb indessen für die Stoiker bestehen. Da sie jede metaphysische Realität leugneten, erkannten sie nur den Körpern Existenz zu. Welchen Status kann man von daher den Signifikaten – noch »Ausdrückbare« genannt – zusprechen, die, da sie keine Körper haben, nicht den Seienden zuzurechnen sind und dennoch nicht weniger »etwas« sind, denn sie sind das, wodurch wir uns ausdrücken, und methodisch isoliert können sie den Gegenstand einer Theorie darstellen. Die Stoiker geben auf diese Frage die einzige Antwort, die ihrem System kohärent ist: die Ausdrückbaren sind *Körperlose,* also Nichtseiende; aber diese Nichtseienden fallen zugleich mit den Seienden unter eine allge-

1 und das »signifié« Saussures. (A.d.Ü.)

meinere Kategorie, welche die des »etwas« (*ti*) ist. Diese subtilen Unterscheidungen haben eine beachtlichere Tragweite, als es scheint, denn sie kündigen eine Überschreitung der aristotelischen Ontologie an, die sich mit dem Neoplatonismus vollenden wird: das Sein findet sich, zugunsten von »etwas«, seines Status des umfassenden Universalen enteignet. Die Körperlosen sind keine Seienden und sind dennoch nicht aus einer Philosophie ausgeschlossen, die sich, wie wir heute sagen würden, als »materialistisch« versteht: das Ausdrückbare teilt diesen einzigartigen Status des »Körperlosen« mit jenen anderen überaus philosophischen Begriffen wie der Zeit, dem Raum und dem Leeren.

Eine Technik der Handhabung von Sätzen

Die Logik der Stoiker ist in ihrem eigentlichen Sinne bis zum Beginn dieses Jahrhunderts verkannt worden, das heißt, genauso lange wie man sich darauf versteifte, in ihr eine verkümmerte Version der aristotelischen Logik zu erblicken. In Wirklichkeit gründet sich die stoische Logik auf ganz andere Grundlagen als die Theorie des Aristoteles. Der aristotelische Syllogimus stützte sich auf die Quantitätsdifferenz zwischen den Begriffen, wobei die allgemeinen die weniger allgemeinen umfassen. Nun ignorieren die Stoiker die Unterscheidung von Allgemeinem und Besonderem und verwerfen selbst den Begriff. Für sie drückt das Urteil nicht mehr die Inhärenz eines Prädikats in einem Subjekt aus, sondern bezieht ein unkörperliches Ereignis, bezeichnet vom Verb, auf einen realen und individuellen Gegenstand, bezeichnet vom Subjekt. In der Tat ist der Satz erst »vollständig«, wenn er ein Prädikat und ein Subjekt umschließt: wenn er so konstituiert ist, ist er unauflöslich. Das Element der stoischen Logik ist also nicht der Begriff sondern der Satz, als ein Ganzes betrachtet. Wie andererseits jeder Diskurs Zusammenfügung voraussetzt, welche allein ihm ermöglicht, voranzuschreiten, so ist der erste Grad der Zusammensetzung nicht mehr der Satz – nach Aristoteles eine Synthese von Begriffen – sondern der zusammengesetzte Satz vom Typ *Wenn p, dann q*, wobei *p* und *q* keine Begriffe mehr bezeichnen, sondern Sätze, zum Beispiel: »Wenn die Sonne scheint, dann ist es Tag.«

Von da aus kommt man, wenn man sich nach einer bestimmten Zahl von Schlußschemata richtet, zu Schlußfolgerungen vom Typ:

wenn p, dann q; nun p, also q. Oder weiter: wenn p, dann q; nun nicht p, also nicht q. Beispiel für diese letzte Folgerung: wenn das Wetter schön ist, dann gehe ich spazieren; nun gehe ich nicht spazieren, also ist das Wetter nicht schön.

Die Beispiele dürfen hier im übrigen nicht täuschen. Die stoische Logik setzt im Unterschied zur aristotelischen keine ontologische Spekulation über die Art des Verhältnisses voraus, das sich im Innern eines zusammengesetzten Satzes oder in der Folgerung von einem Satz auf einen anderen ausdrückt. So ist das Verhältnis zwischen Vordersatz und Folgesatz in dem Satz, den man unzutreffenderweise als *Konditional* bezeichnet (wenn p, dann q), kein *wirkliches* Verhältnis zwischen Bedingendem und Bedingtem, zum Beispiel zwischen Ursache und Wirkung: es kann ganz genauso ein Verhältnis zwischen Wirkung und Ursache sein, in dem Maße, als die Wirkung das *Zeichen* der Ursache ist (»wenn Rauch da ist, ist auch Feuer da«). Die stoische Logik, die Wissenschaft des Unkörperlichen, entfaltet absichtlich ihre Operationen auf der Oberfläche des Seins; als Logik des Sinnes ist sie eine Technik der geregelten Handhabung von Sätzen; sie gestattet, daß man sich im Innern einer unbewegten und homogenen Totalität bewegt, die das Gesamt der Sätze ist, welche die Vergangenheit, die Gegenwart und die Zukunft *sagen*, ohne daß der logische Übergang von einem Satz zum nächsten sich mit einem wirklichen Ableitungsverhältnis deckt: nicht ohne Grund hat G. Deleuze vor kurzem diese geschlossene und irreale Welt des stoischen Universums der Bedeutungen mit den in ihren Phantasmagorien vollkommen kohärenten logischen Spielen der *Alice im Wunderland* verglichen. In einer Zeit, da man unter dem Einfluß Hegels von der Logik erwartete, sie würde die Logizität des Seins ausdrücken, konnte man von der stoischen Logik nur enttäuscht werden; heute würde man in der theoretischen Neutralität dieser Logik und in ihrem exklusiven Verweis auf den Diskurs eher das sehen, was ihr ermöglicht, das moderne Satzkalkül zu präfigurieren.

Das Wahrheitskriterium

Im Unterschied zur Logik im strengen Sinne beschäftigt sich die stoische Erkenntnistheorie vorwiegend mit den wirklichen Bedingungen der Wahrheitsfindung. Die Wahrheit offenbart sich nach den Stoikern weder im Urteil, wie Aristoteles wollte, noch im

Empfinden, wie zur selben Zeit die Epikureer behaupten, sondern in der Vorstellung (*phantasia*). Die Vorstellung kann jedoch trügerisch sein, von daher die Notwendigkeit, das *Kriterium* der wahren Vorstellung zu ermitteln. Dieses Kriterium ist im »einsichtigen« Charakter der Vorstellung zu suchen, worunter man eine unauflösbare Gesamtsumme von Zügen zu verstehen hat, die in gewisser Weise schon die cartesische »Klarheit« und »Deutlichkeit« ankündigen. Nicht zufällig sind die Stoiker die ersten, die uns eine philosophische Theorie der Evidenz (*enargeia*) übermitteln: die Wahrheit ist nicht im Verhältnis zum äußeren Objekt zu suchen, sondern in einem gewissen subjektiven Gefühl, das die wahre Vorstellung begleitet. Die Evidenz ist deswegen nicht zwingend; denn der Erkenntnisakt im eigentlichen Sinne, das »Verstehen«, setzt, wie später bei Descartes, die *Zustimmung* voraus, die wir der Vorstellung erteilten: eine Zustimmung, die wir der nicht einsichtigen Vorstellung verweigern *müssen*, die wir aber auch der einsichtigen Vorstellung verweigern *können*, obgleich diese letzte Weigerung die Tat einer kranken Seele ist, deren Vernunft von Leidenschaft getrübt ist. Zenon verglich den Erkenntnisprozeß mit der Bewegung einer sich schließenden Hand: die offene Hand symbolisiert die Vorstellung, die Hand, die sich schließt, die Zustimmung, die geschlossene Hand das Verstehen, die fest zusammengepreßte Hand die Wissenschaft. Diese Metapher legt die Vorstellung von einem geistigen Dynamismus nahe, wie sie von den idealistischen Interpreten wie Alain gefordert wurde. Aber man sollte sich daran erinnern, daß für die Stoiker dieser Dynamismus am universellen Dynamismus teilhat: der Erkenntnisakt ist nicht der Ausdruck einer Spontaneität, die sich der Erfahrung aufdrängt, sondern er ist Koinzidenz mit dem aktiven Prinzip, das im Universum am Werke ist.

Eine Physik der Kontinuität und der Immanenz

Der Beschreibung dieses Prinzips ist die stoische Physik gewidmet. Dieses Prinzip wird als eine Art Fluidum aufgefaßt, das *pneuma* (Lebenshauch), welches das ganze Universum, ebenso die sublunaren wie die himmlischen Regionen, durchdringt. Vermöge seiner Spannung wirkt das *pneuma* in der Art eines Kräftefeldes, das die Teile des Universums zusammenhält und ihre Zerstreuung in die unendliche Leere verhindert, und ebenso in der

Art einer Seele jedem Seienden seine Individualität sichert. Gewisse Stoiker wie Kleanthes sprachen dem Feuer eine analoge Funktion zu, indem sie es weniger in seinem Leuchtvermögen betrachteten als in seiner technischen und demiurgischen Funktion.

Es empfiehlt sich, hinter dem Wortlaut dieser Lehren deren Intention wahrzunehmen, durch die sie sich klar von der aristotelischen Physik auf der einen Seite und von der epikureischen auf der anderen unterscheiden. Aristoteles erklärte die Konstitution der Körper durch das Wirken der beiden Prinzipien Materie und Form und schrieb dem Widerstand der Materie das eventuelle Mißlingen der Form zu, das sich in Mißbildungen und Monströsitäten äußert. Für die Stoiker dagegen ist die Einheit jedes Seienden auch in der Verschiedenheit seiner Manifestationen durch das Wirken des einen *pneuma* gesichert: die Mannigfaltigkeit der Qualitäten wird zugleich entfaltet und erhalten durch eine Art von Gezeitenbewegung des Lebenshauchs, der »sich vom Zentrum zu den äußersten Grenzen ausdehnt, dann, wenn er die äußerste Ausdehnung erreicht hat, wieder in sich selbst zurückkehrt«[1]. Diese »Spannung« (*tonos*) des Lebensprinzips ermöglicht es, auf der Ebene des ganzen Universums den Gegensatz zwischen dem Einen und der Vielheit zu überwinden. Der Stoizismus, die Philosophie der Immanenz, verwirft den Dualismus der vorangegangenen Philosophien. Auf der anderen Seite impliziert diese Verwerfung jedes transzendenten Organisationsprinzips jedoch nicht, daß die Welt, wie die Epikureer behaupten, aus einer zufälligen Kombination von Elementen entstanden sei. Dieses immanente Organisationsprinzip, das die Stoiker *pneuma* nennen, wenn sie es in seiner physischen Realität betrachten, ist nichts anderes als der universelle *Logos*. Die Welt wird nicht von einem Gott beherrscht, sie *ist* selbst Gott, und das Geschick, das die einzelnen Ereignisse im Universum miteinander verbindet, ist nur ein anderer Name für die Vorsehung. Also gibt es nichts in der Natur, das gegen die Vernunft geschieht; die Monstrosität, die Krankheit, das Leiden, der Tod sind nur scheinbar Übel: der Philosoph, der fähig ist, das Einzelne auf das Ganze zu beziehen, erkennt, daß sie sich in die universelle Ordnung einschreiben, ebenso wie der Teil eines Bildes seine Bedeutung nur durch sein Verhältnis zum Ganzen erhält.

---

1 Da das Zitat nicht nachgewiesen ist, wurde es nach Aubenque übersetzt. (A.d.Ü.)

Höchstens gestanden die Stoiker zu, daß das Böse die unausweichliche Begleiterscheinung des Guten sein kann: genauso wie die Zerbrechlichkeit der Schädelknochen eine Folge ihrer Feinheit ist, welche selbst wiederum die Bedingung der Entwicklung der menschlichen Intelligenz ist.

Die stoische Physik, die in einer Theologie des kosmischen Gottes kulminiert, hat nur wenig Einfluß auf die Entwicklung der Wissenschaft ausgeübt, sicherlich weil ihre Grundanschauungen – Kontinuierliches, Dynamismus, Spannung, Kräftefeld – sich jeder Mathematisierung widersetzten, in einer Zeit, in der die Mathematiken, die dazu da sind, »das Feste zu denken« (Bergson), entschieden diskontinuistisch waren. Zumindest ermöglichte diese Physik, die sich weit vom epikureischen Atomismus unterscheidet, den Stoikern, zum erstenmal Phänomene, die sich nicht auf eine mechanistische Deutung zurückführen lassen, zu erklären: so bringt Poseidonios zum erstenmal, im Namen der universellen Sympathie, die Gezeitenbewegung mit den Mondphasen in Verbindung, und die Stoiker waren die ersten, die ahnten, daß sich der Klang nicht in einer geraden Linie fortpflanzt, sondern durch eine Reihe konzentrischer Wellen.

Was jedoch der stoischen Physik vor allem viel von ihrer wissenschaftlichen Tragweite nimmt, ist ihr fast offen ideologischer Charakter, die Tatsache, daß sie sich nicht von der Erfahrung ausgehend konstituiert, sondern um der Bedürfnisse einer politisch-moralischen Sache willen. Die Vermittlung ist hier so deutlich sichtbar, daß sie selbst den klassischen Interpretaten, jenen, die am wenigsten bemüht waren, eine Philosophie durch ihren sozialen Hintergrund zu erklären, nicht entgangen ist. So schreibt G. Rodier zum stoischen »Materialismus«: »Die Stoiker wollten, daß die Tugend und das Glück allen erreichbar seien, sie wollten, daß sie es in dieser Welt seien [. . .]. Aber dazu muß die Welt, in der wir leben, die schönstmögliche und die bestmögliche sein, die sich nicht einer höheren Welt entgegensetzt[. . .], darf es keine anderen Wirklichkeiten geben, als die, welche sich unseren Blicken darbieten [. . .]. Darin liegt, so glaube ich, der Grund für den Materialismus der Stoiker; deswegen gingen sie hinter Platon und Aristoteles zurück und entlehnten von Heraklit den alten ionischen Naturalismus.«[1]

1 G. Rodier: Etudes de philosophie grecque, S. 250 f. (Übersetzt nach Aubenque).

Die Freiheit des Weisen und die Weltordnung

Was sie auch immer sagen mochten, um die Abhängigkeit der Moral von der Physik zu stützen, alle Bemühungen der Stoiker richten sich auf die Moral. Diese reduziert sich auf einige einfache Prinzipien: es gibt kein anderes Gut als die Aufrichtigkeit des Willens, kein anderes Übel, als das Laster; alles, was weder Laster noch Tugend ist, ist indifferent. Aus diesen Axiomen resultiert eine Reihe von paradoxen Konsequenzen: die Krankheit, der Tod, die Armut, die Knechtschaft sind keine Übel, sie sind »indifferent«; der Weise ist per definitionem glücklich, selbst im Leiden; der Böse ist immer unglücklich, denn er schadet sich selbst, durch sein Laster, der einzige Schade, den seine Seele nehmen kann. Epiktet verleiht dieser im Stoizismus traditionellen Lehre einen überraschenden Ausdruck, wenn er die Dinge unterscheidet, die von uns abhängen und die, die nicht von uns abhängen: »In unserer Gewalt steht unser Denken, unser Tun, unser Begehren, unser Meiden – alles, was von uns selber kommt. Nicht in unserer Gewalt steht unser Leib, unsere Habe, unser Ansehen, unsere äußere Stellung – alles, was nicht von uns selber kommt.«[1]. Es steht also in unserer Gewalt, all das, was nicht in unserer Gewalt steht, auf der einen Seite direkt zu wollen, oder auf der anderen Seite uns als indifferent vorzustellen. So gewappnet kennt der Weise »weder Verdruß noch Aufregung noch Trauer«; er wäre frei selbst in der Knechtschaft, denn es gibt keine wahre Knechtschaft als im Reich der Leidenschaften, von denen er sich befreit hat; er wäre glücklich, selbst in dem, was die Meinung unzutreffend das Unglück nennt, denn er hat sich von dieser Meinung freigemacht.

In Wirklichkeit ist eine schwierige »Askese« nötig, um zu dieser Heiterkeit und Beständigkeit zu gelangen: man muß jeden direkten Kontakt mit der Welt und der Zeit, den Orten der Heteronomie, abbrechen, nichts von dem nachtrauern, was gewesen ist, nichts von der Zukunft erwarten, sondern immer und überall darüber wachen, daß unsere Vorstellung den Dingen wieder ihren wahren Ort zuweist, und die Zeit der einzig nützlichen Dimension überlassen, dem Präsens der aufrechten Handlung. Die Leidenschaft, die uns zu Gefangenen der heteronomen Zeit und der Dinge macht, die daher unser Urteil verdunkelt, muß nicht nur

1 Epiktet: Handbüchlein der Moral. I,1,3.

allein gemäßigt werden, wie Aristoteles es wollte, sondern ausgelöscht. Das stoische Ideal ist ein Ideal der »Apathie«.

Es wäre jedoch sinnwidrig, wollte man die stoische Lehre auf eine Art von Illusionismus der Vorstellung reduzieren, welcher uns die Freiheit und das Glück nur verschaffte, indem er uns der Welt entfremdete. Gewiß, man muß zunächst, wie Descartes sagte, als er an die Stoiker dachte, lernen, »eher seine Begierden zu ändern als die Weltordnung«. Das jedoch, weil die Weltordnung, deren einer Teil wir sind, selbst es ist, was wir mit unserem vernünftigsten Willen wollen müssen. Die Gewißheit, in uns die kosmische Ordnung zu reflektieren, die Rolle zu spielen, die Gott uns auf dem Welttheater zugewiesen hat, selbst wenn wir nicht alle Bereiche des Stückes erfassen, das gleichsam religiöse Gefühl der Brüderlichkeit der Menschen, die einem selben »Vater« entstammen, bleibt von der *Hymne an Zeus* des Kleanthes bis zu den *Selbstbetrachtungen* des Marc Aurel die Grundlage des stoischen Optimismus: nicht blinde Schicksalsliebe, sondern überlegter Glaube an die Vorsehung. Allein das Gefühl kosmischer Solidarität ermöglicht es, diese oder jene Formulierung zu verstehen, in welcher man den Stoiker bemüht sieht, den Beschlüssen Gottes zuvorzukommen: »Wenn der rechtschaffene Bürger die Zukunft voraussähe, er würde selbst Krankheit, Tod oder sonst einen körperlichen Schaden herbeiführen, wenn er nur wüßte, daß dieses ihm von der Regierung des Ganzen zugeteilt ist«[1].

Spannungen in der stoischen Moral

Die stoische Moral wurde dennoch seit der Antike der Inkohärenz bezichtigt. Man sah in ihr einen latenten Konflikt zwischen einer naturalistischen Anschauung, die uns vorschreibt, in Übereinstimmung mit der Natur zu leben, und einer avant la lettre »formalistischen« Anschauung, die dazu neigt, das Leben des Weisen durch seine innere Harmonie zu bestimmen, welche selbst um den Preis einer allgemeinen »Gleichgültigkeit« den äußeren Umständen gegenüber erworben wurde. In Wirklichkeit besteht zwischen den beiden Annäherungen kein Widerspruch, wenn man sich ins Gedächtnis zurückruft, daß die Natur selbst von den Stoikern als ein solidarisches und harmonisches Ganzes aufgefaßt wird, so daß

1 Epiktet: Unterredungen, II, 10,5. (A.d.Ü.)

der Weise, wenn er von der repräsentierten Harmonie der Natur zur tatsächlich in ihm selbst realisierten übergeht, nur, um einen Ausdruck von V. Goldschmidt aufzugreifen, dieselbe »Struktur« auf verschiedenen Ebenen verwirklicht.

Nichtsdestoweniger waren die Stoiker unschlüssig über das Wie dieses Übergangs. Das Ideal wäre gewesen, die praktische Regel aus einer Interpretation der Weltordnung abzuleiten. Aber die Weltordnung läßt sich im einzelnen nicht immer leicht erkennen; der Stoizismus verlangt also von uns einen Akt des Glaubens an die verborgene Rationalität des Universums, der durch eine Technik der Anwendung von Vorstellungen ergänzt wird: es geht tatsächlich darum, als gleichgültig zu betrachten, was an sich erklärbar, also rational ist, was wir aber noch nicht zu erklären wissen: die Krankheit, das Leiden, den Tod, etc. Diese provisorische Technik läuft nichtsdestoweniger Gefahr, sich zu einem, dem Skeptizismus nahe verwandten, Indifferentismus zu verhärten. Genau das geschah seit der zweiten Generation des Stoizismus durch die Abspaltung des Ariston von Chios (erste Hälfte des II. Jahrhunderts v. Chr.), der lehrte, daß die Dialektik und die Physik, da ja die Tugend das höchste Gut ist, nur eitle Wißbegierde sei.

Zum Teil um diese Dissidenz zu bekämpfen, entwickelte Chrysippos neben der Moral der aufrechten Absicht eine zweite Ebene der Moral, die schon bei Zenon angeklungen war, und die darin besteht, unseren natürlichen Neigungen entsprechend zu handeln: den Neigungen zur Selbsterhaltung, zur Soziabilität, etc. Es ist die sogenannte Moral des »Schicklichen« oder der »Pflichten«, die Cicero in der Nachfolge seines Meisters Panaitios ausführlich darlegte. Auch hier lehren die Stoiker wieder, daß man sich schrittweise von der zweiten zur ersten erhebt: so erweitert sich die Selbstliebe von allein, wie in konzentrischen Kreisen, zur Liebe zur Familie, dann zum Vaterland, dann zur Menschheit insgesamt. Aber gibt es nicht Fälle, in denen die Weisheit mit den politischen Pflichten und den gesellschaftlichen Konventionen in Konflikt gerät? Man wird manchmal zwischen den »zwei Republiken« entscheiden müssen, und der Stoiker wird nicht der Diener zweier Herren sein. Aber aus der optimistischen Perspektive, die der Stoiker hat, ist es schmerzlich für seinen Willen (man sieht es deutlich an den Gewissensfragen Senecas, des Minister von Nero) und skandalös für seine Vernunft, daß die Frage sich stellen kann. Und diese Philosophie der Immanenz, für die, wie später für Montaigne, »die Natur alles wohlgetan hat«, mußte schließlich mit Seneca erkennen, daß das moralische Leben keine angeborene Harmonie mit der ursprünglichen Natur darstellt, sondern die mühselige und immer unsichere Aneignung einer »entfremdeten« und »verdorbenen« (der Ausdruck stammt von Chrysippos) Natur.

Was schließlich den Stoikern am meisten gefehlt hat, ist der Sinn für die Realität des Bösen und folglich die notwendigen Vermittlungen, damit das Reale und das Rationale koinzidieren. Da sie die Arbeit des Begriffs mißachteten, haben sie uns nur eine programmatische Physik hinterlassen. Da sie keine andere Technik gelten ließen, als die der Wandlung seiner selbst, haben sie unfreiwillig ihre Anhänger dazu veranlaßt, die Welt in ihrem Zustand zu belassen. Wozu sollte es gut sein, daß man die Sklaven befreit, wenn die wahre Knechtschaft in der Leidenschaft liegt? Wozu sollte es gut sein, daß man die Gerechtigkeit in der Welt verwirklicht, denn sie existiert ja schon für den, der sie zu erkennen weiß. Man wird zugleich die Faszination verstehen, die der Stoizismus immer ausgeübt hat, und die Kritik, die er auf sich zog: »Prinzipien von einer gediegenen Diabolik« laut Pascal[1], eine »moralische Verklärung der Sklaverei«[1] laut Nietzsche; und Hegel zeigt, daß der Stoizismus, wenn er den Herrn und den Sklaven versöhnt, sie nur im Denken versöhnt, indem er so für »die lebendige Freiheit selbst« das hält, was nur der »Begriff der Freiheit ist«[1].

II. Der Epikureismus

Im Unterschied zum Stoizismus, der immer den Respekt selbst seiner Gegner genossen hat, waren der Epikureismus und vor allem die Person seines Gründers selbst seit der Antike ein Punkt, an dem sich die Geister schieden. Weil er gesagt hatte, »Ursprung und Wurzel alles Guten ist die Lust des Bauches«[2], sah sich Epikur von der Heerschar der wohlmeinenden Leute in den Hades der Philosophie verbannt; höchstens räumte man dem Menschen Epikur eine Sittenstrenge ein, die sich schlecht in die Libertinage der Lehre fügte. Eine andere Tradition begrüßt in ihm den ersten

---

1 Da die Zitate nicht nachgewiesen sind, wurden sie nach Aubenque übersetzt. (A.d.Ü.)
2 Epikur: Fragmente, Ethik, Fragm. 76. (A.d.Ü.)

Philosophen, der die Menschen vom Aberglauben des Mythos befreit hätte: die Eloge auf Epikur wird, von Lukrez bis Marx, zur zwangsläufigen Präambel aller materialistischen Philosophie, selbst wenn man von dieser Seite seinem »Atheismus« vorwerfen wird, er sei nicht radikal genug, und seinem Determinismus, daß er eine Ausnahme zuläßt, die auf mirakulöse Weise die menschliche Freiheit rechtfertigen soll.

Historische Situation

Von Anfang an unterscheidet nichts die historischen Umstände, unter denen der Epikureismus auftaucht, von jenen, die zur selben Zeit den Stoizismus entstehen sehen. Epikur entstammt, wie die Stoiker, der griechischen Diaspora. Sein Vater war Siedler in Samos, wo er 341 v. Chr. geboren wurde. Als Epikur achtzehn Jahre alt war, schickte man ihn zum Studium nach Athen. Im darauffolgenden Jahr wurde seine Familie von Samos vertrieben, da die Ländereien der Siedler auf Befehl des Regenten von Mazedonien, Perdikkas, unter die Einheimischen verteilt wurden. Zusammen mit Epikur, der sich in Kolophon zu ihr gesellt hatte, führte die Familie nun das unsichere Dasein von »Flüchtlingen«. Vielleicht hat diese Erfahrung, die sich nur allzu leicht irgendeiner Rache der Götter zuschreiben läßt, und bei der es zu sinnlos war, sie mit Gebeten abwenden zu wollen, das philosophische Projekt Epikurs beeinflußt, der sich darum bemühte, eine rationalere Erklärung und ein wirksameres Heilmittel für das Unglück zu geben. Soviel ist sicher, daß er seit 310, das Datum, an dem er seine erste Schule in Mitylene gründete, bis zu seinem Tod in Athen, 271, umgeben von seinen Schülern, die zugleich seine Freunde waren, eine Weisheit lehrte, die dem durch Aberglauben entfremdeten Menschen das Gefühl für seine individuelle Existenz und deren freie Entfaltung wiedergeben sollte. Der größte Teil dieser Unterweisung (von 306 v. Chr. an) fand an einem Ort in Athen, »der Garten« genannt, statt, womit man manchmal die Schule bezeichnet, die Epikur gegründet hatte. Seine Schüler rekrutierten sich weniger aus dem Volke, wie so häufig bei den Stoikern, als aus einer durch die Ereignisse ruinierten Mittelschicht, die selbst auch einige Gründe hatte, in der Philosophie ein Mittel gegen ihre Ängste zu suchen.

Es wäre jedoch unrecht, wollte man in der Philosophie Epikurs nur eine Moral sehen, die sich nachträglich physikalische Rechtfertigungen sucht. Wenn die Ataraxie, das Fehlen von Unruhe, auch das Ziel ist, das sich diese Weisheit setzt (wie die Apathie, die Abwesenheit von Leidenschaft, das Ziel der stoischen Weisheit war), wenn Epikur auch so weit geht, zu behaupten, daß die praktische Weisheit (*phronesis*) wertvoller ist als die Philosophie (*Brief an Menoikeus,* 132), so darf man dennoch die epikureische Philosophie nicht auf eine Dienerin der Moral reduzieren. Epikur war der Autor eines großen Werkes *Über die Natur,* von dem wir leider nur die Fragmente haben, die auf einem Papyrus von Herkulaneum entdeckt wurden. Gewiß hat Lukrez (erste Hälfte des I. Jahrhunderts v. Chr.), der berühmteste der alten Schüler Epikurs, in ihm nicht ohne Grund hauptsächlich den Begründer eines Natursystems gefeiert und seinem eigenen Gedicht, in dem es nebenbei nicht an Sorge fehlt um die Moral, den Titel *Von der Natur der Dinge (De natura rerum)* gegeben.

Eine Philosophie des Konkreten

Die zentrale Intuition, die über die epikureische Moral wie Physik gebietet, ist vielleicht in dem zu suchen, was die Epikureer die »Kanonik« (von *canon,* Regel) nennen, und was dem entspricht, das wir heute als Erkenntnistheorie bezeichnen. Epikur räumt nur den Empfindungen Glaubwürdigkeit ein, das heißt, dem direkten existentiellen Kontakt mit der Sache selbst, ebenso wie er im praktischen Bereich nur dem konkreten, individuellen, inkommunikablen Lustempfinden Wert zuerkennt. Epikur mißtraute, wie die Stoiker, den universalen Diskursen, den allgemeinen Definitionen, den Spekulationen über das Gute an sich. Aber wenn er das aristotelische Universale und die platonische Idee verwirft, so nicht um der Welt in ihrer Gesamtheit die wahre Realität zuzuschreiben, wie es die Stoiker taten, sondern eher dem Individuum, das seither das einzig mögliche Subjekt der Erkenntnis wie des Glückes wird.

Der Sensualismus Epikurs stützt sich auf eine physikalische Theorie des Kontaktes zwischen dem Empfindenden und dem Empfundenen. In den Fällen, in denen es keinen direkten Kontakt gibt – Gesichtssinn, Gehör, Geruchssinn – meinte Epikur, daß von den Dingen eine Art von Fluidum oder *Simulakrum* ausginge, und die entsprechenden Organe träfe. Von daher ist das Empfinden immer wahr, da es keinen Anteil an Subjektivität umschließt: wenn ein viereckiger Turm uns aus der Ferne rund erscheint, so übersetzt diese Erscheinung objektiv das physikalische Verhältnis, das zwischen dem Objekt, unseren Sinnesorganen und der selbst körperlichen Umgebung, welche sie trennt (der Luft), besteht. Aber wenn Epikur auch aus dem Empfinden die Grundlage aller Erkenntnistheorie macht, so reduziert er trotzdem nicht alle Erkenntnis auf die Empfindung: er bemerkt, indem er sich vielleicht an die Argumente erinnert, die im *Menon* Platons die Theorie der Erinnerung rechtfertigen, daß wir kein einziges Objekt erkennen noch benennen könnten, wenn wir nicht in unserem Geiste eine gewisse »Antizipation« seiner Form trügen (Diogenes Laërtius, X, 33). Zu solchen Antizipationen der Wahrnehmung gehören jene, die er *Prolepsen* nennt. Kant erblickt darin später den Vorläufer seiner eigenen Auffassung vom *Apriori,* aber diese Interpretation ist historisch unhaltbar, denn für Epikur entsteht die Antizipation aus der Erinnerung früherer Empfindungen: Reminiszenz also, aber einer anderen sinnlichen Erfahrung (und nicht einer transzendenten Schau, wie bei Platon), wobei Epikur nicht erklärt, wie sich, ohne alle Prolepse, die allererste Wahrnehmung eines Gegenstandes konstituieren kann. Ohne die Existenz nicht sinnlich wahrnehmbarer Realitäten, was sie auch immer sein mögen, anzuerkennen, räumt Epikur doch ein, daß gewisse Körper ein so feines Fluidum ausströmen, daß sie für uns unsichtbar seien: so zum Beispiel die Götter. Man kann also nur vom Sichtbaren aus auf sie schließen: das Urteil, das sich vom Sichtbaren zum Unsichtbaren erhebt, erkennt ihm damit, unter der Bedingung des Zugeständnisses, daß der einzige Ursprung der Erfahrung in der Empfindung liegt, eine gewisse Rolle zu.

Die Sprache

Die Kanonik ist eine Epistemologie, keine Logik. Dieser bedürfen die Epikureer in keiner Weise, denn sie sagen, »es genüge, daß die Physiker sich nach der natürlichen Sprache der Dinge selbst richteten« (Diogenes Laërtius, X, 31). Die Dinge drücken sich tatsächlich unmittelbar in der Sprache aus: die Epikureer sehen keine Notwendigkeit, zwischen der Sprache und den Dingen jene Vermittlung einzugestehen, die die Stoiker das Signifikat oder das Ausdrückbare nannten. Die Sprache war für Epikur nicht unproblematisch, denn er konnte sie nicht – und schon allein wegen der Mannigfaltigkeit der Sprachen – ganz aus der Natur ableiten. Er lehrte, daß die Substantiva in ihrem Kern natürlich sind, da sie sich zunächst aus Lauten konstituieren, die der Natur jeden Volkes entsprechend nach den Empfindungen und Bildern der Dinge gebildet wurden. Auf diesen natürlichen Ursprung pfropft sich jedoch die Konvention auf, die die spontanen Bezeichnungen weniger vieldeutig und kürzer macht, und die selbst, ausgehend von neuen Erfahrungen oder individuellen Initiativen mit Vorbedacht neue Wörter schaffen kann (*Brief an Herodotos,* X, 75–76).

Prinzipien der physikalischen Anwendung

Man hat Epikur häufig in Sachen Physik einen gewissen Dilettantismus vorgeworfen, der in der Tatsache zum Ausdruck komme, daß er manchmal mehrere Deutungen eines und desselben Phänomens vorschlage, ohne das Bedürfnis zu haben, sich zwischen ihnen zu entscheiden. In Wirklichkeit ist Epikur in den allgemeinen Prinzipien der physikalischen Erklärung äußerst sicher: nichts jenseits der Natur suchen, keinen anderen Ursprung der Phänomene geltend machen, als den, der durch die unwandelbaren Gesetze der Natur bestimmt ist, nicht auf eine bestimmte Ursache der Welt zurückgreifen, der menschlichen Erkenntnis keine Grenzen setzen. Das sind Prinzipien, die uns heute vertraut sind, da sie die implizite Philosophie der modernen Wissenschaft konstitutieren. Aber es ist Epikur, der sie zum erstenmal konsequent in Praxis umgesetzt hat und damit wissentlich mit der alten griechischen Weisheit der Grenzen brach, die den Menschen dazu aufforderte, keinen Versuch zu unternehmen, aus seiner Bedingung auszubrechen und vor allem nicht die Grenzen zu überschreiten, die seinem Erkenntnisvermögen von den Göttern gesetzt sind. Da er, wie später Hegel, meinte, daß dem Mut zur Erkenntnis nichts widerstehen könne, hat Epikur, ein wahrer Prometheus der Philosophie, die griechische »Sünde« par excellence begangen, die der *Hybris,* der Maßlosigkeit; allein die Lockerung der griechischen Sitten und der wachsende Skeptizismus den Göttern gegenüber haben ihn vor einem jener Prozesse wegen Gottlosigkeit bewahren können, die weder Protagoras, noch Anaxagoras, noch Aristoteles verschont hatten, und woran Sokrates gestorben war.

Epikur trifft auf eine Lehre, die das befriedigt, was er für die

Erfordernisse eines befreienden Wissens hält: den Atomismus von Leukipp und Demokrit. Der Geniestreich dieser beiden vorsokratischen Denker war, die unendliche Mannigfaltigkeit der Dinge und ihres Werdens durch Kombinationen einfacher Elemente, der Atome, zu erklären. Diese unterscheiden sich untereinander nur durch geometrische Eigenschaften: durch Gestalt, Anordnung und Lage, die ausreichen, um die möglichen Kombinationen bis ins Unendliche zu vervielfältigen. Damit erwarb sich der Atomismus sogleich ein doppeltes Verdienst: zum einen erklärte er die Qualität durch die Quantität und das Kontinuierliche durch Kombination von diskontinuierlichen Elementen, was unseren, wie Bergson sagte, »von Geometrie beladenen« Verstand befriedigt; zum anderen griff er in seinen Erklärungen auf keine transzendente Ursache zurück, denn es genügten ihm diese beiden Prinzipien: die Atome und das unendliche Leere, welches als Ort der Kombination der ersteren erforderlich war. Dank der Verbindung von einer einfachen Kombinatorik mit einem unbegrenzten Erklärungsvermögen stellt der Atomismus ein nahezu vollkommenes Operationsmodell für die Naturwissenschaften dar. So scheint ihn im übrigen Epikur aufgefaßt zu haben: eher als eine Art Arbeitshypothese, die es ermöglicht, die phänomenale Vielfalt zu erklären, denn als eine dogmatische Behauptung über die innere Natur der Dinge.

Differenz der demokritischen und epikureischen Naturphilosophie

Das System Demokrits enthält nichtsdestoweniger einen Riß, es erklärt nicht, wie die Atome sich in Bewegung setzen, denn ohne das könnten sie nicht Körper durch Zusammenstöße entstehen lassen. Demokrit schrieb letztlich dem Zufall den Ursprung der Dinge zu. Epikur, ein spekulativerer Geist als Demokrit, will die Erklärung weiter vorantreiben: er verleiht den Atomen eine zusätzliche Eigenschaft, die *Schwere,* die erklären soll, daß sie sich bewegen (Epikur erklärt nicht, woher die Schwere selbst kommt: er macht daraus eine reale, der Materie inhärente Qualität und widerspricht damit der Universalität des geometrischen Erklärungsprinzips). Aber wenn sich die Atome allein kraft ihrer Schwere bewegen, so würden sie sich parallel zueinander in gerader Linie von oben nach unten bewegen und das herbeiführen, was Lukrez einen »Atomregen« nannte, und auf diese Weise würden sie niemals zusammenstoßen. Epikur muß sich also eine zweite Bewegung vorstellen, nach der die Atome die Tendenz haben, unmerklich von der geraden Linie abzuweichen und so andere Atome anzustoßen, mit denen sie sich dann verbinden: diese Bewegung ist die Deklination (das *clinamen* des Lukrez), und die Deklination selbst hat keine Ursache. Es scheint, daß Epikur hier meinte, ohne Unzuträglichkeit von Ursachen absehen zu können, die eine winzig kleine und nicht wahrnehmbare Abweichung erklären, welche sich wie eine Art »Spiel« (in dem Sinne, in dem man sagt, ein Mechanismus habe ein Spiel) in der Notwendigkeit darstellt, die das Universum regiert. Aber die Gegner des Epikureismus erblicken darin eine weitere Gelegenheit zur Kritik und werfen Epikur vor, er führe wieder den Zufall in die Physik ein, im Gegensatz zu seiner methodologischen Intention: »Losen sie [die Atome]«, so fragt Cicero, »etwa untereinander über das Abweichen und Nichtabweichen?« (*Vom Schicksal,* § 46)[1]. Worauf man zweifellos antworten könnte, daß der epikureische Indeterminismus nur die Konstitution der Phänomene betrifft und nicht die einmal konstituierten Phänomene: eine Vorstellung, die in keiner Weise absurd ist, und die man nicht *a priori* als unwissenschaftlich verwerfen kann, wie die zeitgenössischen Debatten um die Quantenphysik bezeugen.

Die Freiheit

Tatsächlich kam die Einführung der Deklination in die physikalische Theorie Epikurs noch einer anderen Forderung, diesmal moralischer Natur, nach. Cicero liefert uns den Schlüssel zu jener Verbindung: »Epicurus aber glaubt, der Nothwendigkeit des Schicksals durch eine Abweichung der Atome zu entgehen. [...] Diesen Weg hat Epicurus eingeschlagen, weil er fürchtet, daß wenn sich der Atom immerfort nach seiner natürlichen und nothwendigen Schwere bewegte, wir keine Freiheit besäßen, weil sich der Geist nicht anders bewegen würde, als so wie die Bewegung der Atome ihn nöthigten.« (*Vom Schicksal,* §§ 22–23)[2]. An diesem entscheidenden Punkt also trennt sich Epikur von den atomisti-

1 Cicero's sämtliche Werke (Philosophische Schriften). Hrsg. v. Reinhold Klotz, Leipzig 1840. (A.d.Ü.)
2 a.a.O. (A.d.Ü.)

schen Physikern; die moralische Forderung gewinnt hier Oberhand über die Kohärenz des physikalischen Systems: »Denn besser wäre es, sich dem Mythos von den Göttern anzuschließen, als sich zum Sklaven der Schicksalsnotwendigkeit der Naturphilosophen zu machen. Denn der Mythos deutet die Hoffnung an, daß die Götter durch die ihnen erwiesenen Ehren beeinflußbar seien; das Schicksal aber hat eine unerbittliche Notwendigkeit.« (*Brief an Menoikeus,* 184). Epikur hat die Menschen nicht von der intelligiblen Welt befreien wollen, um sie zu Sklaven des Kosmos zu machen. Muß man deswegen, wie Epikur es zu tun scheint, Bewegungen ohne Ursache zugestehen und, im Namen der Freiheit, auf das Prinzip vom Widerspruch verzichten? Es ist vielleicht tatsächlich gestattet, eine tiefe Ahnung in dem von Epikur aufgestellten Parallelismus zwischen der Freiheit des Menschen und der abweichenden Spontaneität zu sehen. Augustinus sagt von der Deklination, daß sie »die Seele des Atoms« sei, und Marx in seiner Dissertation über die *Differenz der demokritischen und epikureischen Naturphilosophie,* daß sie »seine Formbestimmung realisiert«[1], die Bewegung, durch welche diese sich entfremdet, aus sich herausgeht, um das konkrete Werden der Welt ins Leben zu rufen. Daß die Freiheit in gewisser Weise an diese Anfangsbewegung gebunden ist, wäre von daher keine Beeinträchtigung des Determinismus mehr, der auf der Ebene des Konstituierten wahr bleibt, sondern könnte bedeuten, daß die Freiheit in dem Maße dem phänomenalen Determinismus entgeht, als sie der Ebene des Prinzips, das heißt, des Konstituierens angehört. Wenn man die Spontaneität des Atoms auf den menschlichen Bereich erweitert, so läßt die Freiheit den Menschen nur deswegen dem Determinismus der Natur entgehen, weil sie ihn am konstitutiven Prinzip der Natur teilhaben läßt.

Die Götter

Dieser von einem Humanismus begleitete Naturalismus ermächtigt indessen Epikur nicht, sich einer Theologie zu enthalten. Während die philosophische Theologie seit Platon und vor allem seit Aristoteles dahin tendierte, das volkstümliche griechische Pantheon durch eine Verehrung eines vollkommen enthumanisierten Göttlichen zu ersetzen, das sich in der rationalen Pracht der astronomi-

---

1 Marx-Engels-Werke. Ergänzungsband 1, S. 281. (A.d.Ü.)

schen Bewegungen offenbart, ist die Theologie Epikurs der erste philosophische Versuch, den anthropomorphischen Polytheismus zur Theorie zu erheben. Die Vielzahl der Götter ist irreduzibel, die einen sind vollkommen individualisiert, während sich die anderen nur hinsichtlich der Art unterscheiden. Diese Vielheit ermöglicht es, sich eine Gesellschaft der Götter vorzustellen, die nicht so sehr das Modell der menschlichen Polis ist als jener Gesellschaft von Freunden, in welcher Epikur die höchste Verwirklichung der Soziabilität erblickte. Die Götter, die damit beschäftigt sind, sich untereinander zu unterhalten und in diesem Austausch die reinste Freude finden, kümmern sich weder um die Menschen noch um die Welt: es gibt also keine Vorsehung. Wenn man hinzufügt, daß die Gottheiten aus so feinen Atomen zusammengesetzt sind, daß sie zu keiner Erfahrung fähig sind, so wird man davon überzeugt sein, daß die epikureische Theologie nicht mehr, wie noch die der Stoiker, ein Teil der Physik ist. Das ist jedoch kein Grund, ihnen jede Bedeutung zu verweigern, wie es voreilig so viele Interpreten taten: die göttliche Existenz, die ganz Freude, Freundschaft und Kontemplation ist, übt bei Epikur die Funktion eines Ideals, eines regulativen Prinzips, für die menschliche Gesellschaft aus.

Die Lust

Wie alle antike Moral ist die epikureische eine Theorie des höchsten Zieles menschlichen Lebens. Dieses Ziel wird mit der allgemeinen Bezeichnung Glück belegt, das per definitionem das bezeichnet, wonach von Natur aus alle Menschen streben. Aber die Divergenzen setzen ein, wenn es darum geht, dieser formalen Idee des Glückes einen Inhalt zu geben. Die Moralauffassungen, die der hellenistischen Epoche vorangingen, hatten zu dieser Frage komplexe Antworten angeführt, die aus dem Glück das Ergebnis einer subtilen Dosierung von Elementen machten: das glückliche Leben, sagte Platon im *Philebos*, ist eine Mischung von Lust und Weisheit; für Aristoteles gibt es kein Glück wenn sich der Tugend nicht ein ganzes »Gefolge« von Gütern des Körpers (Gesundheit, Kraft) und von äußeren Gütern (Reichtum, Ansehen, Macht) anschließt, was das Glück zu einem großen Teil vom »glücklichen Zufall« abhängig macht. Mit der hellenistischen Epoche haben das Primat, das den praktischen Betätigungen zugewiesen wird, und die Bemühung, das Glück allen zugänglich zu machen, trotz der Härte der Zeiten, eine Vereinfachung und eine Radikalisierung der Positionen zur Folge: während für die Stoiker das Glück der Tugend und ihr allein innewohnt, ist es nach Epikur in der Lust (*hedone,* daher der Name Hedonismus, der dieser Lehre gegeben wird) zu suchen.

Die Lust, die Grundlage des Glücks, wird also zum Ziel, das die Moral zu verwirklichen sucht. Epikur ist nicht der erste, der sich zu dieser Lehre bekennt; ihm gingen auf diesem Weg ein Schüler Platons, Eudoxos, und vor allem eine sokratische Schule, die der Kyrenaiker, voran. Aber Epikur stimmt in der Definition der Lust selbst nicht mit seinen kyrenaischen Vorgängern überein: für Aristippos von Kyrena ist die Lust eine leichte Bewegung, wodurch sie dem Schmerz, der eine heftige Bewegung ist, genau entgegengesetzt ist. Platon hatte seinerseits im *Philebos* die Vorstellung wieder aufgegriffen, daß die Lust eine *Genese* sei, aber er schloß im Gegensatz zu den Kyrenaikern daraus, daß die Lust nicht das höchste Gute sein könne, denn das Gute wird durch seine Stabilität und Vollendetheit charakterisiert. Epikur hält zugleich fest an dem hedonistischen Postulat der Kyrenaiker und der platonischen Forderung nach Stabilität: für ihn ist die wahre Lust, die man suchen muß, die Lust im Ruhezustand, wie das Gefühl von Wohlsein, das ein Mensch verspürt, der keinen Durst hat und nicht trinkt. Es scheint, daß man sich seit der Antike über die Bedeutung dieser Lehre getäuscht hat, und daß man, wenn man Epikur nicht zu einem Apologeten der Ausschweifung machte, ihm im Gegenteil vorwarf, ein rein negatives Ideal der *alypie,* der *indolentia,* das heißt, der Abwesenheit von Schmerzen in der Weise zu verkünden, daß diese so ersehnte Lust nichts anderes sei als der Zustand eines eingeschlafenen Menschen oder eines Kadavers.

Tatsächlich wird die Lust, so wie Epikur sie versteht, von ihm »konstitutive Lust« (*hedone katastematike*) genannt: die Idee der Konstitution (*katastema*) bezeichnet hier die Gesamtheit der Teile, die einen lebenden Organismus bilden und genauer den Zustand des Gleichgewichts zwischen diesen Teilen. So »entsteht die Lust natürlich und von selbst, denn durch das natürliche Spiel der Organe ist das physiologische Gleichgewicht in einem Lebewesen hergestellt«[1]. Von daher wird die Unterscheidung zwischen

1 Da Zitat nicht nachgewiesen ist, wurde es nach Aubenque übersetzt. (A.d.Ü.)

einer Lust in Bewegung, die, verbunden mit einer selbst flüchtigen Gleichgewichtsstörung des Organismus, immer mit irgendeinem Schmerz in Zusammenhang steht, und der Lust im Ruhezustand verständlich, deren Bedingung das Ende einer Unausgeglichenheit, also die Unterdrückung des Schmerzes ist, ohne daß sie jedoch mit dem zusammenfällt, was nur ihre Bedingung ist. Die Lust im Ruhezustand ist also wohl der positivste Zustand, jenes Gefühl von Wohlsein und Fülle, das sich ohne jede äußere Stimulation mit unserem Bewußtsein zu existieren vermengt. Diese Lust ist die Wurzel alles Guten: die geistige Lust selbst kann sehr wohl die physische Lust verdoppeln, aber sie leitet sich von dieser ab und ersetzt sie nicht.

Verwaltung der Lust und Rückkehr zum einfachen Leben

Die Vernunft hat nichtsdestoweniger in der Verwaltung der Lust eine Rolle zu spielen. Wenn die Lust das höchste Gut ist, so hat jene diese gewiß nicht zu mäßigen, von außen zu beschränken, und man kann Epikur nicht verdächtigen, verstohlen zurückzunehmen, wie so viele nach ihm tun werden, was er uneingeschränkt der Theorie der Lust zugestanden hat. Aber die Vernunft muß darüber wachen, daß die Lust auch wirklich Lust sei, das heißt, daß sie nicht mit Schmerz vermischt sei. Die Lust ist, wie wir gesehen haben, eine Grenze, ein Zustand, der kein Mehr und kein Weniger erlaubt. Nun ist das Streben des Fleisches, wie Epikur einmal bemerkt (Diogenes Laërtius, X, 145), unendlich, und die Gefahr ist groß, daß das unersättliche Begehren den Schmerz der Unbefriedigtheit in seine immer nur partiellen Befriedigungen mischt. Daher die Notwendigkeit, diese Begierden allein auf diejenigen zu beschränken, die natürlich und notwendig sind. Sind sie notwendig wie Hunger und Durst, dann sind sie nicht zu unterdrücken; sind sie natürlich, so werden sie in der Natur leicht finden, woran sie sich stillen können: denn Epikur postuliert hier, wie später Rousseau, eine Art präetablierter Harmonie zwischen den Bedürfnissen und den Mitteln, zwischen der individuellen Natur und der universellen Natur. Die Armut entspringt nicht dem Mangel, sondern dem nicht natürlichen Bedürfnis. »Denn im Hinblick auf das der Natur Genügende ist jeder Besitz ein Reichtum, im Hinblick auf die unbegrenzten Begierden aber ist auch der größte Reichtum

Armut.«[1] Die Natur erscheint nur jenen geizig, die sie nicht zu lieben wissen.

Genauso wie bei Rousseau ist die Apologie der Natur bei Epikur mit der Kritik der Gesellschaft verbunden. Die Menschen sind nicht von Natur aus dazu bestimmt, in den Städten zu leben. Es gibt also im Gegensatz zu dem, was die Stoiker lehrten, weder natürliche Einrichtungen noch Naturrecht. Das Bedürfnis, das uns vom anderen abhängig macht, ist ein Zeichen der Schwäche: der Weise ist »autark«, anders ausgedrückt, hat nach nichts und niemandem Bedarf. Die berühmte epikureische Formel ist bekannt: »Um glücklich zu leben, laßt uns im Verborgenen leben«. Tatsächlich gelangen nur wenige Menschen zu jener individuellen Autarkie, oder noch besser, zu jener Autarkie zu mehreren, welche für Epikur eine Gemeinschaft von Freunden darstellt. Gezwungen, in der Gesellschaft zu leben, daher den zahlreichen Aggressionen ausgesetzt, die sich mit dem gesellschaftlichen Leben verbinden, verlangt der Mensch von der Philosophie das Mittel, das ihm »Sicherheit vor den Menschen« verschaffen soll[2]. Ein erstes Mittel ist die Gerechtigkeit, nicht als die Realisierung einer idealen Ordnung verstanden, sondern als eine »Abmachung über das Zuträgliche, um einander gegenseitig weder zu schädigen noch sich schädigen zu lassen«[3]. Aber Epikur erwartet nicht wirklich von der Gesellschaft Abhilfe gegen die Übel, die sie verbreitet und die allein ihre Existenz hervorruft. Denn die Gesellschaft vervielfältigt nicht nur die Möglichkeiten von Zusammenstößen und daher von Konflikten; indem sie die Natur durch die Zivilisation ersetzt, schafft sie im Individuum neue Bedürfnisse, Hang zum Luxus, spezifische Arten von Hunger und Durst, soziale Konformismen, kurz all jene Begierden, die Epikur als nicht natürlich und nicht notwendig verworfen hat. Jenseits des Zaubers der Zivilisation lädt uns Epikur zu einer Rückkehr zur Natur, zu den ungetrübten Freuden eines einfachen und frugalen Lebens: nicht daß man darin irgendeine Art von Asketentum zu erblicken hätte, sondern eher eine Forderung, die von einer weisen Verwaltung der Lust herrührt.

1 Epikur: Fragmente, 202 (Usener) (35 Gigon). (A.d.Ü.)
2 Epikur: Katechismus, 14. (A.d.Ü.)
3 Epikur: a.a.O. 31. (A.d.Ü.)

Epikurs Aktualität

Gewiß, das Glück war keine neue Idee im Griechenland des III. Jahrhunderts. Aber es war traditionell an so viele Bedingungen oder Vermittlungen gebunden, daß es sich entweder in eine unerreichbare Transzendenz zu entfernen schien, oder sich, wie bei den Stoikern, auf den Akt des Glaubens an eine verborgene Rationalität zu reduzieren schien. Gegen diese düsteren Kathartiker rehabilitiert Epikur die Unmittelbarkeit des Genusses, die Heiterkeit des Zufluchtsortes, den Frieden eines Besitzens ohne Distanz. Er entwirft das Bild einer befriedeten Existenz, die befreit ist von Aberglauben, von Todesfurcht und der Furcht vor dem Schmerz, befreit auch von der Abhängigkeit von den anderen Menschen, eines Lebens, dessen einzige »öffentliche« Dimension der private Kult der Freundschaft wäre. Da er überzeugt war, daß die Welt uns nur dann vernichtet, wenn wir sie schlecht kennen, meinte er weder, daß wir unsere Begierden ändern müßten, um sie der Weltordnung anzupassen, noch daß man die Welt ändern müsse, um sie für unsere Begierden empfänglich zu machen. Wenn heute das epikureische Ideal eines befriedigten und befriedeten, von Angst und Konventionen befreiten Lebens als Utopie einer besseren Welt am Horizont entschwindet, so gewiß weil Epikur die Hindernisse, die uns in dieser Welt davon trennen, zu sehr verkannt hat: die Interessen, die den Aberglauben am Leben erhalten; die Repressionen und Tabus; aber auch die Dialektik eines Begehrens selbst, das in dem Maße zunimmt, in dem es sich befriedigt, und das unsere modernen Gesellschaften durch eine Art Logik der Unvernunft dazu treibt, die Grenzen des Natürlichen und Notwendigen zu überschreiten. Zumindest hat Epikur vorhergeahnt, daß der Konsum um des Konsums willen, Erzeuger neuer Ängste, die Negation des Genusses selbst ist.

III. Der Skeptizismus

Eine Reaktion gegen den Dogmatismus

Der Stoizismus und der Epikureismus unterscheiden sich von der platonisch-aristotelischen Philosophie durch ein geschärfteres Bewußtsein der Dringlichkeit moralischer Entscheidung und infolgedessen durch eine Vereinfachung des theoretischen Apparates, der sie rechtfertigen soll. Diese Vereinfachung selbst verurteilte sie dazu, mit massiven Affirmationen vorzugehen, die keine Dialektik eines Platon und kein aporetischer Sinn eines Aristoteles mehr korrigierte. Diese Verhärtung der Theorie in einen Dogmatismus, der weniger darum bemüht war, die Wirklichkeit zu denken, als den Menschen »Gewißheiten« zu liefern, mußte einer skeptischen Reaktion Raum geben, die sich vor allem gegen die Stoiker richtete und sie zwang, in mehr als einem Punkte ihre Lehre besser zu rechtfertigen. Dieser Skeptizismus findet einen zunächst unerwarteten Verbündeten in der platonischen Schule selbst, zumindest in der Periode ihrer Geschichte, die unter dem Namen Neue Akademie bekannt ist.

Zweifellos gehörte es zum Wesen des Skeptizismus, sich nicht in eine Schule zurückzuziehen. Es handelt sich in der Tat viel eher um eine Strömung, die während mehrerer Jahrhunderte relativ im Schatten den majestätischeren Ablauf der offiziellen Schulen begleitete. Victor Brochard unterscheidet in der Geschichte des Skeptizismus drei Perioden, von denen jede durch das Vorherrschen unterschiedlicher und komplementärer Themen charakterisiert sei.

Die skeptische Frage und die pyrrhonische Kritik der sinnlichen Erkenntnis

Der halblegendäre Gründer des Skeptizismus ist Pyrrhon von Elis, ein Zeitgenosse des Aristoteles, der aber, da er wie Sokrates nichts geschrieben hat, nur durch die Vermittlung seines Schülers Timon (gestorben um 235 v. Chr.) gewirkt zu haben scheint. Es ist nicht unmöglich, daß Pyrrhon über seinen Landsmann Hippias von Elis an die große Tradition der Sophisten anknüpft. Man kann jedoch mit Sicherheit sagen, daß der Skeptizismus durch die Priorität, die er der Suche nach Glück zuweist, sich mit den anderen nacharistotelischen Philosophien verbindet. Das Glück ruht für ihn, wie für den Stoizismus und den Epikureismus, in der Abwesenheit von Leidenschaft (*Apathie*) und der Abwesenheit von Unruhe (*Ataraxie*). Aber die Originalität des Skeptizismus besteht darin, daß er die Ataraxie nicht von einem theoretischen Urteil abhängig macht, sondern von einem Zustand des Nicht-Versicherns (*Aphasie*), der »uns dazu treibt, nichts zu behaupten noch zu bestreiten«.[1] Aber wozu dieses Suspendieren (epoche) des Urteils, das seither der Prüfstein allen Skeptizismus wurde? Ist es die Folge unserer Erkenntnisunfähigkeit oder der Undeutlichkeit selbst, die den Gegenstand beherrscht? Handelt es sich um methodische Vorsicht oder um eine ontologische Unmöglichkeit? Und stützt sich, im ersten Falle das Infragestellen der Erkenntnis allein auf die Feststellung der Sinnesirrtümer oder auf eine Kritik der rationalen Fähigkeit selbst? Von der Antwort auf diese Fragen hängen die Nuancen ab, die die verschiedenen Formen des Skeptizismus unterscheiden. Für Pyrrhon, interpretiert durch Timon, liegt dem Suspendieren des Urteils die Nichtdifferenz (*Adiaphorie*) zugrunde, die die Manifestation der Dinge, anders ausgedrückt, die Phänomene überzieht. Die Indifferenz ist also nicht zuerst eine Bewußtseinshaltung sondern eine negative Eigenschaft der Phänomene. Daraus geht hervor, daß die Phänomene, wie schon Protagoras betont hatte, das sind, was *uns* erscheint, also relativ zum Subjekt sind, das sie erfaßt. Aber während Protagoras daraus die Wahrheit der Erscheinungen ableitete und infolgedessen die Wahrheit der Widersprüche (denn der Honig, der dem Menschen, dem es gut geht, süß *erscheint, erscheint* dem Kranken bitter, *ist* also süß und bitter zugleich), zieht Pyrrhon aus denselben Prämissen den Schluß, daß die Wahrheit unzugänglich ist, und daß die wirkliche Natur der Dinge verborgen (*adelon*) ist: der Beweis für Pyrrhon, daß die Wahrheit außerhalb der phänomenalen Erscheinung liegt, die sie niemals ganz »offenbart«.

Ainesidemos und die Kritik der Vernunft

Die zweite Periode des Skeptizismus, die von der ersten durch ein Intervall von mehr als einem Jahrhundert getrennt ist, verbindet sich vor allem mit dem Namen Ainesidemos. Wir wissen nichts von seinem Leben: höchstens vermuten die Gelehrten, daß er im I. Jahrhundert v. Chr. lebte. Seine Lehren dagegen sind dank der Nachschriften, die spätere Autoren wie Sextus Empiricus verfertigten, wohlbekannt. Ainesidemos ist es, dem wir in erster Linie eine Klassifizierung und Ausformung der Argumente zugunsten des Skeptizismus unter der Bezeichnung *Tropen* ver-

---

1 Da das Zitat nicht nachgewiesen ist, wurde es nach Aubenque übersetzt. (A.d.Ü.)

danken. Die Historiker meinen, daß jene von diesen Tropen, die sich gegen die sinnliche Erkenntnis wenden, von Pyrrhon entlehnt sind. Der eigene Beitrag des Ainesidemos hätte darin bestanden, die pyrrhonische Kritik zu erweitern, indem er sie auf die Vernunft selbst ausdehnte. So legt eine der Tropen die Nichtigkeit des Begriffs der *Kausalität* dar: ein Körper kann nicht Ursache eines anderen Körpers sein (denn ein Körper kann nicht aus seiner eigenen Natur heraustreten); ein Unkörperliches kann nicht Ursache eines Unkörperlichen sein (denn Unkörperliches ist unfähig zum Kontakt, und ohne Kontakt gibt es weder Passion noch Aktion); da es andererseits Homogeneität zwischen der Ursache und der Wirkung geben muß, kann der Körper nicht Ursache des Unkörperlichen sein, noch das Unkörperliche Ursache des Körpers; der Schluß ist, daß es keine Ursache gibt. Eine analoge Argumentation löste den Begriff des *Zeichens* und folglich die (sowohl epikureische wie stoische) These, nach der das Sichtbare Zeichen des Unsichtbaren ist, in nichts auf. In einer anderen Trope zeigte Ainesidemos, daß das Wahre weder sinnlich (denn das Empfinden ist ohne Vernunft), noch intelligibel (denn damit wäre kein sinnliches Ding wahr, was absurd ist), noch zugleich sinnlich und intelligibel ist, also daß es nicht ist. Nach dieser radikalen Kritik ist man erstaunt, im Sextus Empiricus (*Adversus mathematicos,* VIII, 8) zu lesen, daß die »Parteigänger des Ainesidemos« einen Unterschied zwischen den Phänomenen machten und jene als *wahr* zugestanden, »die allen auf dieselbe Weise erscheinen«. Aber vielleicht muß man darin eine einfach Regel des empirischen Gebrauchs der Vernunft sehen, die dem Aufgeben ihrer spekulativen Ansprüche nicht widerspricht, sondern es voraussetzt.

Sextus Empiricus und die Grenzen seines Empirismus

Die dritte Periode des Skeptizismus verbindet sich mit dem Namen des Sextus Empiricus, von dem wir allein wissen, daß er im III. Jahrhundert n. Chr. lebte. Die Qualifikation des »Empirikers«, die seinem Namen verhaftet bleibt, bedeutet »Erfahrungsmensch« und bezeichnete in Wirklichkeit einen Arzt. Dieser Arztphilosoph hat uns ein Werk in elf Büchern hinterlassen, *Adversus mathematicos* (das heißt »gegen jene, die aus dem Wissen einen Beruf machen«), welches eine wirkliche Zusammenfassung der skeptischen Argumente gegen die Wissenschaft darstellt. Diese Argumente sind in den *Hypotyposea* oder den *Pyrrhonischen Grundzügen* resümiert, die sich als die Quintessenz des Pyrrhonismus ausgeben. Für die Kenntnis des antiken Skeptizismus ist Sextus Empiricus unsere Hauptquelle. Die *Hypotyposea,* 1562 von Henri Estienne ins Französische übersetzt, liefern allen »Pyrrhonikern« der Renaissance und der folgenden Jahrhunderte die Gründe des Zweifelns.

Hat nun Sextus selbst einen eigenen Beitrag zur Geschichte des Skeptizismus geleistet? V. Brochard meinte feststellen zu können, daß sich Sextus nur an metaphysische Urteile gewagt habe, jene, die sich dialektisch darstellen. »Die exakte und *apriorische* Wissenschaft der Dogmatiker will er, noch zögernd und nicht ohne einige Ratlosigkeit durch eine Wissenschaft oder Kunst ersetzen, die sich allein auf die Beobachtung gründet, auf das Studium der Phänomene und ihrer Abfolgegesetze.«[1] Sextus würde also seinen Beinamen, der »Empiriker«, sehr wohl verdienen. Wenn man jedoch gewahr wird, daß Sextus Wert darauf legt, eine gewisse Technik der Heilung der Körper wie der Heilung der Seelen zu retten, so wird nirgends deutlich, daß er versucht, sie auf theoretischen Fundamenten noch auf den ersten Entwürfen einer experimentellen Methode aufzubauen. Seine Kritik ist wirklich eine radikale Kritik, die darauf versessen ist zu zerstören, ja sich selbst zu zerstören, und seine *Hypotyposea* enden, nach dem Eingeständnis von Brochard selbst, in einem »Hohnlächeln«[2]. Es gibt, so sagt Sextus, nichts zu lehren und nichts zu lernen; es gibt also weder Meister noch Schüler, denn man kann nur lernen, was man schon weiß. Es gibt nicht einmal Mitteilung, denn man kann eine Sprache nur verstehen, wenn man den Schlüssel zu ihrer Bedeutung »im voraus empfangen« hat; der Diskurs, der sein eigenes Begriffsvermögen voraussetzt, kann von daher es dem nicht mitteilen, der es nicht schon besäße (III, 259–269). Was soll dann noch der Diskurs?

So vollendet sich die hellenistische Philosophie der Subjektivität in einem Affront, der die Negation jeden Dialogs selbst ist. Der Skeptizismus ist die Feststellung der Auflösung einer gewissen Konzeption des *Logos*: jenes nicht-dialektischen Logos, der sich im Unglück der hellenistischen Zeiten dogmatisiert hatte, um sich

1 V. Brochard: Les sceptiques grecs. S. 326. (Übersetzt nach Aubenque).
2 V. Brochard: a.a.O. S. 322.

der Gewalt der Dinge entgegenzusetzen, um unmittelbar der Dringlichkeit der Beschlüsse zu begegnen, und der, da er die Lehren von Platon und Aristoteles vergessen hatte, seine eigene Relativität vergaß.

Der praktische Humanismus der Neuen Akademie

Tatsächlich geschah es im Namen der Dialektik, daß sich zur selben Zeit die platonische Schule (in jener Periode ihrer Geschichte Neue Akademie genannt) allmählich dem Skeptizismus annäherte. Die von Platon in den Dialogen, besonders in den sogenannten »aporetischen«, angewandte Methode hatte die Auffassung verbreiten können, daß das Wesentliche der Philosophie darin bestünde, »alle Dinge herüber und hinüber zu erörtern« wofür Cicero die Akademie insbesondere rühmt (*Tusculanische Unterredungen,* II, 3,9)[1]. Das hieß allerdings verkennen, daß es sich bei Platon damit nur um eine indirekte Darstellungsweise handelte, die die Seele zur Ahnung des Intelligiblen erheben sollte. Aber im III. Jahrhundert v. Chr. mußten die Leiter der platonischen Schule so eilig wie möglich und fern aller Subtilität dem umgebenden Dogmatismus, insbesondere der Stoiker, begegnen und ihm bekämpfen. Der Streit scheint sich auf das Problem des Wahrheitskriteriums konzentriert zu haben. Arkesilaos (315–240) verneinte, gegen Zenon von Kition, daß man eine verständliche Vorstellung von einer unverständlichen unterscheiden könne: ein fiktives Objekt kann in uns eine Vorstellung hervorrufen, die ebenso klar und bestimmt ist, wie die eines realen Objekts. Der Weise kann sich also nicht auf Gewißheiten stützen: seine Behauptungen sind nur Meinungen, was im Widerspruch steht zu seinem Anspruch auf Wissen. Der Weise muß sich also, wenn er sich selbst treu bleibt, des Urteilens enthalten und erkennen, daß er nichts weiß. Sextus wirft Arkesilaos vor, er gehe noch über den Skeptizismus hinaus und verfalle in eine Art Dogmatismus des Nicht-Wissens: Arkesilaos behauptet, er wisse nichts, während der wahre Pyrrhoniker zweifelt, ob er weiß oder nicht weiß.

Aber in einem anderen Punkt leisten Arkesilaos und vor allem Karneades (219–129) eine positive Korrektur am Skeptizismus.

1 Cicero's philosophische Schriften in deutschen Übertragungen. Hrsg. v. Reinhold Klotz, Leipzig 1841. (A.d.Ü.)

Da es sich um menschliche Angelegenheiten handelt, die von der Zufälligkeit irreduzibel freier Entschlüsse betroffen sind, ist die Ungewißheit des Urteils keine Schwäche, sondern reflektiert die Ungewißheit seines Gegenstandes selbst. Es gibt keine, es sei denn in einem intelligiblen Himmel, wissenschaftliche Politik oder Moral, deren degradiertes Produkt die konkrete Handlung sei. Hier gibt es kein anderes Absolutes als das Relative, keine andere Anleitung als das, was Arkesilaos das Vernünftige (*eulogon*) nannte und Karneades das Wahrscheinliche (*pithanon*), worunter man zu verstehen hat, daß das Wahrscheinliche, welchen Grad es auch immer habe, sich niemals dem Gewissen angleichen werde, und das Vernünftige als Handlungsprinzip seine Rechtfertigung in sich selbst hat und sich nicht von einer Rationalität des logischen oder mathematischen Typs ableite. In einer Art Clair-obscur oder Zwischenraum, auf halbem Wege zwischen dogmatischer Behauptung und gewagter Handlung finden Theorie und Praxis ihre Einheit, an jenem Ort, den Aristoteles und nach ihm die Neue Akademie Klugheit (*phronesis*) nannte: Einsicht in das Vernünftige und gleichzeitig der Wille, es, soweit es die Umstände zulassen, zu realisieren. Während die Skeptiker in derselben Zeit keine Praxis aus ihrer Theorie ableiteten, war es die Eigentümlichkeit der Neuen Akademie, auf dem Probabilismus einen praktischen Humanismus zu begründen, aus dem Cicero (106–43), der Fortsetzer der Neuen Akademie, eines der wesentlichen Momente der moralischen Tradition des Okzidents machen wird. Man sollte also die historische Bedeutung dieser zu sehr in Vergessenheit geratenen Autoren nicht außer acht lassen. Zu Anfang des XVIII. Jahrhunderts ist es immer noch diese humanistische Tradition, auf die sich Vico stützt, um – gegen Descartes – zu zeigen, daß es nicht die undurchdringliche Natur ist, sondern die »gesittete Welt«, die im »Ozean des Ungewissen« dem weniger Ungewissen Raum gibt, weil sie das Produkt der menschlichen Tätigkeit ist.

Pierre Aubenque

Plotin und der Neoplatonismus

Wie häufiger in der Geschichte der Philosophie folgte der skeptischen Krise – einer notwendigen Erfahrung der Negativität des Denkens und zugleich seiner Freiheit – eine machtvolle spekulative Erneuerung, die über die Dogmatismen der hellenistischen Epoche hinweg wieder an die große Tradition des Platonismus und des Aristotelismus anknüpfte. In der Tat ist die platonische Schule in der römischen Epoche die Stätte dieser Erneuerung gewesen, zunächst in Athen, dann in Alexandria, dann wieder in Athen. Gewiß, die Platoniker des I. Jahrhunderts n. Chr., deren berühmtester Plutarch (45–125) ist, sind kaum über einen wohlmeinenden religiös angehauchten Dualismus hinausgelangt, der die Materie, die Quelle des Bösen, dem Prinzip des Guten entgegensetzt. Die Philosophie Plotins und seiner Nachfolger, die einen der höchsten Punkte in der Geschichte des westlichen Denkens markiert, ist von anderem Niveau.

Plotin und der Orient

Dennoch wurde bestritten, daß Plotin ein reiner Repräsentant des Abendlandes sei. Im Jahre 205 n. Chr. in Ägypten geboren, in Alexandria Schüler des Platonikers Ammonius Sakkas, dem einige eine indische Herkunft zuschreiben, hatte er, wie sein Schüler und Biograph Porphyrios sagt, die Neigung und Gelegenheit, »die bei den Persern und den Indern gebräuchliche und angesehene Philosophie kennenzulernen«[1]. Die Gelegenheit dazu muß ihm ein Feldzug des Kaisers Gordian gegeben haben, den er bis ans äußerste Ende von Persien begleitete. Aber eine Niederlage in Mesopotamien setzte diesem Unternehmen ein frühzeitiges Ende. Plotin ließ sich, damals im Alter von vierzig Jahren, in Rom nieder, wo er, ohne eigentlich eine Schule zu gründen, seine Lehre vor einem Kreis von Schülern entfaltete. Diese, die häufig von aristokratischer Herkunft waren, sorgten für die Bedürfnisse eines Meisters, der die Notwendigkeiten dieser Welt sehr gering achtete.

---

1 Porphyrios: Über Plotins Leben und über die Ordnung seiner Schriften. 3,15. (A.d.Ü.)

Er ist unter ihnen im Jahre 270 gestorben. Plotin hat selbst nichts geschrieben, aber sein Schüler Porphyrios hat uns unter dem Titel *Enneaden* (Gruppen von je neun Abhandlungen) vierundfünfzig Schriften bewahrt, die bald in technischer Gestalt, bald in einem höchst spirituellen erhabenen Stil, zweifellos treu wiedergeben, was die abwechselnd abstoßende und eigenartig fesselnde Lehre Plotins gewesen sein mag.

Es fragt sich, ob die Philosophie Plotins ein Wiederaufleben des Platonismus ist, wie es die Bezeichnung Neoplatonismus nahelegt, die man traditionell mit ihr verbindet. Oder ob sie, wie Zeller im Gegensatz dazu behauptet, nur eine Umwandlung der hellenistischen Philosophien der Subjektivität ist. Oder ob sie doch, wie Émile Bréhier versichert, über den Rahmen und die Grenzen der griechischen Philosophie hinausgeht. In einem Kapitel mit dem Titel »Der Orientalismus Plotins« (L'orientalisme de Plotin) glaubt Bréhier tatsächlich, in der plotinischen Philosophie einen mystischen Aspekt festzustellen, der »den griechischen Rationalismus auflöste«: ein derartiges Eindringen läßt sich ihm zufolge nur erklären »durch Umstände welche von völlig neuen Denkgewohnheiten herrühren, die aus religiösen Überzeugungen, deren Ursprung im Orient, außerhalb des Hellenismus liegt, entstanden«[1].

Plotin und die griechische Tradition

Worin besteht nun diese außergewöhnliche Neuheit der plotinischen Philosophie, welche sie dem griechischen Erbe nicht assimilierbar macht? Wenn man von den, übrigens vagen, Äußerungen von Porphyrios über angeblich orientalische Einflüsse absieht und sich an eine immanente Interpretation hält, *scheinen* zumindest vier Thesen Plotins mit der hellenistischen Tradition zu brechen. Die erste ist die der absoluten Transzendenz des Ersten Prinzips, welches als nicht nur für jede sinnliche Erfahrung sondern auch als für jede intellektuelle Bestimmung unzugänglich aufgefaßt wird. Die zweite, die aus der ersten folgt, ist die der Unaussprechlichkeit des Ersten Prinzips, auf das der menschliche Diskurs in Ermangelung der Fähigkeit, es positiv zu sagen, nur durch Negationen verweisen kann, deren radikalste ist, daß das Erste Prinzip, der Ursprung von allem Seienden, selber ein Nicht-

1 Émile Bréhier: La philosophie de Plotin, S. 108 (übersetzt nach Aubenque).

seiendes ist (VI, 9,3, *Z.* 38). Die dritte, die wiederum aus den beiden ersten folgt, ist die Umkehrung vom Sinn und vom Stellenwert des Begriffs des Unbegrenzten: in der griechischen Tradition erschien das Sein um so vollkommener, je bestimmter es war; das Unbegrenzte, dem man immer noch etwas hinzufügen kann, war also ein Zeichen der Unvollkommenheit und des Mangels; Plotin entdeckt im Gegensatz dazu zum erstenmal, »daß man das Unbestimmte nicht überall gering achten muß« (II,4,3,Z.1), und das kann man tatsächlich nicht, denn das Erste Prinzip hat im Gegensatz zu den »endlichen« Wesenheiten, die daraus stammen, weder Grenzen noch zutreffende Bestimmungen, ist also im eigentlichen Sinne des Wortes »un-endlich«. – Schließlich scheint Plotin, der sich, wie schon die hellenistischen Philosophen, mit dem Heil des Individuums befaßt, dieses Heil nicht mehr in dem theoretischen Bewußtwerden der Natur des Menschen und seiner Stellung im Universum zu erblicken, sondern im Gegenteil in einem Ausstreichen der Differenz zwischen dem Individuum und dem Ganzen und demnach nicht mehr in einer Festigung der Persönlichkeit sondern im Gegenteil in ihrer Auflösung. Das wären also die Kennzeichen eines plotinischen »Mystizismus« im Gegensatz zum hellenistischen »Rationalismus«.

Dennoch zeigt eine aufmerksame Lektüre Plotins, daß er nicht nur seine Terminologie, sondern auch seine Probleme von den großen Philosophien Griechenlands: dem Platonismus, Aristotelismus und Stoizismus übernimmt, und daß, wenn seine Lösungen den Rahmen der philosophisch anerkannten Ideen sprengen, es bald durch eine Erweiterung, bald durch eine Radikalisierung der früheren Problematik dazu kommt. Diese Einzigartigkeit Plotins, ein Vorrang für die einen, ein *saltus mortalis* für die anderen, bestünde also in der Tatsache, daß er ebenso auf Grund seiner historischen Situation wie seiner spekulativen Kraft jene Denkfigur, die der klassische Hellenismus darstellt, überblickt, und daß er deren Grenzen, die er zum erstenmal erkennt, überschreitet.

Suche nach einem Ersten Prinzip

So ist also der Neoplatoniker Plotin nicht nur Platoniker durch die Unterscheidung, die er zwischen der intelligiblen und der sinnlichen Welt zugesteht. Er ist in dem Sinne *Neo*-Platoniker, als er sich bemüht, das Ungedachte des Platonismus zu denken und die

Grenzen dessen, was Platon selbst in seinem *Brief VII* das »Unsagbare« genannt hatte, zu beseitigen. In seiner nicht schriftlich niedergelegten Lehre, deren große Linien Aristoteles uns erhalten hat, begnügte sich Platon nicht damit, das Sinnliche aus den Ideen zu erzeugen; er untersuchte, wie und woraus die Ideen selber hervorgebracht sind, und er entdeckte, daß zwei Prinzipien gesetzt werden müßten, deren widerstreitendes und sich ergänzendes Wirken zunächst die idealen Zahlen, dann die Ideen hervorbringt: ein formales Prinzip der Einheit und der Bestimmtheit, welches Platon das Eine nannte, und ein materielles Prinzip, genannt die unendliche Dyade des Großen und des Kleinen. Die Dualität der Prinzipien scheint dazu gedient zu haben, die Notwendigkeit des Einen, sich unter dem Wirken des entgegengesetzten Prinzips zu teilen, wie zugleich die Herrschaft des Einen über jedes Moment seiner Teilung zu erklären. Plotin bemüht sich, hinter diese Dualität zurückzugehen, denn allein das Eine ist zuerst. Wie ist es aber dann zu verstehen, daß das Eine nicht in sich verharrt? Warum entäußert es sich und negiert sich dadurch in der Vielheit? Denn »die Fähigkeit, mit eigener Hand etwas zu bewerkstelligen, gehört vielmehr gerade einem solchen Ding, um das es nicht allerorten gut bestellt ist, es wirkt eben und regt sich in der Richtung, in der es eben einen Mangel birgt; ganz und gar gottselige Wesen aber haben allein daran genug, in sich selbst stille zu stehen und das zu sein, was sie sind.« (III,2,1,Z.38). Auf der anderen Seite stellt man jedoch in der Natur fest, daß »alles, was zu seiner Reife kommt, zeugt und sich nicht zufriedengibt in sich zu verharren, sondern ein anderes hervorbringt« (V,4,1,Z.26). Die Neigung sich zu verströmen, auszustrahlen müßte nun *a fortiori* dem ersten Prinzip eignen, welches, wie schon Platon sagte, kein Verlangen kennt.

Die Genese des Vielen aus dem Einen beruht also auf der Freigebigkeit und dem Mangel zugleich: der Reihe nach überströmende oder beeinträchtigende Fülle, je nachdem, ob man sie unter dem Aspekt der Wirksamkeit oder unter dem der Autarkie des Prinzips betrachtet. Aber dieser Widerspruch ist nur scheinbar, denn er beruht darauf, daß dem Einen Eigenschaften oder Erfahrungen zugeschrieben werden, die nur auf der Ebene der Physik, der Biologie oder selbst, allgemeiner, der Ontologie einen Sinn haben. Nun ist das Eine kein Seiendes. Es liegt also jenseits dessen, was wir davon sagen können, und es ist fehl am Platze, wenn wir in seiner Hinsicht von »Produktion« sprechen.

Vorschreiten und Rückwendung

Tatsächlich ist das Wirken des Einen kein Wirken *ad extra,* es kann nicht in der Produktion eines Werkes bestehen, das dem Urheber äußerlich ist. Das Eine verströmt sich, ohne aus sich herauszugehen, es teilt sich und bleibt dabei das Prinzip dieser Teilung. Man bezeichnet allgemein mit Emanation oder besser *Vorschreiten (proodos)* den Fortgang, durch welchen die Dinge und zunächst die intelligiblen aus dem Einen entstehen. Es handelt sich dabei wohlverstanden nur um Metaphern, denn ein solcher Prozeß vollzieht sich nicht in der Zeit, da die Zeit selbst erst in einer gewissen, relativ späten Phase erscheint. So sind die ewigen Seinsarten, das erste Stadium des Vorschreitens, in einem gewissen Sinne »hervorgebracht«, aber sind es offensichtlich nicht in der Zeit: »ganz ausschließen müssen wir dabei«, so schickt Plotin voraus, »die Entstehung in der Zeit, da wir es zu tun haben mit dem ewig Seienden; sondern wir legen ihnen nur dem Ausdruck nach Entstehung bei, um damit dem Verhältnis von Ursache und Wirkung und ihrer Rangordnung gerecht zu werden« (V,1,6,Z. 19). Aber das Vorschreiten läßt sich deswegen noch nicht auf ein logisches Ableitungsverhältnis zurückführen, das, wie später bei Spinoza, an einem durchgehenden Faden entlang das Prinzip mit der Reihe seiner Ableitungen vereinigte. Das bevorzugte Bild Plotins ist das der Ausstrahlung, der Erleuchtung, welches gleichzeitig die Unendlichkeit der Kraft und die Unbewegtheit der Quelle nahelegt.

Dem Vorschreiten setzt sich in umgekehrter Richtung die *Rückwendung* (epistrophe) entgegen. Aber diese Opposition ist nicht im Sinne eines mechanischen Inversionsverhältnisses zwischen einem Fortgehen und Zurückkehren oder einem Niedersteigen und einem Aufsteigen zu verstehen. Denn es gibt hier nicht, wie in der platonischen Allegorie der Höhle, eine präexistente Topographie: es ist der Fortgang, der vorangeht und den Weg konstituiert. Man muß sich die Rückwendung vielmehr als den Akt vorstellen, durch den das Strömen sich sammelt, sich seiner Quelle »erinnert« und von daher beständig wird. Die Rückwendung der Seele, die sich vom Sinnlichen abwendet, um sich dem Intelligiblen und dem Einen zuzuwenden, ist bei Plotin nur ein Einzelfall dieser Skansion, ohne welche das Eine in unbestimmter Verstreuung vorschritte. Die Rückwendung strukturiert also das Vorschreiten und macht es zum Konstituens. Die verschiedenen Stufen in der Konstituierung, Arten von Stadien, die im Vorschreiten durch die Wendung der vom Einen ausgegangenen Ausströmung auf sich selbst bestimmt werden, nennt Plotin *Hypostasen.* Er unterscheidet drei: das Eine, den Geist und die Seele. Die Materie ist der Endpunkt, an dem sich das Vorschreiten erschöpft; aber sie bleibt unbestimmt und besitzt nicht genügend Substantialität, als daß sie die Bezeichnung Hypostase verdiente. Im Unterschied zum Geist und zur Seele ist die Materie unfähig zur Sammlung und zum Bewußtsein.

Das Schöne und das Wesen des Kunstwerks

Man würde jedoch den Plotinismus über alle Maßen arm machen, wollte man ihn auf eine statische Hierarchie von Hypostasen reduzieren. Sein tiefer Sinn liegt woanders und läßt sich leichter im Fortgang der Detailanalysen aufdecken. Nehmen wir zum Beispiel die Analyse des Kunstwerks (I,6 und V,8). Plotin fragt sich, was das Wesen des Kunstwerks sei, oder, was auf dasselbe hinausläuft, in welcher Entfernung vom Prinzip das Kunstwerk seinen Ort und seinen Status findet. Dieser Ort ist offensichtlich nicht der Höchste, denn das Kunstwerk ist etwas Konstruiertes, also Zusammengesetztes. Aber wenn die Zusammenfügung jedes Werk kennzeichnet, so definiert sie doch nicht das, was das Werk als Kunstwerk konstituiert. Das Prinzip des Kunstwerks ist das *Schöne*, welches kein Zusammengesetztes ist, da es ebensowohl im Einfachen vorkommt, wie im Blitz oder im Sonnenstrahl. Die Schönheit wohnt also nicht in der Proportion, wie die Stoiker behaupten, denn die Proportion impliziert die Zusammenfügung, sondern in einem Prinzip, welches zu erfassen der Mathematik nicht gelingt: also ist es nicht die Proportion sondern die Seele, die die Schönheit eines Gesichtes ausmacht. Die Seele genügt jedoch nicht, um das Schöne zu definieren, denn die Seele, deren Zeichen die Schönheit des Gesichtes ist, ist zugleich das, was die Empfindung des Schönen verspürt; nun impliziert das Empfinden Distanz, es ist Nostalgie und Verlangen nach dem, was man nicht hat oder nicht ist. Das Schöne ist also vielmehr auf der Ebene des Verstandes zu suchen, der das Schöne nicht *verspürt,* sondern *ist.*

Sollen wir noch weitergehen und das Schöne dem Einen angleichen? In der Abhandlung *Das Schöne* (I,6) wendet sich Plotin dagegen. Denn das Schöne ist vom Range der Form, der Idee (*eidos*). Nun ist die Idee nicht das Eine, denn das Eine ist jenseits aller Form, aller Gestalt: man muß vielmehr sagen, daß die Idee in der vollkommenen Bestimmtheit der Gestalt das manifestiert, was keine Bestimmung hat, da es die Quelle aller Bestimmung ist. Die Manifestation ist also Zweites im Verhältnis zum Manifestierten: auch das Schöne ist Zweites im Verhältnis zum Einen und liegt auf der Ebene des Intelligiblen, welche die der zweiten Hypostase ist. Es genügt nicht, wie später Hegel, zu sagen, daß das Schöne das sinnliche Erscheinen der Idee ist; man muß sagen, daß die Idee die Manifestation des Glanzes und der Herrlichkeit des Einen ist, und daß dieser Manifestation das Wesen des Schönen innewohnt: das Schöne ist »eine Sichtbarwerdung des Unteilbaren in der Vielheit« (I,6,3,Z.15). Aber das Unteilbare ist selbst jenseits seiner eigenen Schönheit.

In der Abhandlung *Die geistige Schönheit* (V,8) geht Plotin noch weiter. Er zeigt gegen Platon, daß das Kunstwerk nicht Imitation des Sinnlichen ist, sondern Enthüllung des Wesens, unmittelbarer und fundamentaler als jede sinnliche Manifestation. So hat Phidias »den Zeus gebildet nicht nach einem sinnlichen Vorbild, sondern indem er ihn so nahm, wie Zeus sich darstellen würde, ließe er sich herbei, vor unseren Augen zu erscheinen.« (V,8,1,Z. 38). Hier überspringt die Bewegung des Wiederaufstiegs die Etappe der Natur: das Kunstwerk entgeht avant la lettre jeder *ästhetischen* Betrachtung. Denn sein Wesen wohnt nicht seiner sinnlichen Manifestation inne oder der Empfindung, die es hervorruft, sondern dem Sein-Lassen der Gegenständlichkeit des Gegenstandes, hier – im Beispiel des Zeus von Phidias – der Göttlichkeit des Gottes. Wie später Heidegger sagen wird, öffnet das Kunstwerk eine Welt, es läßt das Seiende sein im unbeeinträchtigten Glanz seiner Erscheinung: es ist der Morgen des Seins, während das Phänomen nur dessen matte und epigonale Manifestation ist. Das Seiende verschleiert das Sein, das Kunstwerk enthüllt es. Das Schöne ist also nahe daran, sich dem Einen anzugleichen, das heißt, dem, was, wie wir sehen werden, bewirkt, daß ein Seiendes *ist*. Das Schöne ist nicht mehr nur Manifestation (wie in der Abhandlung I,6), sondern das, was sich in der Manifestation manifestiert: es ist die Intimität des Einen, die Einfachheit des Einen, der ursprüngliche »Selbstbesitz« (V,8,13,Z.12). Aber es ist zugleich das, was sich gibt und sich verströmt, was, ohne selbst

Form zu sein, dem Form gibt, das keine hat. Komposition, Harmonie, Proportion, Form: alle klassischen Definitionen erscheinen wieder, jedoch wieder in ihrer wahren Stellung als dasselbe willkürliche Verharren in der unbewegten Bewegung des Einen.

Transzendenz und Negation. Beispiel der Tugend

Die Analyse der Schönheit des Kunstwerks führt Plotin dazu, den Ursprung des Schönen immer mehr dem absoluten Ursprung, der das Eine ist, anzunähern. Die Schönheit ist überwältigender Glanz des Einen, so wie das Vorschreiten es enthüllt. Das Eine kann also als in überragender Schönheit schön bezeichnet werden. Dies ist jedoch eine der seltenen positiven Aussagen Plotins über das Eine. Im allgemeinen spricht er von ihm nur in Negationen; denn keine der relativen Vollkommenheiten, deren Erfahrung wir gemacht haben, noch selbst die Idee ist vollkommen genug, um dem Einen zugeschrieben zu werden. Nehmen wir zum Beispiel die Tugend (I,2). Platon versicherte im *Theaitetos* (176 ab), daß der Mensch sich durch die Tugend, soweit es möglich ist, Gott ähnlich mache. Aber eine Analyse der Tugend oder vielmehr der Tugenden zeigt, daß jede Tugend, um die Möglichkeit zu haben sich zu üben, eine Welt voraussetzt, andere Menschen, eine Seele, die immer in Versuchung ist, sich mit sich selbst zu entzweien. So setzt der Mut Feinde voraus, die es zu bekämpfen, die Mäßigung Bedürfnisse, die es zu mäßigen, die Gerechtigkeit Verhältnisse, die es auszugleichen gilt. Nun hat Gott, wie Aristoteles schon bemerkt hatte, weder Feinde noch Bedürfnisse, man stellt ihn sich nicht beim Unterzeichnen von Verträgen vor, und er kennt die Welt nicht. Was nützt es ihm also, mutig, mäßig oder gerecht zu sein? Die Vortrefflichkeit Gottes, schloß also Aristoteles logisch, beruht nicht in der Tugend, denn »Gott steht an Wert über der Tugend« (siehe *Magna Moralia,* 1200 b, 14 Ausgabe Flashar, Akademie-Verlag). Plotin nimmt seinerseits diese Formulierung wieder auf, wobei er sie ein wenig anders rechtfertigt. Er beginnt damit, daß er zwei Arten von Tugend unterscheidet: die politischen Tugenden und die höheren Tugenden, welche »Reinigungen« der Seele sind. Nun bedarf Gott der ersteren nicht, da er nicht in Gesellschaft lebt; und er bedarf der zweiten nicht, denn wovon müßte er gereinigt werden? Man soll sich also nicht scheuen zu behaupten, daß *Gott nicht tugendhaft ist.*

Es bleibt also jenes Paradox, daß wir durch unsere Tugenden einem Gott ähnlich werden, der keine Tugenden hat. Wie kann die Tugend die Nicht-Tugend imitieren? Oder genauer, welches ist »das in seinem Wesen Identische [...], welches hier unten bei uns, wo es ein Abbild ist, Tugend ist, dort oben aber, wo es so etwas wie ein Urbild ist, nicht Tugend« (I,2,2,)? Dieses identische Element muß zugleich das Prinzip seiner unmittelbaren Verwirklichung in Gott und seiner mittelbaren Verwirklichung im Menschen sein: Plotin nennt es »Maß und Grenze« oder auch »Form«. Der Mensch begrenzt seine Bedürfnisse durch die Tugend, unterwirft die Verhältnisse, in die er einbezogen ist, dem »Maß«; er bringt Harmonie in die Unordnung, zwingt der Materie »Form« auf, mit einem Wort (das hier noch nicht ausgesprochen ist), die tugendhafte Seele macht aus dem Zusammengefügten *Eines*. So ist verständlich, daß die Tugend, welche die Einheit des Zusammengesetzten ist, die nicht zusammengesetzte Einheit nachahmt, welche Gott ist. Also kann weiter zum Grundsatz werden, daß »nur soweit es [ein Seiendes] an der Form teilhat, nur insoweit kann es jenem Oberen gleich werden, welches seinerseits keine Form hat« (I,2,2,Z.21).

Diese negativen Urteile »Gott hat keine Form«, »Gott ist nicht tugendhaft« etc. enthüllen zweifellos die Unfähigkeit des menschlichen Diskurses, Gott positiv zu qualifizieren, denn die bis an ihre äußerste Grenze getriebenen menschlichen Vollkommenheiten scheinen sich bei Gott in ihre Gegenteile zu verwandeln. Aber diese Dialektik treibt ihr Spiel nur auf der Oberfläche des Diskurses: tatsächlich entdeckt Plotin zum erstenmal die Macht, die der menschliche Diskurs selbst inmitten seiner Endlichkeit, in seiner Fähigkeit zur Negation findet. Die Negation, zumindest jene residuale Negation, die der äußerste Akt eines Diskurses ist, der methodisch auf den Ausdruck des Unausdrückbaren gerichtet ist, hört auf, Zeichen eines Verlustes oder eines Mangels im Subjekt des negativen Urteils zu sein, wie sie es in der gewöhnlichen Logik ist: sie ist vielmehr Zeichen der höchsten Positivität, der Einfachheit eines Subjekts, das nicht einmal mehr Subjekt ist, da es aller Attribution widerstrebt, und über das man letztendlich nichts sagen kann. Plotin entdeckt die Negation als Index der Transzendenz. Jenseits ist nur noch das Schweigen, nicht die Stummheit der Ohnmacht oder des Desinteresses, sondern die ersehnte Fülle einer nicht mitteilbaren Erfahrung.

Die Schließung des Diskurses

Nach seinem Schüler Porphyrios sei Plotin »häufig jener Gott erschienen, welcher keine Gestalt und keine Form hat und oberhalb des Geistes und der ganzen geistigen Welt thront«[1]. Aber das Interesse des Plotinismus liegt nicht in diesem mystischen, übrigens nicht nachprüfbaren Ergebnis. Denn es ist die Aufrichtigkeit Plotins, daß er nicht vorgab, das Unsagbare zu sagen, sei es auch um den Preis von Annäherungswerten oder Umschreibungen. Wenn man ihn mit einigen zeitgenössischen Philosophen vergleichen wollte, sollte man weniger an Bergson denken, der das plotinische Verbot überschreitet, als an Wittgenstein, der schreibt: »Wovon man nicht sprechen kann, darüber muß man schweigen.«[2] Plotin schließt entschieden den Diskurs; er bleibt Philosoph selbst in dem Moment, da er die Grenzen der Philosophie entdeckt; noch mehr, er bleibt Erbe der griechischen Metaphysik, denn es kommt bei ihm niemals vor, daß er ihr grundlegendes Postulat, jenes der Intelligibilität des Seienden in seiner Totalität, in Frage stellt. Allein, Plotin entlarvt, was an diesem Postulat willkürlich, vielleicht notwendig willkürlich war: denn sagen, daß das Seiende intelligibel ist, oder was auf das gleiche herausläuft, daß das Intelligible das wahre Seiende sei, heißt, die Frage des Wissens, ob das *Sein* dieses Seienden (das, was bewirkt, daß das Seiende ein Seiendes ist) selbst intelligibel ist, außerhalb des Bereichs der Metaphysik zu lassen. Wenn es sich erwiese, daß das Sein des Seienden kein Seiendes ist, so würde uns das Postulat der Intelligibilität des Seienden nicht mehr die Intelligibilität des Seins sichern.

Das Sein des Seienden und die Überschreitung des Geistes

Plotin stellt ausdrücklich dieses Problem zu Beginn von VI, 9 (*Das Gute/das Eine*), einer Abhandlung, die mit dem Satz beginnt: »Alles Seiende ist durch das Eine ein Seiendes«. Anders gesagt, das Sein des Seienden ist das Eine. Diese Behauptung wird in ihrer Allgemeinheit durch eine Abfolge methodisch klassi-

1 Porphyrios: Über Plotins Leben, 23, Z.10. (A.d.Ü.)
2 L. Wittgenstein: Tractatus logico-philosophicus. Frankfurt/M. 1968. S. 54. (A.d.Ü.)

fizierter Beispiele gerechtfertigt: was das Sein einer Ansammlung (Heer, Reigen, Herde) bewirkt ist die Einheit; das gleiche gilt für das Sein eines Zusammengefügten (Haus oder Schiff) oder auch eines Zusammenhängenden; was einen lebenden Organismus sein macht, ist gleichfalls die Einheit seiner Teile; dasselbe gilt auch für jene Harmonien wie die Gesundheit, die Schönheit oder die Tugend und mit um so größerem Recht für das Prinzip der Harmonie, die Seele. Plotin folgert aus diesen Beispielen, daß kein Seiendes wäre, was es ist, wäre es »getrennt von dem, was man das Eine nennt«. Das Eine selbst kann kein Seiendes sein, denn wenn es das wäre, so müßte man von neuem fragen, was das Sein dieses Seienden sei und so fort ins Unendliche. Dieselbe logische Notwendigkeit drängt sich allen Neoplatonikern auf, die auf der Suche nach dem Grund des Seienden notwendig diesen Grund jenseits des Seienden legen müssen, also ihn als Nichtseiendes oder zumindest »nicht Nochseiendes« erklären müssen, denn es geht per definitionem dem voran, was es begründet. Émile Bréhier kommentiert diese Gedankenbewegung, die in verschiedenen Formen den ganzen Neoplatonismus kennzeichnet, sehr treffend, wenn er schreibt: »Der Ursprung als solcher kann keinen der Züge besitzen, den die zu erklärenden und abzuleitenden Seienden besitzen; denn er wäre damit ein Ding unter anderen Dingen, ein Seiendes unter anderen Seienden. Aber da er keinen Zug des Seienden besitzt, erscheint er dem Denken, das ihn erfassen wollte, als ein reines Nichtsein«[1].

Dieselbe Forderung nach Überschreitung berührt jede Reflexion, die sich auf den Geist erstreckt. Die geistige Erkenntnis ist dazu da, die Wesen und ihr Verhältnis zu denken: sie steht von daher im Einklang mit der geordneten Vielheit der Wesenheiten, welche *to on,* die Welt des Seins, die bei Plotin dem Intelligiblen vergleichbar ist, konstituieren. Aber der Geist, der diskursiv ist, anders ausgedrückt, der sich von einem Wesen zum anderen bewegt, und der sich nur in der geregelten Vielheit wohl fühlt, kann die Einheit als solche nicht denken: das Eine, das jenseits des Seins liegt, ist also nur einer supraintellektuellen Erfahrung zugänglich, wenn überhaupt eine solche Erfahrung möglich ist (VI, 9, 4). Weiter kann sich der Geist nicht selbst denken, ohne sich über sich selbst zu erheben. Das Prinzip des Geistes kann

1 É. Bréhier: Études de philosophie antique, S. 248 (Übersetzt nach Aubenque).

nicht intelligibel sein. Es muß also in einem Prinzip gesucht werden, das sich nicht selbst denkt, das nicht einmal denkt (denn alles Denken, das Denken seiner selbst einbegriffen, setzt die Verdoppelung von Subjekt und Objekt voraus), und das von neuem das Eine ist (VI, 9,2 und V, 6).

Das Eine jenseits von Zeit und Ewigkeit

Wenn Plotin sich bemüht, die traditionelle Ontologie zu überschreiten, so nicht nur, weil er die Frage nach dem Sein des Seienden in ihrer ganzen Radikalität gestellt hat, sondern auch weil er ahnte, daß die platonisch-aristotelische Ontologie implizite von einer Zeitauffassung beherrscht wurde, die willkürlich das Moment der *Präsenz* begünstigte. Gewiß, Platon und Aristoteles meinten, daß das wirkliche Sein, das Intelligible, ewig sei, das heißt, außerhalb der Zeit. Aber sie begriffen die Ewigkeit selbst nur für die Form der Zeit, da sie sie als immerwährendes Präsens begriffen, als die Permanenz einer Präsenz. Das wirklich Seiende war also über sie nur das »*immer* Seiende« und das, was für die abgeleiteten Seienden die Ursache dessen ist, was in der Veränderung in ihnen an Permanentem ist. Im Gegensatz dazu findet sich bei Plotin nicht nur die Zeit sondern auch die Ewigkeit selbst relativiert. Denn wenn die Zeit das Leben der Seele ist, so ist die Ewigkeit das *Leben* des Geistes. Denn das Leben ist Entäußerung und impliziert die Zusammenfügung, selbst wenn diese Entäußerung und diese Zusammenfügung durch ein inneres Organisations- und Einheitsprinzip beherrscht sind. Zu sagen, daß die Ewigkeit (im Sinne des »Immerwährenden«) das *Leben* des Geistes sei, heißt erkennen, daß das Eine, das jenseits des Geistes wie aller Lebensäußerung liegt, auch jenseits der Ewigkeit liegt: eine Behauptung, die uns in ihrer Negativität nichts vom Einen lehrt, aber ein unvorhergesehenes Licht auf die Relativität einer Zeitauffassung wirft, die in jener nur die Imitation einer Ewigkeit sieht, welche selbst als Permanenz verstanden ist. Mit Plotin entkommt die Zeittheorie der doktrinären Vormundschaft der Ontologie im selben Moment, da diese ihre Komplizität mit einer finitistischen Kosmologie enthüllt. Tatsächlich gibt Plotin in der Abhandlung *Ewigkeit und Zeit* die erste phänomenologische Beschreibung der Zeitlichkeit oder vielmehr der Verzeitlichung, welche die Bewegung ist, durch die die Seele sich immer von neuem aus der Zerstreuung zurückgewinnt, sich in die Zukunft entwirft, um sich nicht aufzulösen, durch einen unendlichen Totalisationsprozeß den Bruch überwindet, den ihre Unruhe in die Ruhe des Seins gebracht hat: »... anstelle der Selbigkeit, Unveränderlichkeit und Beharrung dasjenige, was nicht im gleichen Zustand beharrt, sondern immer neue Tätigkeit übt, anstelle der unzerteilbaren Einheit das Nachbild der Einheit, das in Kontinuität besteht, anstelle der erreichten Unendlichkeit und Ganzheit das ständige schrittweise Fortgehen ins Unendliche, und anstelle der gegenwärtigen Ganzheit dasjenige, was nur stückhaft und immer nur künftig Ganzheit sein wird.« (III, 7,11, Z.51).

Die Grenzen der Philosophie und die Aufgaben des Denkens

So entdeckt sich die Philosophie Plotins als eben mit jenem beschäftigt, was sie in einem ersten Augenblick verwerfen zu wollen schien: mit dem Sinnlichen; der Welt; der menschlichen Seele; der Materie, Quelle der Teilung des Einen, aber zugleich der Zusammenfügung der Seienden; der Zeitlichkeit, dem Ort und Prinzip aller Konstitution. Plotin entzieht sich nur der Welt, um sie zu relativieren und sie von daher zu begründen, ohne sie deswegen abzuleiten. Plotin entdeckt, daß die Welt nicht ihr Prinzip in sich selbst trägt, noch auch in einem Prinzip, das nur die hypostasierte Quintessenz dieser selben Welt sei, die nutzlose Verdoppelung dessen, was es in ihr schon an Intelligiblem gibt. Plotin spielt also, was man dazu auch immer sagen möge, bis zum Ende das Spiel der Intelligibilität; er zerstört nicht den Rationalismus der klassischen griechischen Philosophie, sondern folgt ihm und vollendet ihn, das heißt, bringt sich in die Situation, zum erstenmal dessen Grenzen zu erkennen: der Geist und das Intelligible haben nicht ihren Grund in sich selbst, sondern in dem Einen, von dem sie sich indessen nicht durch einen notwendigen Übergang ableiten. Diese komplizierte Lehre zeugt von dem, was an dem zunächst mühsam dem Reich des Mythos entrissenen, aber dann zu naiv zugestandenen Prinzip der Intelligiblität des Seins fremd ist. Plotin legt nahe, daß diese Intelligibilität vom Rang des Ereignisses ist, daß sie hätte nicht sein können, daß sie also die unbegrenzten Möglichkeiten ihrer Quelle nicht erschöpft. Er fordert den Geist auf, das Intelligible zu inventarisieren, verbietet ihm aber, es zu vergöttlichen und sich mit ihm zu vergöttlichen. Er zeichnet negativ und aus dem Innern der Philosophie selbst das Feld der Möglichkeiten, welche die Philosophie *nicht* ist, und die er von neuem für andere Erfahrungen des Denkens verfügbar macht: jene, welche, jedoch nicht eingrenzend, die Bezeichnungen Religion, Kunst, Poesie nahelegen.

Von Porphyrios zu Damaskios

Die Nachfolger Plotins unterscheiden sich von ihm offensichtlich nur durch eine wachsende Subtilität in der Suche nach dem Ersten Prinzip oder dem absoluten Ursprung aller Dinge. Diese Subtilität führt sie jedoch dahin, die »Lösungen« Plotins als radikal ungenügend zu betrachten. Sie fragen sich also, ob wir wirklich am Ursprung sind, wenn wir aus dem ersten »das Eine« machen, das heißt, etwas Bestimmtes, also ein Seiendes, anläßlich dessen man, da es ein Seiendes ist, wieder fragen muß, welches sein Ursprung ist. Erwähnen wir, um auf diese Aporie zu antworten, daß gewisse Neoplatoniker (Porphyrios und Damaskios) sich bemühen, die Ebene des Einen zu überschreiten und jenseits von ihm das Erste Prinzip zu suchen, und daß andere (Proklos) die Unmöglichkeit eines Aufstiegs ins Unendliche erkennen und es vorziehen, über den Sinn der Negation nachzudenken, die, wie Plotin erkannt hatte, die unübertreffliche Möglichkeit des Diskurses ist.

Porphyrios (geboren um 232 in Tyros, gestorben um 305 in Rom) ist der Herausgeber der *Enneaden* und der Autor von *Über Plotins Leben.* Sein berühmtestes Werk ist eine *Einleitung zu den Kategorien des Aristoteles,* die unter dem Namen *Eisagoge* im Mittelalter einen großen Einfluß ausübte. Wenn man jedoch P. Hadot glauben darf, kann man durch das theologische Werk eines römischen Rhetorikers aus dem IV. Jahrhundert, Marius Victorinus, und vielleicht auch in einem anonymen Kommentar zum *Parmenides* von Platon die eigene Lehre des Porphyrios am besten ermitteln. Das erste Prinzip, die transzendente Quelle aller Bestimmung, wäre jenseits der Unterscheidung zwischen Seienden und Nichtseienden in »einem Nichtseienden jenseits des Seienden« zu suchen. Der genannte Kommentar zu *Parmenides* setzt sogar über die Seienden ein »einzig Sein« (*monon einai*) und führt damit die Unterscheidung zwischen Sein-Infinitiv und Seiendem-Partizip ein und lehnt es ausdrücklich ab, das Sein des Seienden mit einem besonderen Typ des Seienden zu verschmelzen (wie es die klassische Onto-Theologie tat, indem sie das Sein als Sein auf jenen Typ von bevorzugtem Seienden reduzierte, welcher das Göttliche darstellt).

Wenn Jamblichos (Ende des III. bis Anfang des IV. Jahrhunderts, ein mehr offener als origineller Geist, mit seiner Abhandlung *Über die ägyptischen Mysterien* einen besonders wichtigen Platz in der Geschichte der religiösen Ideen einnimmt, so ist Proklos (geboren 412 in Byzanz, gestorben 485 in Athen) einer der einflußreichsten Denker der neoplatonischen Schule. Das komplizierte Denken, das er in seinen Kommentaren zu Platon und Euklid, wie in seinen beiden Abhandlungen über »Theologie« (*Elemente der Theologie* und *Platonische Theologie*) entwickelt, läßt sich schwer zusammenfassen. Drei Züge charakterisieren es dennoch. Zunächst einmal wendet er sich mehr als Plotin dem »Mechanismus« des Vorschreitens zu, anders ausgedrückt, der Genese der Vermittlungen, die zwischen den beiden Extremen des Einen und der Materie die Welt konstituieren. Das Universum ordnet sich nach einer Folge von Serien: der der Henaden (Einheiten), der Seinsarten, der Leben, der Geister und der Seelen, aber jede Serie ist wie ein Mikrokosmos, der die Struktur des gesamten Universums reflektiert. Diese Lehre macht es möglich, den zweiten charakteristischen Zug an der Lehre des Proklos zu verstehen: es ist nötig, daß das Prinzip selbst, das der Abfolge der Serien gänzlich transzendent ist, in gewisser Weise die Bewegung präfiguriert, die auf jeder Stufe das Eine selbst hervortreten läßt, indem sie es verdoppelt; das Prinzip erkennt von daher eine Macht der Unbestimmtheit, der Unendlichkeit an sich an, die sich zu seiner Macht der Vereinigung antagonistisch und komplementär verhält.

Die dritte Besonderheit der Philosophie des Proklos besteht von daher in dem neuen Sinn, der, wenn nicht aller Negation (denn Proklos unterscheidet sorgfältig verschiedene Arten von Negation), so zumindest jener Form von Negation beigelegt ist, die, wie Bréhier schreibt, »wirklicher Ursprung und Erzeuger der Affirmation ist«[1]. Es ist also nicht verwunderlich, daß Hegel in Proklos – und von den Neoplatonikern allein in ihm – den Vorläufer einer Dialektik hat erkennen können, deren treibende Kraft genau die »Arbeit des Negativen« ist.

1 É. Bréhier: Études de philosophie antique, S. 266 (Übersetzt nach Aubenque).

Mit Damaskios (erste Hälfte des VI. Jahrhunderts) kehren wir zu einer mehr plotinischen Auffassung des Prinzips und einem klassischeren Argwohn der Negation gegenüber zurück. Die Transzendenz des Prinzips ist von der Art, daß man nichts darüber sagen kann, wenn nicht, daß es unsagbar ist. Damaskios, der dieselbe Richtung weiterverfolgt wie Plotin, bestreitet von daher, daß man vom Unsagbaren sagen könne, es sei Eines: es liegt jenseits aller Bestimmung, aber auch jenseits aller Unbestimmtheit. Die Negation verliert damit das linguistische Privileg, das Plotin ihr zuerkannte und die Erzeugerkraft, die Proklos ihr zusprach.

Der Neoplatonismus und die Überschreitung der Onto-Theologie

Man könnte sich über jene Subtilitäten wundern, an welchen sich die abschließende antike Philosophie abarbeitete, die von einer Welt abgeschnitten war, welche mehr und mehr ihrem Verstehen entglitt. Als Schulphilosophie, die sich ganz der Esoterik hingab, als überfeinerter Ausdruck eines geistigen Universums im Niedergang, kann der Neoplatonismus nicht lange dem siegreichen Christentum Widerstand leisten: er hatte seine Märtyrerin, die neoplatonische Philosophin Hypathia, die 415 in Alexandria von fanatischen Christen ermordet wurde; als organisierte Schule überlebt er kaum die Schließung der philosophischen Schulen in Athen, die 529 vom oströmischen Kaiser Justinian angeordnet wurde.

Aber gerade diese Isolierung der neoplatonischen Schule machte sie zu einem außerordentlichen Ideenlaboratorium: in einer Zeit, in der das Christentum auf der Suche nach einer Theologie ihre Begriffe aus den ältesten Philosophien schöpft, denen Platons und der Stoiker, später der des Aristoteles, treibt der Neoplatonismus die Möglichkeiten der griechischen Metaphysik bis an ihre äußersten Grenzen. Wenn es wahr ist, daß die gesamte westliche Metaphysik und über sie die wissenschaftlich-technischen Denkweisen, die sich daraus ableiten, aus der griechischen Metaphysik hervorgegangen sind, welche selbst eine Einheit aus einer Ontologie und einer Theologie darstellt, so präfigurieren die Neoplatoniker das Ende dieser onto-theologischen Metaphysik, die aus dem, als Präsenz verstandenen, Seienden die allgemeine Bezeichnung für alle Existenz machte und aus Gott dem höchsten Seienden, die Ursache und das Modell für alle Seienden. Indem sie entschieden das Primat der Begriffe Gott und Seiendes anfechten, verkünden die Neoplatoniker das Überschreiten dieser Onto-Theologie, die fünfundzwanzig Jahrhunderte hindurch zum Schicksal der westlichen Welt wird. Wenn es wahr ist, daß das Christentum, zumindest das der Theologie, nur eine Abschweifung in der Geschichte des Seins war, so ist es wohl möglich, daß der Anachronismus dieser verspäteten Getreuen Griechenlands selber aus ihnen die Vorläufer eines zukünftigen Denkens gemacht hat, das sich noch heute, über die negativen Symptome des »Todes Gottes« und des »Endes der Metaphysik« hinaus, kaum vorausahnen läßt.

François Châtelet

Epilog

Die vorangehenden Analysen, die sich fast über ein Jahrtausend des Denkens erstrecken, machen deutlich: die Philosophie als kulturelle Gattung, die sich um ihre Autonomie bemüht, hat seither ihren Stil und ihre Kategorien definiert. Man ist versucht zu sagen, alles sei durchgespielt: vom erfinderischen ersten Umhertasten der »Vorsokratiker« bis zu den kontrollierten Exaltationen Plotins über die falschen Unnachgiebigkeiten des »Idealismus« Platons und die wahren Unbefangenheiten des »Empirismus« von Sokrates, über die zugleich moralisierende und naturalistische Problematik, welche die Streiter der Stoa denen des Materialismus entgegensetzt, über die Frage, die sich die Skeptiker beständig stellen, und die die Natur des theoretischen Unternehmens selbst betrifft, scheint es, daß schon die intellektuelle Konfiguration konstruiert sei, innerhalb derer die »mittelalterlichen« Denker, dann die »modernen«, die schon die »zeitgenössischen« ankündigen, ihre eigenen Entdeckungen verwirklichen werden.

Die Angelegenheit ist jedoch leider nicht so einfach. Wenn man die Texte wirklich *liest* – was sich empfiehlt –, so präfiguriert Thales keineswegs Diderot, ebensowenig wie Sokrates Jesus oder Platon Paulus; der heraklitische Strom hat ebensowenig mit dem historischen Materialismus von Marx und Lenin zu tun, wie die Abhandlung über Physik von Lukrez mit den experimentell festgestellten Aussagen der gegenwärtigen Physik (die im übrigen vielleicht an einer anderen Illusion teilhat). *Die Philosophie hat keine andere Geschichte als eine beschreibende* – für die kulturelle Bequemlichkeit. Was dieser erste Band darlegt, ist, daß sich auf einer verschiedenartig gestalteten, aber relativ homogenen Basis ein Typ von Diskurs konstituiert hat, der gleichzeitig nach erschöpfender Kritik und nach unbestreitbarer Universalität strebt. Die *Wahrheit* – nicht als eine von den Umständen abhängige Übereinstimmung, als Gegenstand der Verifizierung, sondern als Prinzip immerwährender Konformität – ist zur entscheidenden Kategorie geworden. Jener, den die griechische Polis in ihren Dramen des VI. Jahrhunderts als historische Lösung hervorgebracht hatte, ist zur wesentlichen Figur aufgerückt: der *Weise*; er muß auf alle Fragen zu antworten wissen, er ist praktisch mustergültig; er besitzt die theoretische Meisterschaft, die ihm erlaubt, jedes empirische Problem auf die essentielle Frage zu reduzieren. Was bedeutet schon der Tod des Sokrates oder des Lukrez. Sie haben ein Bild aufgenötigt, auf das sich immer jene berufen können, die wohl sprechen und die zu schreiben wissen.

Muß man infolgedessen behaupten, daß die Predigt im Namen Christi einen fundamentalen Bruch bewirkt? Muß man die – befriedigende – Vorstellung von der Kontinuität durch die – nicht weniger befriedigende – von der Diskontinuität ersetzen? Die Studien von J. Pépin, A. Abdel-Malek, A. Badawi, P. Hochart (und auf vermitteltere Weise die von B. Grynpas) über das mittelalterliche Denken[1] werden deutlich machen, daß es damit nichts auf sich hat. Die Philosophie des Mittelalters arrangiert sich ebenso mit der – griechisch-römischen – philosophischen Tradition wie mit den Anforderungen der seither triumphierenden Offenbarung.

Seitdem erlaubt die Philosophie – die sich stets ihrer selbst und der Richtigkeit ihres Zieles gewiß ist – Kompromisse: als Diskurs der uneingeschränkten Intelligibilität, der fähig ist, den Status der Intelligibilität selbst zu erläutern, kombiniert sie, um ihr reduzierendes Unternehmen zu sichern.

Kurz, am Ende dieser Untersuchung über das heidnische Denken und die philosophischen Diskurse, die es formulierte, stellt sich die Frage: was heißt Wahrheit?

---

1 Siehe: Geschichte der Philosophie II: Die Philosophie des Mittelalters (1.–15. Jh.) [= Ullstein Buch Nr. 3014]

Ausgewählte Bibliographie[1]

Das vorsokratische Denken

A. Texte

Hermann Diels/Walther Kranz: Die Fragmente der Vorsokratiker. Gr.–dt. 3 Bände., Berlin ⁸1956.
Heraklit: Fragmente. Gr.–dt. Hrsg. v. B. Snell. München ⁵1965.
Parmenides: Übs. v. K. von Riezler, neu hrsg. v. H. G. Gadamer. Frankfurt 1970.

B. Studien

Eduard Zeller: Die Philosophie der Griechen in ihrer geschichtlichen Entwicklung. Teil I. Darmstadt 1963 (Reprint).
Hermann Fränkel: Wege und Formen der frühen griechischen Denker. Stuttgart ³1965.
Karl Reinhardt: Parmenides und die Geschichte der griechischen Philosophie. Frankfurt ²1959.
Hermann Fränkel: Parmenidesstudien. Berlin 1930.
Um die Begriffswelt der Vorsokratiker. Hrsg. v. H. G. Gadamer. Darmstadt 1968.
Werner Jaeger: Die Theologie der frühen griechischen Denker. Stuttgart ³1965.
John Burnet: Early Greek Philosophy. London ⁴1930.
George Thomson: The First Philosophers. London 1955. dt. Übs. Berlin 1961.
Jean Bollack: Empedocle. Paris 1965–1969
Alexandre Kojève: Essai d'une histoire raisonnée de la philosophie païenne. Bd. 1. Paris 1968.
Jean Bollack/Heinz Wismann: Héraclite ou la séparation. Paris 1972.

Platon

A. Texte

Opera. Gr. Hrsg. v. J. Burnet. Oxford 1900 ff.

---

1 Die Bibliographie wurde – entgegen der französischen Ausgabe – als Anhang gesammelt und für den deutschen Leser neu eingerichtet. (Die Redaktion)

Studienausgabe Gr.–dt. 8 Bde. (ersch. Bd. 4, 6, 7). Darmstadt 1970 ff.
Sämtliche Werke. Dt. 6 Bde. Hamburg (Rowohlts Klassiker).

B. Studien

Kurt von Fritz: Philosophie und sprachlicher Ausdruck bei Demokrit, Plato und Aristoteles. Darmstadt 1966 (Reprint).
Julius Stenzel: Studien zur Entwicklung der platonischen Dialektik von Sokrates bis Aristoteles. Stuttgart [4]1970.
Hans J. Krämer: Arete bei Plato und Aristoteles. Heidelberg 1959.
Alfred E. Taylor: Plato, the Man and his Work. London [7]1966.
Jan M. Crombie: An Examination of Plato's Doctrines. 2 Bde. London 1962/63.
Francis M. Cornford: Plato's Theory of Knowledge. London 1935
ders: The Republic of Plato. Oxford 1941.
Alexandre Kojève: Essai d'une histoire raisonnée de la philosophie pačenne. Bd. 2. Paris 1972.

Aristoteles

A. Texte

Opera. Gr. Hrsg. v. I. Bekker. 4 Bde. Index: Berlin [2]1960/61.
Deutsche Aristoteles Gesamtausgabe. Hrsg. v. H. Flashar. 20 Bde. (ersch. Bd. 6, 7, 8, 11, 12, 13, 18, 19). Berlin/Darmstadt 1965 ff.
Deutsche Aristoteles Gesamtausgabe. Hrsg., übs. und komm. v. Paul Gohlke. Paderborn [2]1957.
Metaphysik. Gr.–dt. Komm. u. übs. v. H. G. Gadamer. Frankfurt 1970.

B. Studien

Walter Bröcker: Aristoteles. Frankfurt [3]1964.
D. J. Allan: The Philosophy of Aristotle. Oxford 1952. Dt. Übs. Hamburg 1955.
Helene Weiß: Kausalität und Zufall in der Philosophie des Aristoteles. Darmstadt [3]1967.
Gustav A. Seeck: Über die Elemente in der Kosmologie des Aristoteles. München 1964.

Werner Jaeger: Aristoteles. Berlin ²1955.
Aristoteles in der neueren Forschung. Hrsg. v. P. Moraux. Darmstadt 1968.
Metaphysik und Theologie des Aristoteles. Hrsg. v. F. P. Hager. Darmstadt 1969.
Wolfgang Wieland: Die aristotelische Physik. Göttingen ²1970.
Günther Patzig: Die aristotelische Syllogistik. Göttingen ²1964.
William D. Ross: Aristotle. London ⁵1968.
Pierre Aubenque: Le problème de l'être chez Aristote. Paris 1962.

Die hellenistische Philosophie

1. Allg. Werke

Cornelia J. de Vogel: Greek Philosophy. Bd. 3. Leiden 1959.
Alexandre Kojève: Essai d'une histoire raisonnée de la philosophie païenne. Bd. 3. Paris 1973.

2. Stoizismus
A. Texte

Hans von Arnim: Stoicorum Veterum Fragmenta. 4 Bde. Leipzig 1921–1924.
Seneca: Philosophische Schriften. Lat.-dt. Hrsg. v. M. Rosenbach. 5 Bde. (ersch. Bd. 1 u. 2). Darmstadt 1969 ff.
Seneca: Ad Lucilium epistulae morales. Lat.–dt. Hamburg (Rowohlts Klassiker).
Boëtius: Trost der Philosophie. Stuttgart (Reclam Univ. Bibl.).
Epiktet: Handbüchlein der Moral und Unterredungen. Stuttgart (Reclam Univ. Bibl.).
Marc Aurel: Selbstbetrachtungen. Stuttgart. (Reclam Univ. Bibl.).

B. Studien

Max Pohlenz: Die Stoa. Geschichte einer geistigen Bewegung, 2 Bde. Göttingen ⁴1970–1972.
Edwyn R. Bevan: Stoics and Sceptics. Oxford 1913.
John M. Rist: Stoic Philosophy. Cambridge 1969.
Geneviève Rodis-Lewis: La morale stoicienne. Paris 1970.

3. Epikureismus:
A. Texte

Hermann Usener: Epicurea. Leipzig 1966 (Reprint).
Epikur: Werke Fragmente. Übs. und komm. von Olof Gigon. Zürich 1949.
Diogenes Laërtius: Leben und Meinungen berühmter Philosophen. Dt. 2 Bde., übs. v. Apelt. Hamburg ²1967.
Epicuri epistulae. Lat. Hrsg. v. P. von Muehll. Leipzig 1966 (Reprint).
Jean Bollack, Mayotte Bollack, Heinz Wismann: La Lettre d'Epicure. Lat.–frz. Paris 1971.
Lukrez: De natura rerum. Lat.–dt. Stuttgart (Reclam Univ. Bibl.).

B. Studien

Wolfgang Schmid: »Epikur«, in: Reallexikon für Antike und Christentum. Stuttgart 1962.
Walter F. Otto: »Epikur«, in: Die Wirklichkeit der Götter. Hamburg 1963.
Friedrich Klingner: »Lukrez«, in: Römische Geisteswelt. Bremen ⁴1961.
Karl Marx: »Differenz der demokritischen und epikureischen Naturphilosophie«, in: Marx-Engels-Werke. Ergbd. I. Berlin-Ost.
Cyril Bailey: The Greek Atomists and Epicurus. Oxford 1928.
Philip Merlan: Studies in Epicurus and Aristotle. Wiesbaden 1960.
Pierre Boyancé: Lucrèce et l'épicurisme. Paris 1963.

4. Skeptizismus
A. Texte

Sextus Empiricus: Works. Lat.–engl. 4 Bde. London 1960–1961.
Sextus Empiricus: Phyrrhoneische Grundzüge. Übs. v. Pappenheim. 2 Bde. Leipzig 1877–1881.

B. Studien

Werner Heintz: Studien zu Sextus Empiricus. Halle 1932.

Hellenistische Philosophien

Albert Goedeckemeyer: Die Geschichte des griechischen Skeptizismus. Aalen 1968 (Reprint).
Victor Brochard: Les sceptiques grecs. Paris 1959 (Reprint).

Plotin und der Neoplatonismus
A. Texte

Plotin: Enneaden. Gr.–dt. Hrsg. v. R. Harder, W. Theiler und R. Beutler. 5 Bde. Hamburg 1956–1971.
Proklos: Elemente der Theologie. Gr.–engl. Hrsg. v. E. R. Dodds. London 1963. Dt. Übs. in: J. G. V. Engelhardt: Die angeblichen Schriften des Areopagiten Dionysius. 2 Bde. 1823.
Kommentar zu Platons ›Timaios‹. Hrsg. v. E. Diehl. 3 Bde. 1903–1906.
Damaskios: Zweifel und Lösungen, die Ersten Prinzipien betreffend. Hrsg. v. Ch. E. Ruelle. 2 Bde. 1889.

B. Studien

Hans J. Krämer: Platonismus und hellenistische Philosophie. Berlin 1971.
H. R. Schwyzer: »Plotin«, in: Pauly/Wissowa: Realencyclopädie. Bd. 21, 1 (1951).
R. Beutler: »Damaskios«, in: Pauly/Wissowa: Realencyclopädie. Bd. 18, 1 (1942).
Karl-Heinz Volkmann-Schluck: Plotin als Interpret der Ontologie Platons. Frankfurt ²1957.
Johannes Geffcken: Der Ausgang des griechisch-römischen Heidentums. Heidelberg 1963 (Reprint).
Philip Merlan: From Platonism to Neoplatonism. La Haye 1954.
Emile Bréhier: La philosophie de Plotin. Paris ³1961.
Pierre Hadot: Plotin ou la simplicité du regard. Paris ²1963.

Biographische Notizen zu den behandelten Autoren

Ainesidemos (geboren in Knossos, I. Jahrhundert). Lehrte in Alexandria. Sein Werk – unter anderem die *Pyrrhonischen Diskurse* – ist uns nur durch eine Zusammenfassung, die in der Bibliothek von Photius bewahrt wurde, bekannt.
Anaxagoras (Klazomenai, etwa 500—Lampsakos, 428). Angeblich Schüler des Anaximenes. Er eröffnet eine Schule in Athen, die unter anderen von Perikles und Euripides besucht wird. Des Atheismus angeklagt und zum Tode verurteilt, muß er ins Exil flüchten.
Anaximander (Milet, etwa 610–547). Als Thalesschüler leitet philosophische Schule von Milet. Er gründete angeblich eine griechische Kolonie am Pontos Euxeinos (Schwarzes Meer) in Apollonia.
Anaximenes (Milet, etwa 550—etwa 480). Schüler Anaximanders, er ist der letzte Theoretiker der milesischen Schule.
Arkesilaos (Pitane, etwa 316—etwa 241). Gründer der Neuen Akademie, wandte sich gegen Zenon von Kition, den Stoiker, den er des Dogmatismus bezichtigte.
Aristoteles (Stageira, 384—Chalkis, 322). Als Sohn des Nikomachos, des Arztes von Amyntas II, König von Mazedonien, wird er am mazedonischen Hof aufgezogen. Er läßt sich in Athen nieder, wo er der bedeutendste Schüler Platons wird. Nach dessen Tod, 347, wird er als Anhänger Mazedoniens verdächtigt und muß die Stadt verlassen. Er flüchtet sich zu seinem Freund Hermias nach Mysien, dann nach Lesbos. Ab 343 ist er Erzieher Alexanders. 335 kehrt er nach Athen zurück und gründet dort das Lykeion, eine mit der Akademie rivalisierende Schule. Nach dem Tode Alexanders, 323, muß er nach Euböa fliehen, wo er im darauffolgenden Jahre stirbt.
Hauptwerke: *Organon; Rhetorik; Poetik; Metaphysik; Physik; Über den Himmel; Über Entstehen und Vergehen; Meteorologie; Über Teile der Tiere; Über die Seele; Nikomachische Ethik; Politik; Die Verfassung Athens.*
Chrysippos (Kilikien, 281—Athen, 205). Dritter Meister des frühen Stoizismus, war angeblich Schüler der Akademie, bevor er die sicherste Stütze der Stoa wurde.
Demokrit (Abdera, 460—370). Schüler des Leukipp, die Überlieferung berichtet, daß er viel reiste und mit den ägyptischen

Geometern arbeitete. In Athen habe er Anaxagoras kennengelernt, nicht aber Sokrates.

Diogenes Laërtius (geboren in Kilikien, etwa die zweite Hälfte des III. Jahrhunderts v. Chr.). Hauptwerk: *Leben und Meinungen berühmter Philosophen*, eine Kompilation, die eine bedeutende Informationsquelle bleibt.

Empedokles (Agrigent, gestorben um 490 v. Chr.). Gehörte einer mächtigen sizilianischen Familie an, Sohn des Führers der demokratischen Partei von Agrigent (dessen Nachfolger er möglicherweise wurde). Die Breite und Tiefe seiner philosophischen, literarischen und wissenschaftlichen Tätigkeit ließ ihn angeblich als einen Gott erscheinen. Nach Aristoteles ist er in Griechenland gestorben; nach einer anderen Version von Diogenes Laërtius soll er sich in den Krater des Ätna gestürzt haben.

Hauptwerke: *Von der Natur, Reinigungen,* von denen nur Fragmente erhalten sind.

Epiktet (Phrygien, 50—Epirus, 125). War Sklave in Rom und wurde von Nero freigelassen. Wurde einer der bedeutendsten Denker der stoischen Schule. Mit allen anderen Philosophen wird er durch den Senatsbeschluß von 94 verbannt.

Hauptwerke: *Unterredungen; Handbüchlein der Moral (Encheiridion),* beide von Arrianos niedergeschrieben.

Epikur (Samos oder Athen, 341—270). Als Sohn eines Schulleiters von Samos wurde er möglicherweise von Xenophanes in Athen erzogen. Er wird selbst Schulleiter und lehrt in Mitylene, Lampsakos und Athen, wo er seine Schule gründete.

Gorgias (Leontinoi, etwa 487—Larissa, etwa 380). Kam als Gesandter seiner Stadt 424 nach Athen, seine Redekunst faszinierte die Athener so sehr, daß er beschloß, dort eine Schule zu eröffnen. Er wurde damit der erste der Lehrer der Beredsamkeit, welche von Platon »Sophisten« genannt wurden.

Heraklit »der Dunkle« (Ephesos, etwa 540—etwa 480). Gehört einer Priesterfamilie an. Er soll gute Beziehungen zu den Persern unterhalten haben und folglich in Ephesos vermieden haben, an dem Aufstand gegen Darius, 488, teilzunehmen.

Hippias von Elis (zweite Hälfte des V. Jahrhunderts v. Chr.).

Hippokrates (Insel Kos, etwa 460—Larissa, etwa 377). Leitete die Schule von Kos. Die Legende berichtet, er habe sich geweigert, Ataxerxes bei der Bekämpfung einer Pestepidemie zu helfen, um nicht einem Feind seines Vaterlandes zu dienen.

Hauptwerk: Die Überlieferung schreibt Hippokrates einen sehr bedeutenden medizinischen *Corpus* zu.

Isokrates (etwa 436—etwa 338). Als Schüler des Gorgias eröffnet er zu Beginn des IV. Jahrhunderts in Athen eine Schule der Beredsamkeit. Er wird *der* Moderedner. Dann wendet er sich etwa um 390 der Politik zu. Es wird berichtet, daß er sich nach dem Sieg Philipps in Chaironea das Leben genommen habe.

Hauptwerke: neben den Plädoyers und Briefen *Der Panegyrikos Athens; Evagoras; Areiopagitikos; Über den Frieden; An Philipp; Panatheneikos.*

Jamblichos (Chalkis, etwa 250—330). Studierte die Pythagoreer, Platon, sowie die esoterischen Lehren der Chaldäer und der Ägypter. Er gründet in Apameia in Syrien eine neoplatonische Schule.

Hauptwerke: *Das Leben des Pythagoras; Protreptikos- Über die ägyptischen Mysterien.*

Karneades (Kyrene, 215—Athen, 129). Gesandter in Rom; hat derartige rednerische Erfolge, daß er sich in Athen niederläßt und dort Leiter der Neuen Akademie wird.

Kleanthes (Assos, etwa 330—etwa 232). Der Überlieferung nach war er Athlet, bevor er Schüler Zenons wurde; er soll nachts als Wasserträger gearbeitet haben, um dem Unterricht seines Meisters folgen zu können. Nach dessen Tod, 264, leitet er die stoisehe Schule.

Leukipp (etwa 460—370). War Schüler Zenons von Elea und wahrscheinlich Lehrer von Demokrit.

Lukrez (Titus Lucretius Carus) (Rom, etwa 98—55). Bekannt ist über ihn nur, daß er sich in den politischen Kämpfen seiner Zeit abseits hielt und sich mit dreiundvierzig Jahren das Leben nahm.

Hauptwerk: *Über die Natur* (De rerum natura).

Marc Aurel (Marcus Aurelius Antoninus) (Rom, 121—Vindobona, 180). Studierte die Rhetorik bei Herodes Atticus, ist seit 133 Philosoph, wird von Antoninus adoptiert und erhält immer bedeutendere Verantwortungen, 161 übernimmt er das höchste Staatsamt. Er ist ein hervorragender Verwalter, stellt die Befugnisse des Senats wieder her und bekämpft erfolgreich im Orient die Parther, in Italien die Germanen, an der Donau die Markomannen und die Quaden. Er stirbt an der Pest in Wien (Vindobona).

Melissos (Samos, V. Jahrhundert v. Chr.). Die einzige Tatsache, die man von ihm weiß, ist daß er die samische Flotte kommandierte, die die Athener 422 schlug.

Panaitios (Rhodos, etwa 180—Athen, etwa 110). Studierte in Pergamon und Athen. Er begab sich nach Rom, wo er angeblich Scipio und den Historiker Polybios kennenlernte. Er kehrte nach Athen zurück und leitete dort die Stoa.

Parmenides »der Große« (Elea, etwa 540—etwa 450). Sein Vater war, wie man sagt, Schüler des Xenophanes. Er gründete die eleatische Schule.

Hauptwerk: das Gedicht *Über die Natur* (von dem 160 Verse erhalten sind).

Platon (Athen, etwa 427—347). Ist aus adliger Familie und mit Alkibiades und Kritias verwandt; er wird von Kratylos unterrichtet, wendet sich aber bald Sokrates zu. Nachdem dieser zum Tode verurteilt ist (399), verläßt er Athen und bereist das östliche Mittelmeerbecken. Er wird von Dion, dem Schwager von Dionys dem Älteren, nach Syrakus eingeladen und erleidet dort eine erste Niederlage. Zurückgekehrt nach Athen gründet er 387 die Akademie. Zweimal versucht er noch vergeblich Dionys den Jüngeren davon zu überzeugen, daß er sich zur »wahren Philosophie« bekehren solle.

Hauptwerke: 1. sogenannte »sokratische« Dialoge: *Laches, Euthyphron, Lysis, Kratylos;* 2. die »Geste« des Sokrates: *Apologie, Menon, Phaidon;* 3. »poetische« Dialoge: *Phaidros, Symposion, (Phaidon);* 4. Dialoge der Akademiegründung: *Gorgias, Protagoras, Menon;* 5. die *Politeia* (Republik); 6. die sogenannten Dialoge der Reifezeit: *Parmenides,* der *Sophistes, Philebos, Theaitetos, der Politikos, Timaios, Kritias*; 7. die *Nomoi* (Gesetze) (ein unvollendetes Werk); noch hinzuzufügen sind die *Briefe VII und VIII.*

Plotin (Ägypten, etwa 205—Kampanien, etwa 270). Nahm am Unterricht des Neoplatonikers Sakkas in Alexandria teil. Begleitete den Feldzug Gordians gegen die Perser und studierte das orientalische Denken. 244 eröffnet er eine Schule in Rom, die bald sehr erfolgreich war, und zu deren Hörern unter anderen der Kaiser Gallienus zählte.

Hauptwerk: die *Enneaden,* die von Porphyrios in Rom niedergeschrieben und veröffentlicht wurden.

Plutarch (Chaironea, etwa 50—etwa 125). Studiert in Athen. Reiste. Wurde zum Abgesandten Korinths beim Prokonsul von

Achaia ernannt. Nach weiteren Reisen und einem langen Aufenthalt in Rom, wo er lehrt, kehrt er in seine Heimatstadt zurück. Hauptwerke: *Große Griechen und Römer; Moralische Schriften.*

Porphyrios (Tyros, 234—Rom, 305). Studiert in Athen, nimmt von 263 bis 268 am Unterricht Plotins teil, erkrankt und zieht sich nach Sizilien zurück. Nach dem Tode Plotins kehrt er nach Rom zurück, um die Leitung der Schule, die jener gegründet hatte, zu übernehmen.
Hauptwerke: Herausgabe der *Enneaden* Plotins; *Einleitung zu den Intelligiblen; Leben Plotins; Leben des Pythagoras; Einleitung zu den Kategorien des Aristoteles.*

Poseidonios (Syrien, etwa 135—Rom, etwa 50). Schüler des Panaitio, wird dessen Nachfolger als Leiter der stoischen Schule. Er begegnet dort Cicero.

Proklos (Konstantinopel, 412—Athen, 485). Nachdem er in Alexandria studiert hatte, läßt er sich in Athen nieder, wo er die Leitung der Athener Schule übernimmt.
Hauptwerke: Kommentare zu den Dialogen Platons; *Elemente der Theologie; Über die Ursachen.*

Protagoras (Abdera, etwa 485—410). Ein Freund des Perikles, reiste viel; seine Lehrtätigkeit trug ihm Erfolg und ein Vermögen ein; er wurde gebeten, die Verfassung für die panhellenistische Kolonie Thurioi zu schaffen, mußte jedoch der Gottlosigkeit angeklagt aus Athen fliehen und soll während der Reise nach Sizilien umgekommen sein.

Pyrrhon (Elis, etwa 365—275). War in seiner Jugend Schüler Demokrits und lernte die indischen Denker kennen, als er Alexander auf einem Feldzug begleitete. Nach der Rückkehr in seine Heimatstadt eröffnete er eine Schule. Gründer des Skeptizismus.

Pythagoras (VI. Jahrhundert v. Chr., geboren in Samos). Wanderte nach Sizilien aus, um dort eine Reihe philosophisch-religiöser Gesellschaften mit politischer Ausrichtung zu gründen. Seine Schüler hielten ihn für einen Halbgott.

Seneca (Cordoba, 4. v. Chr.—65). Studierte Rechtskunde, ist ein glänzender Advokat, wird Quästor und tritt in den Senat ein. Er mißfällt jedoch Messalina und muß nach Korsika ins Exil gehen (41–49). Agrippina läßt ihn nach Rom zurückkehren und vertraut ihm die Erziehung Neros an. Als dieser Kaiser ist, verleiht er ihm das Amt des Konsuls. Er gerät jedoch mit Nero in Konflikt und scheidet 62 aus dem Dienst des Kaisers aus. Drei Jahre später wird er der Verschwörung angeklagt; er begeht Selbstmord. Hauptwerke: Neben den Tragödien – deren Zuordnung problematisch ist –, *De cementia; De beneficiis; De brevitate vitae; De providentia; De ira; De vita beata; De tranquilitate animi;* die Briefe an Lucilius; die »Tröstungen« an Polybios, an Marcia, an Helvia.

Sextus Empiricus (geboren in Mitylene (?), II./III. Jahrhundert n. Chr.). Lebte in Alexandria und Athen und leitete die skeptische Schule von 180 bis 210.
Hauptwerke: *Pyrrhonische Grundzüge; Adversus mathematicos.*

Sokrates (Alopeke, etwa 470—Athen, 399). Sohn eines Handwerkers und einer Hebamme, nahm vielleicht am Unterricht des Prodikos teil. Möglicherweise interessierte er sich auch in seiner Jugend für physikalische Fragen. Obwohl er ein zuverlässiger Bürger und mutiger Krieger war, zieht ihm seine Kritik an der athenischen Gesellschaft die Feindschaft derer zu, die darin eine Stellung bekleiden. Auf den Prozeß, den man ihm macht, antwortet er in ironischer Weise: er wird zum Tode verurteilt und trinkt den Schierlingsbecher.

Thales von Milet (Milet, VII./VI. Jahrhundert v. Chr.). Soll Ägypten bereist und die Lehren der Geometer mitgebracht haben. Hat angeblich die Sonnenfinsternis von 585 vorhergesagt. Weiter wird gesagt, daß er einen erheblichen Gewinn daraus zog, daß er eine gute Olivenernte voraussah, und daß es ihm gelang, die Griechen Kleinasiens gegen den Großkönig zu vereinen.

Xenophanes von Kolophon (geboren in Kolophon, VI./V. Jahrhundert v. Chr.). Gründer der eleatischen Schule.

Zenon von Kition (etwa 335—etwa 265). Hielt sich von 312 an in Athen auf, ist Schüler des Krates und des Xenokrates. Er gründet die Stoa. Seine Tugend und seine Festigkeit brachten ihm die Verehrung seiner Zeitgenossen ein; er soll seinem Leben freiwillig ein Ende gemacht haben.

Zenon von Elea (Elea, etwa 490—?).

Synoptische Übersicht

Es erschien uns unerläßlich, das philosophische Wirken wieder in einen historischen Kontext zu stellen, damit der Leser zugleich sehen kann, welchen Platz sie darin einnimmt, und wie sie darauf reagiert. Die erste Spalte bezieht sich auf die philosophischen Ereignisse. Wir haben darin die Geburts- und Todesdaten der Philosophen angegeben, wobei nur ausnahmsweise die Daten ihrer Werke erwähnt werden (diese sind, soweit es möglich war, in den biographischen Notizen zu den behandelten Autoren präzisiert worden). Die zweite Spalte umfaßt die nicht spezifisch philosophischen kulturellen Ereignisse. Die dritte verweist auf ganz allgemeine politische Ereignisse. Es versteht sich von selbst, daß die Übersicht nur Hinweischarakter hat; sie erstreckt sich nur über die westliche Philosophie.

	PHILOSOPHISCHE EREIGNISSE	KULTURELLE EREIGNISSE	POLITISCHE EREIGNISSE
VI. Jahrhundert v. Chr.	610 Geburt Anaximanders		594 Solons Reformen in Athen
	585 Thales von Milet sagt eine Sonnenfinsternis voraus		
			560 Tyrannis des Peisistratos in Athen
	550 Gründung der pythagoreischen Schule Geburt des Anaximenes Tod Anaximanders	550 Niederschrift der **Ilias** und der **Odyssee**	550 Die Griechen in Asien werden dem Großkönig unterworfen
	540 Geburt des Heraklit Geburt des Parmenides		538 Ende der jüdischen Gefangenschaft
		525 Geburt des Aischylos	
		518 Geburt des Pindar Hekataios von Milet: **Erdbeschreibung**	509 Die römische Republik
			507 Reformen des Kleisthenes in Athen

	PHILOSOPHISCHE EREIGNISSE	KULTURELLE EREIGNISSE	POLITISCHE EREIGNISSE
V. Jahrhundert v. Chr.	500 Geburt des Anaxagoras	500—446 Pindars Werke	500 Aufstand der Griechen in Asien
		495 Geburt des Sophokles	493 Eroberung Milets durch die Perser
	490 Geburt des Empedokles	490—456 Tragödien des Aischylos	490 Erster Perserkrieg Marathon
	490 Geburt des Zenon von Elea	490 Geburt des Herodot	
	486 Tod des Heraklit		
	Tod des Anaximenes		
	485 Geburt des Gorgias		
	Geburt des Protagoras		
		480 Geburt des Euripides	480 Zweiter Perserkrieg Salamis

	PHILOSOPHISCHE EREIGNISSE	KULTURELLE EREIGNISSE	POLITISCHE EREIGNISSE
V. Jahrhundert v. Chr.			477 Gründung des attisch-delischen Seebundes
	470 Geburt des Sokrates		
		469—405 Tragödien des Sophokles	
	460 Geburt des Leukipp Geburt des Demokrit Geburt des Hippokrates	460 Geburt des Thukydides 460—425 **Geschichte** von Herodot	
			454 Prozeß des Anaxagoras
	450 Tod des Parmenides	450—406 Tragödien des Euripides	
	444 Geburt des Antisthenes		449—429 Herrschaft des Perikles in Athen
	436 Geburt des Isokrates		
			431 Beginn des Peloponnesischen Krieges
	430 Tod des Empedokles	430 Geburt des Xenophon	

	PHILOSOPHISCHE EREIGNISSE	KULTURELLE EREIGNISSE	POLITISCHE EREIGNISSE
V. Jahrhundert v. Chr.	428 Tod des Anaxagoras		
		427—388 Komödien des Aristophanes	
			429 Tod des Perikles
	427 Geburt Platons		
		Ab 424: Niederschrift der **Geschichte des Peleponnesischen Krieges** von Thukydides	
			415—413 Athenischer Feldzug nach Sizilien
			411 Herrschaft der Vierhundert
	410 Tod des Protagoras		
			404 Niederlage Athens bei Aigospotamoi: Tyrannis der Dreißig in Athen
	400 Geburt des Diogenes		400 Feldzug der Zehntausend

	PHILOSOPHISCHE EREIGNISSE	KULTURELLE EREIGNISSE	POLITISCHE EREIGNISSE
IV. Jahrhundert v. Chr.	399 Prozeß und Tod des Sokrates		
	387 Platon gründet die Akademie		387 Einäscherung Roms durch die Gallier
	384 Geburt des Aristoteles	384 Geburt des Demosthenes	
	380 Tod des Gorgias		
	377 Tod des Hippokrates		
		375 Xenophon: die **Anabasis**	
			371 Sieg der Thebaner bei Leuktra
	370 Tod des Leukipp Tod des Demokrit		
	365 Geburt des Pyrrhon		
			362 Matineia: Ende der thebanischen Hegemonie

	PHILOSOPHISCHE EREIGNISSE	KULTURELLE EREIGNISSE	POLITISCHE EREIGNISSE
IV. Jahrhundert v. Chr.			360 Philipp, König von Mazedonien
		351—340 Demosthenes: **Die Philippika**	
	347 Tod Platons		
	343 Aristoteles Erzieher des Alexander		
	341 Geburt des Epikur		
		340—320 Die Geschichtsschreibungen von Ephoros und Theopompos	
	338 Tod des Isokrates		338 Chaironea: Philipp Oberherr der Griechen
	336 Tod des Anthistenes		336 Thronbesteigung Alexanders
	335 Geburt des Zenon von Kition		
			334—323 Eroberung Asiens durch Alexander
	330—232 Kleanthes	330—262 Die „Neue Komödie“	

	PHILOSOPHISCHE EREIGNISSE	KULTURELLE EREIGNISSE	POLITISCHE EREIGNISSE
IV. Jahrhundert v. Chr.	325 Tod des Diogenes		323 Tod Alexanders
	322 Tod des Aristoteles	322 Tod des Demosthenes	322—280 Zusammenbruch des Reiches Alexanders
		310—230 Aristarchos von Samos (astronomische Arbeiten: Hypothesen über die Erdumdrehung und den Heliozentrismus)	
	306 Epikur gründet den Garten		
	300 Zenon gründet die Stoa		
III. Jahrh. v. Chr.		300 Die **Elemente** des Euklid	280—272 Eroberung von Sizilien und Epiros durch die Römer
	281—205 Chrysippos		

	PHILOSOPHISCHE EREIGNISSE	KULTURELLE EREIGNISSE	POLITISCHE EREIGNISSE
III. Jahrhundert v. Chr.	275 Tod des Pyrrhon		
	270 Tod des Epikur		
	268—241 Arkesilaos leitet die Akademie		
	265 Tod des Zenon von Kition		
			264—241 Erster Punischer Krieg
		262 Die sogenannte Bibel der Siebzig astronomischen und geographischen Arbeiten des Erastosthenes	
		250—200 Untersuchungen des Archimedes (Hydrostatik, Hebelgesetze)	
			218—201 Zweiter Punischer Krieg

	PHILOSOPHISCHE EREIGNISSE	KULTURELLE EREIGNISSE	POLITISCHE EREIGNISSE
II. Jahrhundert v. Chr.			200—197 Erster Mazedonischer Krieg
		190—160 Tragödien und Gedichte des Ennius	
	180—110 Panaitios		
			168—148 Zweiter Mazedonischer Krieg
		166—160 Komödien des Terenz	
		161—127 Astronomische Werke des Hipparchos	
	156—159 Karneades leitet die Akademie		
		150—120 Polybios: **Weltgeschichte**	
			149 Dritter Punischer Krieg
			146 Zerstörung Karthagos
	135—50 Poseidonios		
			133—121 Die Gracchen
			112—106 Krieg gegen Jugurtha

	PHILOSOPHISCHE EREIGNISSE	KULTURELLE EREIGNISSE	POLITISCHE EREIGNISSE
II. Jahrh. v. Chr.		106 Geburt des Cicero	102—101 Sieg des Marius gegen die Kimbern und Teutonen bei Aquae Sextiae (102) — Vercellae (101)
I. Jahrhundert v. Chr.	98—50 Lukrez (60—55): **De rerum natura**	Mathematische und mechanische Untersuchungen des Heron von Alexandria	
			91—89 Bundesgenossenkrieg
			88—79 Bürgerkrieg. Diktatur des Sulla
			73—71 Aufstand des Spartacus

	PHILOSOPHISCHE EREIGNISSE	KULTURELLE EREIGNISSE	POLITISCHE EREIGNISSE
I. Jahrhundert v. Chr.	46—44 Cicero: **de Finibus . . ., de Officiis**	50 Cäsar: **Der Gallische Krieg** 47 Varro: **Antiquitatum rerum et divinarum** 43—35 Sallust: **Historiae** 35—13 Horaz: **Gedichte**	60 Erstes Triumvirat Pompejus—Crassus—Caesar 58—51 Eroberung Galliens 48—44 Herrschaft Caesars 43 Zweites Triumvirat: Octavianus—Antonius—Lepidus 42 Sieg des Marcus Antonius bei Philippi

	PHILOSOPHISCHE EREIGNISSE	KULTURELLE EREIGNISSE	POLITISCHE EREIGNISSE
I. Jahrhundert v. Chr.		35 Cornelius Nepos: **De excellentibus ducibus exterarum nationum** 31—26 Tibull: **Elegien** 29—16 Properz: **Elegien** 19 v.Chr.—18 n.Chr. Ovid: **Gedichte** 27 v.Chr.—17 n.Chr. Titus Livius: **Ab urbe condita**	31 Schlacht von Actium 27 Octavianus erhält den Titel Augustus
I. Jahrh. v. Chr.	13 v.Chr.—15 n.Chr. Philon von Alexandria 4 v.Chr.—55 n.Chr. Seneca	Strabon: **Geographika**	14 Tod des Augustus

	PHILOSOPHISCHE EREIGNISSE	KULTURELLE EREIGNISSE	POLITISCHE EREIGNISSE
I. Jahrhundert n. Chr.	50—125 Epiktet 50—125 Plutarch	30 V. Paterculus: **Römische Geschichte** 37—95 Flavius Josephus Valerius Maximus: **Factorum et dictorum memorabilium** **Episteln** des Paulus Celsus: **Über die Medizin** Plinius d. Ä.: **Naturgeschichte** 55 Persius: **Satiren** Lukian: Die **Pharsala** Petronius: **Satyricon**	14—37 Herrschaft des Tiberius 37—41 Caligula 41—54 Claudius 54—68 Nero

	PHILOSOPHISCHE EREIGNISSE	KULTURELLE EREIGNISSE	POLITISCHE EREIGNISSE
I. Jahrh. n. Chr.		92—93 Quintilian: **Institutio Oratoria**	68—79 Vespasian 79—81 Titus 81—96 Domitian 96—98 Nerva 98—117 Trajan
II. Jahrhundert n. Chr.	100 Geburt des Justinus 121 Geburt des Marc Aurel Celsus: **Wort der Wahrheit** 150—215 Klemens von Alexandria	107—116 Tacitus: **Historiae,** Annalen Sueton (75—130): **Vitae Caesarum** Pausanias: **Periegesis** 150 Appianus: **Römische Geschichte**	117—138 Hadrian 138—161 Antonius

	PHILOSOPHISCHE EREIGNISSE	KULTURELLE EREIGNISSE	POLITISCHE EREIGNISSE
II. Jahrhundert n. Chr.	155—220 Tertullian 185—224 Origenes Sextus Empiricus: **Adversus mathematicos**	150 Lucian: **Dialoge** 150 Mathematische und astronomische Arbeiten des Ptolemäus	161—180 Marc Aurel 180—192 Commodus 192—211 Septimius Severus
III. Jahrhundert n. Chr.	205 Geburt Plotins 234—305 Porphyrios Diogenes Laërtius 270 Tod des Plotin	275 Algebra des Diophantes	212 Konstitution des Caracalla 292 Neuordnung des Reiches durch Diocletian

Personenregister

Die Seitenzahlen im *Kursivdruck* bezeichnen die besonders wichtigen Verweise

Geschichte der Philosophie

Herausgegeben von François Châtelet

Folgende Bände sind in Vorbereitung:

Band II
Die Philosophie des Mittelalters

Band III
Die Philosophie der Neuzeit

Band IV
Die Aufklärung

Band V
Philosophie und Geschichte

Band VI
Die Philosophie im Zeitalter von Industrie und Wissenschaft

Band VII
Die Philosophie der Sozialwissenschaften

Band VIII
Das XX. Jahrhundert

Heinrich Heine

Beiträge zur deutschen Ideologie

Mit einer Einleitung
von Hans Mayer

Ullstein Buch 2822

ein Ullstein Buch

Aus dem Inhalt:
Zur Geschichte der Religion und Philosophie in Deutschland (1834)
Die romantische Schule (1832 bis 1835)
Der Schwabenspiegel (1838)
Ludwig Börne: Eine Denkschrift (1839)
Einleitung zu »Kahldorf über den Adel in Briefen an den Grafen M. von Moltke« (1831)
Zeitgenössische Rezensionen und Stellungnahmen

Georg Wilhelm Friedrich Hegel

Phänomenologie des Geistes

Mit einem Nachwort
von Georg Lukács

Ullstein Buch 2762

ein Ullstein Buch

Aus dem Inhalt:
Text der Erstausgabe (1870) mit den Varianten der »Werke« (1832/1841) und der Ausgabe von Johannes Hoffmeister (1952, 6. Auflage). Nachwort von Georg Lukács. Hegels Selbstanzeige. Rezensionen von Karl Joseph Windischmann und Karl Friedrich Bachmann. Texte von Karl Marx und Rudolf Haym. Bibliographie. Vergleichendes Inhaltsverzeichnis der wichtigsten Ausgaben.

Georg Wilhelm Friedrich Hegel

Grundlinien der Philosophie des Rechts

oder
Naturrecht und Staatswissenschaft im Grundrisse

Herausgegeben und eingeleitet von Helmut Reichelt

Ullstein Buch 2929

ein Ullstein Buch

Dieser Band enthält den Text nach der Erstausgabe von 1821 mit den Varianten der Ausgaben von Eduard Gans, Johannes Hoffmeister und Eva Moldenhauer/Karl Markus Michel; Hegels mündliche Zusätze anhand von Vorlesungsnachschriften und eigenhändigen Aufzeichnungen; Hegels eigenhändige Notizen in seinem Handexemplar; Texte zur Rezeptions- und Wirkungsgeschichte.

Karl Marx

Das Kapital

Kritik der
politischen Ökonomie

ein Ullstein Buch

Band I:
Der Produktionsprozeß
des Kapitals
Mit einem Geleitwort
von Karl Korsch
Ullstein Buch 2806

Band II:
Der Zirkulationsprozeß
des Kapitals
Mit einer Leseanleitung
von Rudolf Hickel
Ullstein Buch 2805

Band III:
Der Gesamtprozeß der
kapitalistischen Produktion
Mit einem Nachwort
von Harald Gerfin und
Rudolf Hickel
Ullstein Buch 2807